广告心略

王纯菲　张晓龙　刘宝金　著

中南大学出版社
www.csupress.com.cn
·长沙·

总序

　　广告业的繁荣在中国也就是十几年的时间。十几年间，中国大体上完成了计划经济向市场经济转型，广告业伴随着市场经济的发展而发展起来。同时，它也是市场经济的有机构成；广告业在市场经济中发展，市场经济在广告业中展示。

　　不过，广告作为传播商品或商品生产信息的形象手段，却由来已久，大约有两千多年了。声音广告、实物广告、标志广告、色彩广告、语言广告等等，先秦至汉就不断地普遍起来。历史是文化的构成与展现形态，又是文化的过滤器。在漫长的历史过程中，很多存在过甚至繁荣过的东西消失了，很多先前没有的东西产生了并且繁荣了，更有一些东西消失了复又产生，产生了又再消失，几起几落，这就是历史的文化过滤作用。历史过滤有历史根据历史标准，合于这根据的东西就保留和繁荣起来，不合于这根据的东西就被滤除或者淘汰。这历史的根据或标准又不断地变化，此一时彼一时，这就有了此时被淘汰而彼时又生出的情况。再有，这历史的过滤作用又有空间地域的差异，在此一地产生的东西在彼一地未必产生，在此一地被淘汰的东西在彼一地未必淘汰。比如中国的京剧在西方就没有，而西方规模宏大的教堂群在中国也没有。时间与空间是历史的基本形态也是历史过滤作用的基本形态。不过，不管历史怎样发挥着过滤作用，怎样使不少东西被滤除使不少东西消而又生或生而又消，也不管历史怎样地体现为空间或地域差异，广告却在历史中长存并长盛不衰。这样，广告及广告业就成为一种普遍的历史现象。当然，广告业作为业而产生并繁荣这是社会分工的结果。社会分工有社会分工的条件，当广告业作为业而独立并繁荣时，相应的历史条件便是商品经济的一定程度的发展与发达。据史记载，唐宋两代是中国广告业相当繁荣的两个时期，专门有一批技艺高超的手艺人在专门的场所从事着花样繁多的精美的广告制作，当时，车船、房架、院墙、廊柱、铺面、门脸、摊亭等都作为广告媒体被开发出来。唐宋时期，正是中国商品经济空前发展的时期。有人说，盛世广告多。这话不假，不仅唐宋，历史上凡值盛世，便都有广告的繁荣。从这一意义说，广告是建立在商品经济基础上的社会繁荣的晴雨表。

广告及广告业与商品经济的内在联系则在于广告乃是商品经济的表象，商品及商品经济经由广告及广告业创造的表象而自我表征、而传播信息、而营造市场并赢得市场。"酒好不怕巷子深"是因为好酒借助于人们的口碑广告而走出深巷，广为人知，进入市场。有些人认为商品好没有广告照样不愁买主，这种看法的迂腐处在于它不知道一传十十传百的好口碑本身就是广告，同时它也不知道大家所以乐于传乐于使自己成为那"好酒"的活广告，乃是因为那好酒需要广告，需要广告才有一传十十传百的广告效应，也才有那酒的更好；此外，这迂腐还在于，迂腐者没有想到，如果那好酒有了更多的广告宣传形式，它会获得更大的市场，它将由深巷进入闹市，再由闹市走向全国乃至世界。

这就涉及到广告与商品与厂家与市场与消费者与媒体的关系。这是一个复杂的关系群。构成关系群的每一方都在不停地变化，而任何一方的任何一点变化都会经由这复杂的关系引起其他各方的变化。问题是所有这些方面又都在不断地变、同时地变，这就是变幻莫测了。不少商品，不少厂家，不少广告部门，不少广告媒体，就是因为没有很好地顾及各方之变，顺应各方之变，进而以应万变而寻求自身发展的不变，而终于每况愈下甚至淘汰出局。商品经济愈发达，广告业愈繁荣，由上述诸关系方面组成的关系群也就愈千变万化，充满玄机，愈要求眼观六路耳听八方，随机而起应时而动。这样一来，专门研究广告的广告学就成为综合各方的、动态的、机智的、富于创造性的学问，从广告业的经营与发展角度说，这几乎成为一门事关存亡的学问。

当下，中国的市场经济进入繁荣期，很多专家学者认同这样的说法，即随着市场经济的更加繁荣，中国的社会发展已呈现出众多的历史盛世特征。这样一来，就盛世广告多的历史一般性而言，中国广告业的更加繁盛正成为不争的事实。广告业的繁盛自然要集聚一大批广告从业人员，即所谓广告人；而广告学的事关经营与发展之存亡的严重性，又使得这门学问成为广告人及有志于广告的人无可回避必须精修的学问。由此，广告便有了相当普遍而且强烈的求教与施教的社会需求。一些专门从事广告学教学的院校或专业陆续被催生与发展，一批专事广告教学及研究的教师先后进入角色，更多急欲求知的学生也带着广告人的梦想走进课堂。20世纪90年代初，极少数率先开设广告专业的教学者还被业内人士讥笑为投市场经济之机巧，曾几何时，大家又都惟恐不先地挤入这块专业教学领域。这又一次证明任何选择都无从离开发展变化的现实，发展才是硬道理。

真正有成效的广告教学离不开适宜于广告发展现实的教材。然而现实发展太快，广告学问的社会需求也来得太猛烈，而任何一门知识的教材又需要一个积累沉淀的过程。虽然可以借鉴，借鉴邻近学科的教材，借鉴先行的他国同类学科教材，但这毕竟是借鉴而且也只能是借鉴。中国的广告教材如果不适宜中国广告的发展规律，那就只能是花拳绣腿误人子弟。

适宜于中国广告业实际、适宜于中国广告发展、适宜于中国广告人才需要的广告教材，成为急切的时代呼唤。

摆在读者面前的这套"21世纪广告智能运作书系"正是应时代呼唤而生，应时代的广告教学需要而生。它承载着历史的广告业的坎坷起落而来，积聚着广告的经验积累而来，负载着广告人的热切期待而来，承担着广告学及广告业繁荣的压力而来。它是一个风尘仆仆的赶路者，带着喧嚣的市场风尘进行冷静的思索。

广告这门学问是一门综合性很强的学问，它须直面充满活力并变动不居的现实复杂的广告场景，须对解答实践着的广告及广告业难题提供富于实践意义的启发与引导，它还必须提供广告开发与创造广告精品、更充分地发挥广告效应的方略。这就是广告学的现实具体性特征。在所有的学问中，具体性的而非抽象性的学问是极具知识综合性的学问，没有众多知识的融会贯通就没有现实具体性的学问性及实践性的实现。广告策划、广告创意、广告经营、广告媒体开发、广告制作等，都直接面临具体的实施效果问题，而每一个效果的获取又都涉及众多方面知识。广告策划的总体方略，怎样既合于商家又合于市场更合于消费者的关注？这就既要知晓商家的经营之道及经营状况，又要了解市场的变化规律变化现实，还要了解消费者的消费期待、消费水平、消费习惯。这里的每一个方面都靠相关的知识支撑着：工商管理学的知识、经济学的知识、市场学的知识、消费学的知识、心理学的知识、美学的知识、文化学的知识、民俗学的知识、传播学的知识、媒体学的知识、设计学的知识、写作学的知识，等等。这众多知识如血液贯体般地流转于广告学问及其应用中，任何一方面知识的不足都会给施教与应用带来窘迫与尴尬。有人说广告的学问在广告之外，这话当然是有道理的。当广告人不是很难，也就是个谋业与敬业问题，但要成为广告界精英成为呼风唤雨的广告大师，那就大不容易了。其中的难就难在这需要大量的知识积累，需要从业于广告的人是一个真正意义的通才。按照这样的标准来编写广告学教材，要通过这样的教材去培养广告人，去为广告业精英、广告大师打下坚实的广告学基础，不突出广告学的知识综合性特点，显然不行。

　　此外，广告学问既非知的学问亦非技的学问，但它又离不开知与技，它界于知与技之间，是知的具体运用是技的经验向着知识的升华。中国古人称这类学问为"术"，古希腊的亚里斯多德则称之为"艺"。广告学的教材如果按照纯然的知识类教材去编写，对定义范畴特点功能等，条分缕析，成识成体，不能说这类教材没用，这也只是专业知识的入门之用。而且，不管这类教材如何追求知识的体系性，理论的精深性，它也比不上那些理论性很强的专业。眼下不少这类关于"术"或"艺"的教材，特别在知识性理论性上下功夫，整个体例建立在原理、特点、功能等的知识性阐述的基础上。使用这样的教材，学生知道了是这么回事甚至知道了为什么是这么回事，但却不会动手动脑去做这事，这就是问题了，这显然有违教学的初衷。像这样的以知为重的教材，在广告学的各类学问中，在总类或重要分类中有一本两本概论性的东西也就够了。至于少数人要进一步深造，要在广告学领域做大学问，如攻读硕士或博士学位，进而成为这一领域的理论家，那当然须有更富于理论性的教材，但那又绝不是概论性的东西，而只能是专题研究的专著性教材。像现在不少教材那样，应用而不能用，专题研究却既非专题又不得专题之究，就不伦不类了。

　　当然，走另一种极端，把广告学问做成技术性教学，只是在动手、动口能力上下功夫，使学生所学仅止于如何市场调查，如何谈判，如何做灯箱广告路牌广告等，这也不合于广告的学问规定。这些具体动手或上手的技术性的学习或训练确实应该有，应该学与练，但不能仅止于此，还要进一步向知识学问的高度提升，即不仅使学生会动手去做，更要使学生知道为什么应这样去做，知道何以这样做行而那样做就不行。一则电视广告，从形象到言辞到场景和音乐，做出来播出来了，看上去似乎原本就应该如此，其实从制作者角度说，他着手制作时是面临着众多种选择的，每一个局部或细部都有众多选择，对每一个选择他都要进行大量比较，而最终所以这样来做而不那样去做他都必须有所根据。这里是容不得盲目性的，也非随意之举。为什么有些电视广告，从模特表演到场景，音乐、言辞、摄制技术都很不错，受众也乐于观看，但十几遍播过去了，就是记不清所宣传的商品叫什么名称？为什么一些报纸广告整版地做，不断地做，受众应合率却远不如预期那么高？为什么一些优秀的现场广告可以技压群雄，从其他现场广告中脱颖而出一下便抓住受众的注意，而其他广告反倒成了陪衬？为什么一个广告策划可以救活一个企业、创出一个品牌，而更多的广告策划却无助于企业走出打不开市场的困境？为什么有些广告语美则美矣却乏力于促销，而另一些看似平常的广告语却产生出强而有力的关注效应，甚至一语定乾坤？这类问题主要并不是技术或技艺水平问题，这里有众多学问的灵活运用。仅从心理学角度说它就涉及感觉强化问题、知觉注意问题、同构问题、认知问题、想像问题、记忆问题、情感问题、共鸣问题，等等。对于制作者来说，桃李不言可以，心中无数则绝然不行。这心中的数就是学问。这学问的体现及获得这学问之方法的重要习得处所就是教材及使用教材进行教学的课堂。

广告学的"术"或"艺"的学问，在亚里斯多德的识、智、艺的三元划分中属于"智"。"智"，即智能，这是开启、运用、展示聪明才智的能力。它不同于观念的知，也不同于技术技艺的技，智能是知与技的汇聚场所。无知则无智，同样，无技也无智，专门的知汇成专门的智，专门的技受导专门的智。而广告学问的综合性又决定了广告之智乃是综合的智，它由众多知识支撑又向广告所需的众多技艺敞开。广告学问做成知的学问或做成技的传授都未见其本分，惟基于广告知识的广告智能开发，才是这门学问的起点与归宿。概括地说，就是如何进行广告学的智能传授与训练。这套"21 世纪广告智能运作书系"就是奠基于广告学智能的传授与训练，并以此组合知识、转用知识、综合知识、再以此为根据形成思路和体例，建构以智能实训为特征的学问体系。

广告学的智能实训，须以教为引导以训为主元。教，主要讲授待训之智能的性质、结构、心理特征、训练根据、训练方法根据、训练要求、训练目的等等；训，则分导训、助训与自训，引导学生成为智能开发的主体。这类教与训再与相应的广告学知识关联起来，以相应的广告专业知识为专业智能实训的知识提领并据此营造相应的知识场景与应用场景，专业知识由此被讲授。在这样的学问系统中，专业知识铺设进去了，专业知识向专业智能实训的转化展开了，提升专业智能的目的也现实化了，学生学成后用于专业开发的业绩也就随之而来。就这样的知识——实训——智能提高——专业应用四位一体的教材学问构架及学问体系而言，这是一套应广告及广告业现实发展的实际需要，实现知识智能转化的富于创新性的教材。这套教材的构架与体系，决定着旨在开发智能的案例分析，旨在进行智能实训的专业场景式、专业课题式、专业情境式训练题目的设立，以及学生的实训参与、实训参与过程设计，实训成果检验这三个方面，它们在教材中占据重要位置。这里的难点及特点并不在于案例分析及训练题目的设立形式，这类形式在其他教材中也都不同程度地引起关注并设立，而在于把这类形式的根基设立于智能开发的基点。显然，让人知道一件事与教人做好这件事并不是一回事。出于知识的基点与出于实训的基点，两者即便用到同一个案例与设立同样的习题，其要求其侧重其具体分析与展开过程也大不相同。其中的差别，与告诉人南极旅游的知识和亲自组织旅游团到南极旅游是完全不同的两回事一样。

这套教材中的半数以上内容在此前三年中已在辽宁广告职业学院及部分从业人员培训中不同程度地试用，并在试用中不同程度地修改与完善，收到的教学效果是令人振奋的。一些综合性大学的广告专业也已引入或正在引入这样的教学思路及这套教材此前已然成形的部分。

广告业的繁荣与发展催生着与之适应的广告学教学，卓有成效的广告学教学通过源源不断地为广告业输送开发了专业智能的人才而促进广告业的更加繁荣与发展。这个过程中，作为广告业及广告人才的答谢式馈赠，以智能实训为基点的广告学教材也在实践中如根基于沃土的苗木，饱受阳光雨露的滋养，正长成繁茂的森林。

现在，这套教材向读者们交付了，它需要在读者的批评中不断完善。

以此为序。

高凯征

目　录

第一章　广告心理学概述 /1

第一节　广告心理学的知识构架与研究任务 /2

第二节　广告心理学的建立和发展 /4

第三节　广告现象与心理科学 /6

第四节　广告诉求与消费心理 /12

第五节　广告理论与心理效果 /20

第二章　注意的刺激与广告吸引力 /37

第一节　广告注意的特征与功能 /38

第二节　广告注意的动机 /45

第三节　广告注意的心理学方法 /50

第三章　感觉、知觉与广告信息 /62

第一节　感觉、阈限和广告信息的接受 /63

第二节　知觉过程和广告的信息解释 /72

第三节　错觉和广告的信息传播 /94

第四章　学习、记忆与广告宣传 /108

第一节　广告的记忆过程 /109

第二节　学习理论与消费行为 /114

第三节　记忆效果与广告宣传 /123

第五章　想象、联想与广告创意 /142

第一节　想象与创意 /143

　　第二节　通感和广告表现 /153
　　第三节　联想和广告设计 /158

第六章　态度、情感与广告心理 /174

　　第一节　态度和说服的心理 /175
　　第二节　态度改变与广告说服 /180
　　第三节　情绪和情感的表现 /199
　　第四节　情感的反应与广告的形式 /204

第七章　需要、动机与广告诉求 /222

　　第一节　需要、动机与消费行为 /223
　　第二节　需要、动机与广告诉求 /230
　　第三节　引导消费者卷入的广告策略 /237

第八章　个性、自我与广告策略 /242

　　第一节　个性理论与广告策略 /243
　　第二节　革新消费与广告策略 /254
　　第三节　自我概念与广告策略 /265

第九章　社会文化与广告习得 /276

　　第一节　广告文化与社会心理 /277
　　第二节　广告活动和亚文化群 /290

参考文献 /314

第一章　广告心理学概述

压题图片

学习要求：通过本章学习，掌握广告心理学的任务；了解广告心理学的知识构架、建立发展历程的概况；重点掌握广告的心理活动过程；了解古今中外关于心理现象的产生和表现的几种观点；重点掌握广告诉求的消费心理功能；掌握消费行为模式的研究内容；了解消费者行为心理研究的内容；一般了解消费心理过程的几个阶段；掌握广告的视听两用媒体的心理特征；了解广告的视觉媒体、听觉媒体的心理特征以及广告效果的测定的心理学指标的内容。

关键概念

USP 说——主张广告必须给消费者一个独特的强有力的主张或许诺的学说。

商标意象说——主张广告通过唤起人们主观上的某种意象，来赋予商标不同的联想的学说。

回顾中国广告 30 年所走过的历程，在承认广告无论在理论还是在实践领域均已取得了突飞猛进成就的同时，我们也不能不看到中国的广告业较之世界先进国家的广告还着实存在差距，我们的广告制度、广告理念、广告制作等还有许多不尽如人意的地方。和谐发展的中国，呼唤着健全繁荣的广告业，呼唤着全球化时代与世界先进国家发展同步的中国广告业。

广告是集知识、技术、智能、艺术等诸多方面为一体的综合性门类，广告要长足地发展，需要全方位的提升，这是不争的事实。然而，无论广告如何发展，有一点是不容置疑的，也是广告业的共识，这就是"科学的广告术是依照心理学法则的。"广告若想引起消费者的注意，唤起消费者的需要和欲求，激发消费者的积极情感，直到导致购买动机的实现，就必须要研究和遵循广告对象的心理特征及其心理发展的规律，以便较好地完成广告制作的预想目的。

广告心理学是一门系统讲授广告的心理学原理及其基础知识的课程，它以古今中外的广告现象为基础，运用心理学的原理和方法来分析研究广告的特征和规律，考察指导广告的制作和传播，从而有效制定符合心理学原理和法则的广告策略。

第一节   广告心理学的知识构架与研究任务

一、广告心理学的知识构架

广告心理学(psychology of advertising)主要是由心理系统的心理学与广告学两大系统知识构成的学科。

构成广告心理学知识系统的心理学知识，主要包括普通心理学知识、消费心理学知识与社会心理学知识，而这三者又以普通心理学知识为重点。

普通心理学研究的是一般正常的各种心理现象及其心理的基本规律，它包括两方面内容：一是人的心理过程，一是人的心理特征。心理过程，是人在社会生活实践中的系列思维活动的总和。它包括认识过程、情感过程和意志过程三个过程。人的心理特征即个性心理，它包括个性倾向，主要是指人的心理活动和行为具有激发作用的动力因素：需要、兴趣、动机等；也包括个性心理特征，指人的气质、性格、能力等心理活动中的稳定特点的总和与表现(见图1-1)。

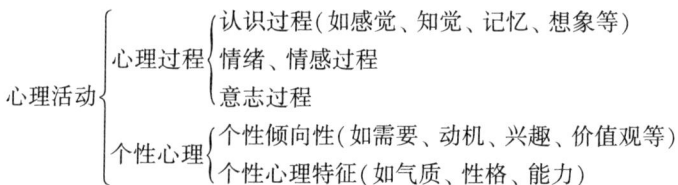

$$
\text{心理活动}
\begin{cases}
\text{心理过程}
\begin{cases}
\text{认识过程(如感觉、知觉、记忆、想象等)}\\
\text{情绪、情感过程}\\
\text{意志过程}
\end{cases}\\
\text{个性心理}
\begin{cases}
\text{个性倾向性(如需要、动机、兴趣、价值观等)}\\
\text{个性心理特征(如气质、性格、能力)}
\end{cases}
\end{cases}
$$

图 1-1   广告心理活动

普通心理学的任务，具体地说，是研究人的心理过程与个性心理的发生、发展及形成的规律，研究客观世界与人的心理关系，人的脑与心理的关系，人的心理过程与个性心理倾向的关系，以及人的心理与人的活动之间的关系，等等。广告活动是人的活动的一个组成部分，人的心理现象与心理的基本规律也毫无疑问地要在广告活动中发生，因而普通心理学的知识是广告心理学知识体系的基石。

广告活动要导致的是接受者的消费活动，广告要实现它的目的，必须了解消费者在消费活动中的心理现象及行为规律。因而，广告心理学又必然要涉及消费心理学的内容，诸如消费心理动机的产生、消费需要的形成与强化、消费行为模式及消费心理过程的研究、消费者的个性心理特征等。

广告活动及它所促使的消费活动又是一种社会活动，所以它还要涉及研究个人在社会环境中的行为和心理状况、个人和社会的相互作用的社会心理学。如个体在群体影响下的心理现象。像从众心理、模仿心理、心理暗示等群体共同的心理现象，像文化对群体共同心理形成的作用，民族的地域环境、风俗习惯、信仰理念等对该民族共同心理形成及发展的影响等。

构成广告心理学知识系统的另一门类知识便是广告学知识。广告心理学，即是研究人们从事广告活动的特征、规律、广告制作与传播中的问题研究。因而，它必然涉及广告诸如广告创意、广告策划、广告文案的构思操作、广告媒体特征、广告的促销策略等问题。在由广告学与心理学构成的广告心理学的知识格局中，心理学是研究问题的基本理论，广告行为与广告活动是研究的对象。

本书的构架，从纵的方面看，即是以心理学知识的构架为出发点；从横的方面说，即以广告的有关问题为研究对象、研究指归。如此构架旨在用心理学的基本原理，阐释、论证广告的特征、规律，从而较科学地建构广告心理学的体系。

二、广告心理学的任务

具体来说，广告心理学的任务基本有三个方面的内容：

第一，从心理学的角度研究广告特征和规律。这是运用心理学的科学和规律来分析研究广告自身的特点和规律。如从广告所要达到的心理功能出发，逐步地去分析广告定位的心理目标，分析广告媒介的心理特征，分析广告创意的心理要素，分析广告策划的心理依据，以及广告效果的心理测定等。通过这些分析，最后检验出这则广告是否遵循了心理学规律，完成了增强广告效果的目的。

第二，从心理学角度研究广告的制作及效果。广告带有极强的功能性，广告的功利目的就是走入消费者心中，广告制作必须为这一功利目的服务。因而，广告心理学必须研究广告的主题、创意、设计及广告语的拟定等因素与消费者的需要、动机等心理特征之间的关系，使广告制作最大可能地适应消费者的心理特点和心理发展规律，从而达到激发消费者的购买动机的目的。如广告心理学必须研究消费者对广告设计的接受心理因素，成功的广告设计必须依据消费者的生存环境、风俗、习惯等心理因素，来研究广告中的画面、文字、色彩、声音等诸多因素对人的作用力、感染力，从而使广告对观众产生最大限度的亲切感和吸引力。

第三，从心理学的角度研究广告的传播与接受。广告是商业性极强的大众传媒，它的目的就是传播商品信息，并促使消费者接受其信息。因而广告心理学要研究广告诱发的心理功能，评价一则广告成功与否，就是要以它所诱发的消费者的购买行为的效果为依据。消费者在接受广告的时候，要经历认识，情感和意志三个过程，而每个人的心理特征又各不相同，广告心理学要研究广告接受的心理过程。人们对广告的接受要受其文化、民族、地域等诸因素的影响，广告心理学也要研究文化习得、民族心理等与广告接受相关的问题。

第二节　广告心理学的建立和发展

一、广告心理学的建立阶段

广告是商品经济的产物，在人类社会发展到商品交换之后，人们便开始了广告活动，广告人在其中对经验不断总结，对广告心理的现象及规律不断探索。而真正将广告和心理学联系起来，是在19世纪末科学心理学诞生之后。

1879年，著名的德国心理学家冯特在德国莱比锡建立了人类历史上的第一个心理学实验室，由此标志着科学心理学的诞生。从那以后，许多心理学实验室纷纷建立，越来越多的心理学家开始放弃原来的内省法(早期的心理学研究方法)转而采用实验法、调查法来研究心理学问题。1895年，美国明尼苏达大学心理实验室的H·盖尔教授率先采用问卷调查法，探索消费者对广告及广告商品的态度和看法。经过几年的调查研究，1900年盖尔出版了

《广告心理学》一书。一般认为盖尔的这些研究是广告心理方面最早的研究，但是盖尔的研究工作没有产生足够的影响，1901 年美国西北大学心理学家 W. D·斯科特在芝加哥的年会上，提出把广告的工作实践发展成为一门科学和心理学对此可以大有作为的见解，得到了当时与会者的热烈支持。在随后的两年间，斯科特连续发表了 12 篇有关广告心理的文章，并汇集成一本书，书名叫做《广告原理》，于 1903 年出版。该书的问世标志着广告心理学的诞生。1908 年，斯科特进一步将广告心理学的知识系统化，写成《广告心理学》出版。与此同时，闵斯特博格也开展了关于广告面积、色彩、文字运用、广告编排等因素于广告效果关系的研究，这些研究成果汇集在他所撰写的《心理学与经济生活》一书中。

二、广告心理学的逐步发展

早期关于广告心理的研究都是在以生产者为中心的经济条件下进行的，因而研究的目的也自然是服务于卖方市场。第二次世界大战之后，随着商品经济的快速发展，市场竞争的日益激烈，以及市场营销观念由生产者为中心向消费者为中心转变，对消费者行为的研究越来越受到广告研究者和心理学家的重视，美国的许多商业机构都开展消费者行为尤其是消费者购买动机这一涉及广告主题或广告诉求问题的研究。其中比较典型的是速溶咖啡行销障碍的深层动机研究。这些实用性研究，大大地丰富了广告心理学的知识。

与此同时，心理学和社会心理学的研究也有了很大的发展。当时，心理学界正是行为主义心理学的时代，以华生、斯金纳为代表的行为主义心理学家围绕着刺激与反应的问题进行了大量研究。另一方面，以霍夫兰为代表的一批社会心理学家在战后继续了战时关于说服方面的研究，也取得了丰硕的成果。这些研究成果以及心理学其他相关的研究成果大量地被引用到广告实践之中，从而丰富了广告心理学的内容，促进了广告心理学的发展。

20 世纪 60 年代以后，西方发达国家的科学技术突飞猛进，经济高速成长，广告业也取得了前所未有的发展。在这种背景下，对广告活动的科学化要求日益提高。作为广告活动的基础理论学科，广告心理学越来越受到人们的关注和重视。在广告活动实践要求的推动和认知心理学以及其他科学技术发展的影响下，20 世纪 60 年代以后的广告心理学取得了巨大的发展，一方面，越来越注重实证性的研究；同时，广告心理学的研究领域也越来越广泛，包括广告的认知过程、广告表现与民族心理的关系、各种广告表现或诉求手段的心理效果分析、广告传播的心理机制、广告的说服技巧、潜意识与广告、广告的情感作用、广告对儿童的影响、消费者对广告的反应、广告效果的测量指标和测量方法、品牌资产、赞助广告及其效果、网络广告及其效果、广告重复与效果等诸多方面。此外，广告心理学的研究方法、手段也越来越多，越来越先进。传统的研究以调查法、实验法为主要手段。现代的广告心理学研究不仅继承了传统的研究方法，而且采用了一些心理学、传播学研究的新方法，如内容分析法、语义分析法、投射法等。采用了许多现代电子技术设备，如录音录像设备、显示器、计算机、眼动记录仪、心电图、脑电波分析仪、核磁共振、肌电图等。

由于广告心理各个方面研究的发展以及研究资料的积累，20世纪80年代以后，美国、日本等发达国家，一些广告心理学方面的专著纷纷出版问世。如朝仓利景的《广告心理学》，阿尔维特和米切尔的《心理过程与广告效果：理论、研究和运用》。这些著作的问世，标志着广告心理学已经初步成为一门具有相对完整体系和内容的独立学科，它不仅探索有关心理学理论原理在广告实践中的运用，也研究广告活动本身特有的心理现象和心理规律。

广告心理学也是一门不断变化和发展着的学科，它随着社会环境及市场环境的变化，不断转化着自己的视角和研究方法、研究重点。①

第三节　广告现象与心理科学

一、心理现象的科学

（一）对人的心理器官的认识

任何心理活动都有相应的物质基础。人类具有了高度的心理，就是因为人类具有产生人的心理的物质基础，即人的心理器官。也就是说，人类具有与其他动物不同的产生人所特有的心理活动的生理机制。那么，人的心理活动到底是由什么器官产生的呢？从古至今，人们对此进行了探索，说法不一，了解这些说法，对于我们正确地把握人的心理现象是有意义的。

在古代曾有许多人认为，人的心理活动的器官是心脏。中国古代的哲学家孟子就认为思维的器官是心脏，他说："耳目之官不思而蔽于物，物交物，则引之而已矣。心之官则思，思则得之，不思则不得也。"当时的人们多把心脏当做精神的器官，把精神活动称做心理活动。古希腊哲学家亚里士多德，

---

① 余小梅.广告心理学.中国传媒大学出版社，2003年4月版，第15页。

曾最早地系统论述了感觉、知觉和记忆等各种心理过程，作为第一个列出视、听、嗅、味、触五种感觉的学者，他在当时也认为心脏是思想和感觉的器官，而脑的作用，则只是使来自心脏的血液冷却而已。

直到18世纪后，由于科学的发展和关于脑的知识经验的积累，人们才逐渐认识到"脑是心理的器官"。现代科学证明。"脑是人类活动的主要器官"。感觉、知觉、注意、情感、意志、性格等心理过程都是在这里产生、进行和完成的。如果一个人的脑功能更新丧失了，会像植物人一样，脑电图上显示对外刺激无反应，但是心脏还在跳动，却不能进行心理活动了。如果一个人的脑功能出现障碍或受到创伤，就会产生异常的心理活动，即各种各样的精神病。人脑的结构极为复杂，大脑有100~160亿个神经元，最近国外又有资料报道，人脑约有1 000亿个神经元，9 000万个细胞，这些神经元和细胞之间建立起极其错综复杂的联系。有人统计，一个人一生中大脑可以储存1 000亿个信息单位，还有人作过比较说，仅大脑的网络系统就比北美洲的全部电话、电报通讯网络还要复杂。

由此可见，人脑是极其复杂的，对人脑的研究和利用，即是对人类自身的研究和开发，其意义是极为重要的，研究的领域也是极为广阔的。

千姿百态的广告世界，无论是从创造这一世界的角度说，还是从接受这一世界的角度说，人脑科学的发展与人脑结构及功能的揭示，对其都具有重要的意义。换句话说，广告学深层奥秘的探试，不可能离开脑科学的研究。

（二）心理是脑的活动

诸种现代科学都表明，人的心理机能是直接依赖于脑的，脑是产生心理活动的主要器官。

人的心理活动实际上是整个人体机能参与的结果，参与人的心理活动的器官包括神经系统（中枢神经系统、周围神经系统）、感觉器官（眼、耳、鼻、舌、身、手及内感受器）、语言器官、运动器官（手、足、身躯）、内脏器官（腺体、心、肺、肝、脾）。在参与心理活动的诸多器官中，神经系统是主要器官，其他器官受神经系统支配，神经系统不发出指令，其他器官便无法活动。

神经系统由中枢神经系统和周围神经系统组成。中枢神经系统由脑和脊髓构成，是神经组织最集中的结构。人的任何心理活动，感觉、知觉、情感、思维、想象、记忆都要靠中枢神经系统的支配和协调。周围神经系统由脑和脊髓发出的神经干、神经分支和神经末梢组成，它主要是起着传递信息和神经冲动的作用。显然，周围神经系统受中枢神经系统支配。由脑和脊髓组成的中枢神经系统,脑又是主要的,它是接受信息、判断信息、发出指令的所在。所以,我们说脑是产生心理活动的主要器官。

从普通心理学的知识来看,在人的中枢神经系统中某一部分的部位愈高,它的结构和机能也就愈复杂。大脑两半球是全部神经系统的最高部位,它的结构和机能也就最复杂。大脑的最高部位是脑皮层,大脑皮层是精神活动的最高区域,作为高级中枢神经支配着低级中枢神经。在大脑皮层以下,自上而下地分布着间脑、脑干(包括中脑、桥脑、延脑)和小脑三个部分,它们就是相对来说的低级神经中枢。当然,大脑作为高级的中枢神经系统不可能离开低级的神经系统单独地起作用,而低级的中枢神经部分也离不开大脑皮层的控制和调节。所以说,人的神经系统是一个完整的、且有整合作用的系统。

大脑两半球能够进行复杂的信号活动,它对信息具有形成条件反射的机制,并能进行条件反射的抑制。大脑两半球还具有分析机能和综合机能。大脑两半球的抑制机能是它能够进行精致的分析的主要基础,而它的综合机能则显著地表现于条件反射的形成方面。在对信息进行接受与处理时,大脑两半球的分析机能和综合机能是统一地发生作用的。人类所以能够认识世界和改造世界,就是因为人类的大脑两半球具有最精致和最复杂的分析机能与综合机能。

大脑两半球神经活动的基本规律是兴奋与抑制。兴奋是指神经活动同有机体的骨骼、肌肉、内脏和腺体活动的激发、加强相联系的过程;抑制则表现为神经活动同有机体的骨骼、肌肉、内脏和腺体活动的减弱或停止相联系的过程。大脑皮层的兴奋与抑制运动又遵循两个基本规律,一是神经过程的扩散与集中规律,二是神经过程的相互诱导规律。前者指大脑皮层所发生的兴奋过程和抑制过程是会从它们的原发点向外扩散出去的;及至扩散之后,又必然会或快或慢地集中于它们的原发点。后者指兴奋过程和抑制过程是会相互发生激励作用的,兴奋过程的激励作用可以使抑制过程加强,同样,抑制过程的激励作用也可以使兴奋过程加强。

这样一来,我们可以说,心理活动作为脑对客观世界反映的过程,它与大脑的高级神经活动是脑内同一生理过程的不同方面。从兴奋与抑制相互作用而构成的生理过程看,是高级神经活动;从神经生理过程所产生的映像及所概括事物的因果联系和意义看,就属于心理活动。所以,如果从信息加工的角度来看,人的心理活动就是一种通过大脑的神经生理过程而进行的信息的摄取、储存、编码和提取的活动。

当我们纵深地揭示广告策划、制作、接受等奥秘时，由于这些活动说到底都与人的基于脑机制的心理活动密切相关。因此，复杂的广告活动的心理根据的探索，对于现代广告学体系建构具有极为重要的作用。

二、广告的心理活动过程

当客观刺激物作用于我们的眼睛、耳朵等感觉器官时，人的认识过程便由此开始了。它涉及人的感觉、知觉、记忆、思维、想象，这些活动便是心理的认识过程。在认识客观对象过程中，也伴随着一定的情感体验，诸如喜、怒、哀、乐等感受，这是心理过程中的情感过程。人在认识世界的同时，还要改造世界，为此，要提出目标，制定计划，并努力付诸于实践，这里表现出的是意志过程。

于是，认识、情感、意志便是人的心理活动的三个过程。这三者既彼此独立，又相互统一；既有联系，又有区别。

广告的心理活动，是人的心理活动对于广告行为的指向，它也必然遵循人的心理活动的规律，因而它表现为广告认识、广告情感、广告意志三个方面。

（一）广告认识

对于广告而言，广告认识就是广告接受者面对广告而产生的感觉、知觉、记忆、想象、思维等心理活动。

广告，作为客观刺激物，作用于接受者的器官，形成广告感觉与知觉，这便是广告认识的开始。进而，接受者可能根据需要会对广告形成记忆，这便是广告认识的继续。与此同时，广告内容又作用于接受者的理智，形成特定的理解，或引起接受者指向广告的联想活动，这又可以称做是广告认识的深化与泛化。

广告认识，产生在人脑对客观现实的反应的基础之上。我们知道，心理活动是脑的机能，并不等于说脑本身可以产生心理。因为人的心理是在客观实践中产生的，是人脑对客观现实的主观能动的反应。客观现实是指独立于人的心理之外，不依赖人的意志、思想、心理而存在的一切东西，包括一切自然现象与社会现象。如，最简单的心理现象如感觉、知觉的产生，离不开客观现实。如，颜色感觉是不同波长的光作用于视分析器官的结果；声音则是物体振动压缩空气作用于听觉器官而产生的；味觉是溶于水中的物质分子作用于味觉器官而产生的。离开这些物质，感觉、知觉就不会产生。复杂的心理现象，如想象、思维等，同样依存于客观现实。广告认识产生于现实的广告行为和广告活动。

（二）广告情感

由认识而引起的对客观事物的某种态度或体验，是情感过程。这一情感过程体现在广告制作和接受中就有了广告情感。情感过程是人的心理的一种主观性、能动性的反映。

从广告接受来说，消费者在接触和认识广告时，也总要产生某种心理变化。这些特定的心理变化，或者称之为态度体验，它包括喜欢与讨厌，满意与不满意，以及喜、怒、哀、乐等诸多的情感体验，这便是广告所表现的情感过程。

人的心理以现实为源泉，同时又是主观与客观的统一。反映在人的头脑里的客观，就不是事物的本身，它只是事物的映象，这个映象的内容是客观的，但表现形式却是主观的。所以，人的情感过程和意志过程都是人的心理对现实的主观映象，它带有极大的主观性。

人在反映客观现实的过程中，逐渐形成了具有丰富内容的主观世界（知识、经验、思想、观念……）和不同的心理特征（动机和需要，兴趣和爱好，理想和信念，情感和意志，气质和性格……）。这些心理内容的状态和特点影响、调节着人的主体对现实的反应，又表现出人的心理的主观特点。所以，每个人的知识经验、目的动机、兴趣爱好、心理体验的不同，对现实的反映也不一样。不同的人对同样的事物，同一个人在不同条件、不同时间对同一事物的反映也不一样。所以，我们称这种人对现实的反映为主观映象。广告情感，带有很强的主观色彩。

情感在广告接受中具有重要作用，情感不仅影响接受者喜欢某广告或抵触某一广告，而且，还强化着令接受者喜欢的广告的记忆，并可以有力地推动需求向购买冲动的转化。

（三）广告意志

由认识的支持与情感的推动，使人有意识地克服内心的障碍与外部的困难，而坚持实现目的的过程，则是意志过程。人的意志活动，作为一种有意识有目的的活动，对自己的行为和活动有巨大的指导和调节作用，它表现为极大的能动性。

广告活动为了达到预定的目的和效果，总要预先提出目标，制定计划，并在执行过程中战胜不利条件，克服种种困难。这种广告活动中的制定目标，克服困难，去完成预定任务的心理现象，就叫做广告活动的意志表现。

　　总之，在人的心理活动中，自然也包括在广告活动中，情感与意志过程都含有认知的成分，都是由认识过程派生的，反之，情感与意志又对认识过程发生影响。因此，认识、情感、意志虽然都有一个发生、发展的过程，但不是三种彼此独立的过程，而是统一的心理过程的不同方面。

学思致用

　　1. 欣赏图1-2，图1-3，中国某地中兴百货服饰部的系列广告，分析自己的广告接受活动经历了怎样的心理过程？

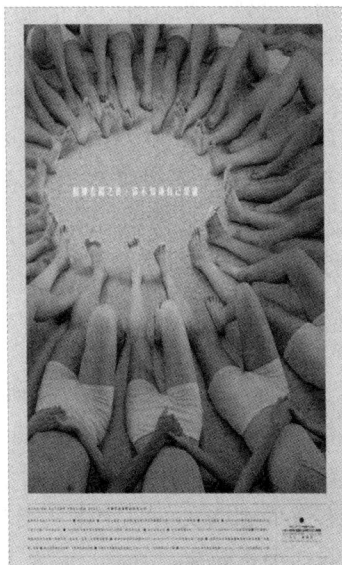

图1-2　中兴百货服饰广告(一)
脱掉衣服之后，你不知道自己是谁

图1-3　中兴百货服饰广告(二)
脱掉衣服之后，你才知道自己是谁

　　2. 举出你印象最深刻的两则广告，谈谈它为什么给你的印象如此深刻？它对你产生了怎样的影响(是否购买过产品等)，回想一下你记住它的过程。

第四节　广告诉求与消费心理

一、消费者的行为心理研究

广告要想取得成功，必须首先了解和研究消费者的购买行为，从中找出特点和规律，以便制定出相应的广告策略。消费者的行为包括消费动机、消费主体、消费模式以及消费心理过程，等等。

（一）消费动机的研究

研究消费动机，是研究消费者为什么要购买。从消费者的整个购买过程来看，消费动机是消费行为发生的原因和条件。而广告行为的目的，就是要触发和诱导消费者的购买动机，并促使其实现。当然，影响消费者的购买动机的原因是多方面的。就其内部原因来讲，有生理和生活的需要，有自身的精神和文化的需要，也有消费思想的不同和经济条件的不同等诸多因素。就外部的原因来讲，有社会产品结构的影响，有社会消费行为的影响，也有民族风俗习惯的影响等。也可以说，内部原因是消费者购买动机变化的依据，外部原因是消费者购买动机变化的条件，外因通过内因起作用。所以，广告制作必须依据特定对象的具体情况，有针对性地去触发和诱导消费者的购买动机。

（二）消费主体的研究

消费主体的研究是研究谁去买的问题。这要求广告心理学去分析研究，就某种商品而言，或就某种市场而言，谁是决定性的主要消费者。例如，玩具，当然要面对儿童，但也要考虑父母的购买意向；某种流行时尚的时装或用品又大多以追新求异的青年为主。广告只有争取到购买的决定者，或者说争取到市场购买的主体对象群，才有可能达到其预想效果。所以，广告诉求必须研究消费主体，明确和了解广告对象的主体，以便更好地选择广告媒介，制定相应的广告策略。

（三）消费行为模式的研究

消费行为的模式，是指消费者如何做出购买决策和怎样进入实际的购买活动的过程。它是由消费者的需要，对商品的寻找、购买、使用和评价的过程来组成的。

1. 需要和动机的形成

消费者在购买某一商品时，首先是有了购买此商品的需要。也可以说，需要的激发和购买动机的形成是消费行为的先决条件，消费行为总是先从需要开始，需要的激发会形成相应的购买动机。在现代社会，对于很多消费者而言，购物的需要并不常常是源于物质的缺乏或生理的需要，在很多时候是源于心理的需要。例如，某种外界的刺激突然激发了消费者的某种情感，或突然改变了消费者的某种态度，导致了某种购买动机的形成，这其中也包括广告宣传激发了消费者的某种需要。在现代商品社会里，百货商场橱窗里五颜六色的商品陈列，高楼大厦上耀眼夺目的霓虹灯的商品广告，都在强烈地刺激着消费者的购买欲望。

2. 信息的了解和收集

消费者一旦形成购买某种商品的需要，尤其是比较贵重的商品，便会开始有意识地收集这一特定商品的信息。对于消费者来说，从前不曾注意的广告、新闻，此时会变得富有意义了。一般说来消费者对信息的收集主要包括以下内容：用什么标准来购买此商品，什么样的品牌最为适宜，以及这种牌子能否满足自己所确定的标准。也可以说，这是一些有关此商品的质量、性能、价格、样式等信息，和有关此类商品的评选标准的一些信息。

这些有关商品的信息的来源渠道，可以是来自消费者的自身的经验或回忆，是从记忆中获取的知识信息；也可以是来自其他消费者的经验的有关信息；也可以是来自广告所传播的信息。

3. 商品的选择与评定

在今天这样的商品如此发达、竞争如此激烈的时代，绝大多数商品可供选择的余地都很大。这样一来消费者的购买行为也就必须要经过一个选择的过程。这就要求消费者在了解和掌握有关商品的信息的基础上，考虑并确定选择标准。并在此基础上，从若干相同或相似的商品之中挑选出某一种商品作为自己的购买对象。

4. 购买行动的实施

消费者在经过比较充分的选择与评定之后，就要采取购买行动了。也可以说，选择的结果，就是促使购买的意向变成购买的行为。而购买行为这一活动则是购者一方与销者一方两个方面的双向活动过程，也就是说它要表现为消费者或消费者等人与企业、商店、营业员这两个方面之间的相互关系。对于消费者而言，就是何时购买、去何处购买、如何购买等环节的进行，或这些问题的解决。

5. 购买后的评价

购买是为了使用，消费者对某种商品实际使用之后，必然会对某些商品产生某些感受和评价，进而产生某种肯定或否定的经验，并储存于记忆之中。而这些感觉、评价和经验又必将影响消费者的下一次购买。

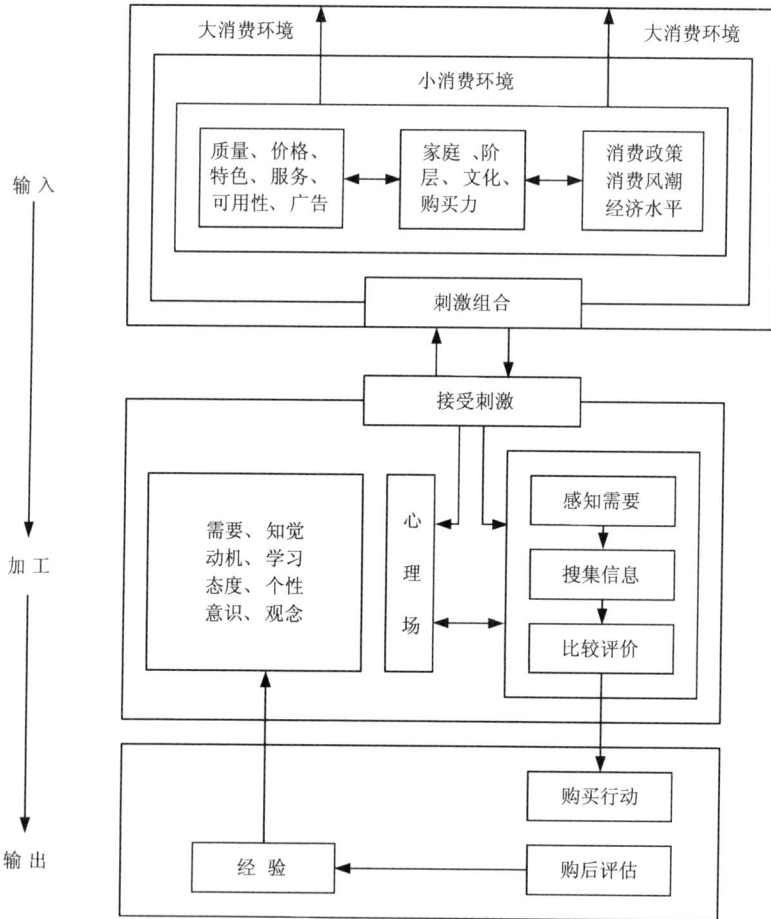

图1-4　微观消费决策系统

(四)消费心理过程的研究

消费者的消费心理过程，也和普通心理活动的过程一样，分为认识、情感和意志过程三个阶段。

1. 认识过程

消费者购买商品的前提，一般总是从对商品的认识开始的，它是消费行为购买的前提。消费者对商品的认识过程，也如普通心理学所揭示的那样，同样是通过感觉、知觉、记忆、联想、思维等心理机能的活动来实现的。

这个阶段又分为感性认识阶段(感觉和知觉)、理性认识阶段(记忆和联想、注意和想象、思维和语言)两个层次。

2. 情感过程

消费者在购买商品时，由于他们所处的不同环境的不同影响和不同需要的支配，会产生不同的内心变化和外部反映，使购买过程出现不同的情感色彩。一般地说，消费者情绪高涨、心情舒畅时，容易接受，买卖也容易成交。反之，不容易接受，也不容易成交。如果消费者买到称心如意的商品，就会产生心满意足的情绪；买不到或买到不满意的商品，便会产生烦闷或懊丧的情绪。消费者的这种对待商品或劳务的是否符合自己的需要而产生的态度的体验，就是购买心理的情感过程。

情感过程贯穿于消费者购买心理活动过程的评价阶段和信任阶段。

3. 意志过程

意志过程是消费者由确定购买动机转为购买行为的心理保证。它是消费者在确定购买目标之后努力排除各种困难而实现的心理过程。

二、广告诉求的消费心理功能

广告诉求的一个重要任务在于告诉受众认知什么，并因此采取什么样的消费行为。它的原则是，努力使更多、更新的广告形式和广告内容能够顺利地流入人们的意识和潜意识中，使人们不知不觉地进入积极的消费心理过程。即：广告能够自觉地或不自觉地融入消费者的注意、兴趣、联想、愿望、比较、偏爱、信念、决策、购买等一系列的心理过程，并且起到某种诱发、引导的作用。

概括说来，广告诉求的消费心理功能大致有这样几个方面的内容：

1. 诱发需求功能

一则成功的广告必须能够诱发消费者的需要和购买动机。也可以说，广告不仅要介绍商品，还必须通过各种手段或媒介，力求刺激消费者的购买动机、诱发他们的一些潜在的需要，进而促使消费者的某种购买需要和购买动机的形成。为此，广告的心理诉求也就必须研究消费者为什么买，从而使广告的诉求迎合消费者的心理，挖掘其潜在的欲望，满足他们的需要。这样的广告才能做到有的放矢。

米勒"High life"啤酒的需求诱发策略

　　广告应诱发与消费者所处情境相吻合的需要；以使其尽快作出购买行动。例如美国米勒酿酒公司，原先给米勒"High life"牌啤酒的定位是"一种乡村俱乐部的产品"，但发现在乡村俱乐部这种上流社会人士聚集的地方，啤酒的消耗量并不大。而在美国，80%的啤酒是由30%的饮酒者所消耗的，这些人主要是蓝领工人、大专学生等。于是根据这样的情境，米

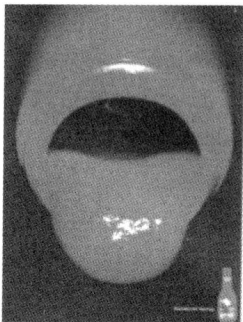

图1-5　米勒"High life"啤酒广告

勒公司重新定位广告主题，创意出"米勒时间"，即在完成了一天紧张的工作和学习之后，用米勒"High life"啤酒来自我奖赏，而不是为了标定某种身份而喝啤酒。喝米勒啤酒是为了享有米勒时间，这样使得米勒啤酒诱发了大多数经常喝啤酒的消费者的需求。①

2.传播信息功能

　　广告诉求的心理功能还必须实现传达信息的任务，即是使消费者更快速地、更准确地接受广告的信息。广告在实现它的传达功能的时候，不外乎是让消费者通过看、听、读来形成视觉表象、听觉表象和运动表象，并以鲜明的形象和联想的相互作用，使消费者得到较为生动感人的和准确有效的信息。而广告要想出色地完成其传达的功能，既要充分地利用图形、色彩、音乐等形象的因素来刺激消费者的感官；也要有效地运用事实、数据等翔实可靠的资料去传达它的真实性的信息。

---

　　①　余小梅.广告心理学.中国传媒大学出版社，2003年4月版，第124页。

案例点拨

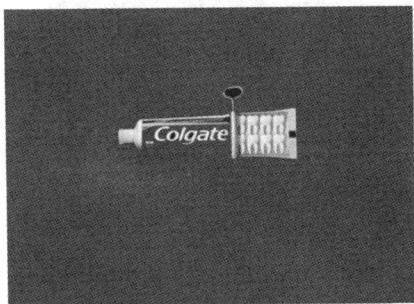

图 1-6　高露洁牙膏广告

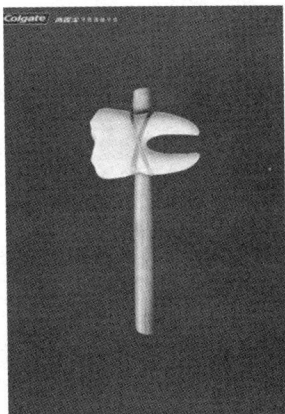

图 1-7　高露洁牙膏广告

　　这两张高露洁牙膏的平面广告以生动传神的形象传达了内在的宣传信息。第一张用铁皮罐头盒做喻体表现出高露洁牙膏能为我们的牙齿提供周全的保护。第二张夸张地表现该牙膏令人的牙齿非常坚固，甚至可以和斧子相媲美。

　　3. 强化注意功能

　　广告必须能够唤起消费者的注意。一个有效的广告必须呈现出能够唤起消费者注意的刺激，牢牢地吸引住消费者的注意。当然，广告的心理诉求还应该吸引消费者的兴趣，可以通过声、光、形、色等一系列的刺激，使消费者对广告内容有深刻的感受，继而才能形成对该商品的浓厚兴趣，也才能进一步强化消费者的注意。

　　4. 促发行为功能

　　广告宣传的最终目的是说服消费者购买商品，因此，出色的广告必须具有强大的说服力。只有争取到消费者的信任，才能促使他们做出购买决策和行为。所以，广告的内容要真实可靠，宣传要有分寸，一切假话、大话、空话必须杜绝，要把对消费者的心理研究与真实性、思想性、民族性、艺术性、科学性的广告创作追求有机地结合起来。

案例点拨

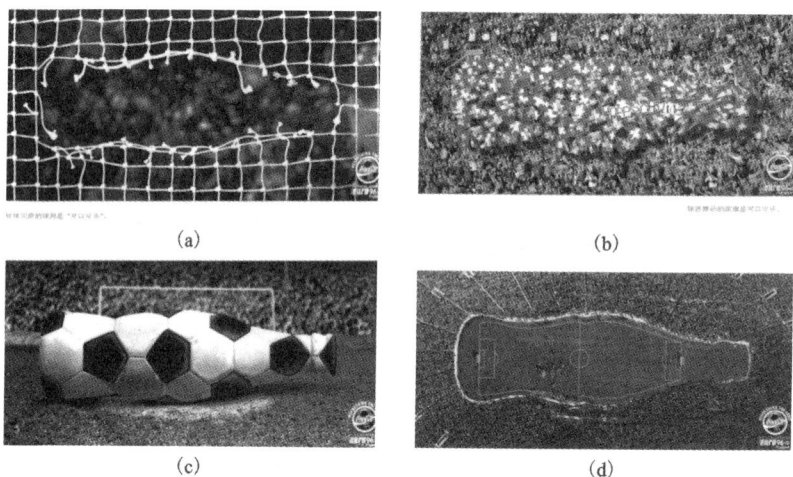

图1-8 足球赛事中的可口可乐广告

可口可乐广告强化观众注意力。

5. 引导体验功能

消费者在接受广告的时候，或者在使用购买来的商品的时候，都可能产生一定的情感体验。广告应该积极地引导这些感受和体验，使之沿着广告目标的方向去发展。广告要想诱发消费者的积极的情感体验，就要善于调动消费者的联想和记忆。联想的前提是记忆，而记忆中的回忆又常常以表象形式出现。每个人都是在记忆中成长的，过去对于某种广告的认知和对于商品的使用经验总要在人们的心灵中留下痕迹。记忆是比较、判断的基础，只有能激发人们的联想的广告才能唤起人们的比较，从而留下判断的余地，导致积极的情感体验的形成。

6. 重复接受功能

广告的心理诉求还应该具有使消费者重复接受，或者使消费者实现重复购买的功能。这种重复接受功能的实现，其一，是要建立在广告发布之后的对市场调查和可行性论证以及广告的心理测定之后，及时地改进或调整广告策略；其二，是要不断地提高广告制作的质量和广告心理诉求的效果，它要求必须在语言、图像、色彩、声音、动静相间、布置合理等方面下工夫，以使消费者再次获得新颖的、积极的情感和认知。

学思致用 ▰▰▰▰▰▰▰▰▰▰▰▰▰▰▰▰▰▰▰

　　分析图 1-9 中乐事薯片可爱的拟人化广告形象为消费者如何引导积极的情感体验?

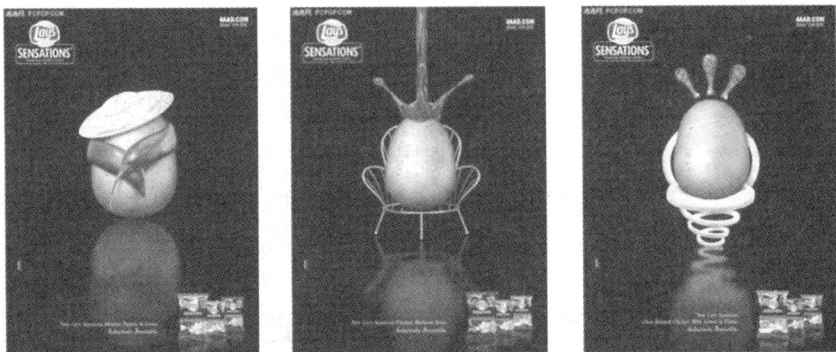

图 1-9　乐事薯片广告

学思致用 ▰▰▰▰▰▰▰▰▰▰▰▰▰▰▰▰▰▰▰

　　根据消费行为模式研究,消费者实现购买行为是有一系列过程的,在此过程中的每个阶段都可以利用广告来激励,以加速购买行为的实现。请回答问题:以下广告诉求分别对应的是消费者怎样的消费心理功能,才最终引发了消费者的购买行为? 以下广告诉求分别针对消费过程的哪一个阶段?

　　1. 本来没想买运动鞋,由于在街上偶尔看到运动鞋的广告,又想到了在校内经常运动需要这么一双鞋,于是就买下来。

　　2. 刚上大学的时候就想买个手机,好和家里联系方便,就是不知道买哪一款,过了将近半年,了解各方面信息后,现在知道要买哪一款手机。

　　3. 在街上逛了一圈,早已饥肠辘辘,吃什么呢? 看到了麦当劳广告,想起早些年和父亲一起吃麦当劳时的愉快,不由自主再次走进麦当劳。

　　4. 好多同学都有了笔记本电脑,自己也很喜欢,无奈囊中羞涩。有一天某品牌企业到校园里搞促销宣传,自己喜欢的那款笔记本居然六折销售,机不可失,赶紧买了一台。

答案提示

影响购买行为可以通过需要和动机的形成、信息的了解和收集、商品的选择与评定、购买行动的实施及利用购买后的评价等方面实现；消费心理过程包括认识过程、情感过程、意志过程三个阶段。由此来看，1 题，属于利用广告调动消费者的需要和动机，广告主要起到了诱发需求的功能，针对消费者的认识阶段；2 题，广告增进消费者了解信息，提高消费者对产品的认识，广告主要起到传播信息和引导体验功能，针对消费者的认识阶段；3 题，广告促使消费者回忆起以前消费的愉快，利用的是购后评价，广告主要起到引导体验和促发行为的功能，很明显，针对的是情感阶段；4 题，利用促销促进商品的选择与购买行动的实施，广告主要起到强化注意和促发行为的功能，针对消费心理的意志过程。

第五节　广告理论与心理效果

一、广告理论及心理述评

有关广告的学说或理论有许多种，下面所提及的三种广告理论是与心理学关系比较大的学说，从心理学视角接受它们，并对此进行心理学述评，对于广告心理学的建构是有意义的。

（一）USP 说

USP 说，即主张广告必须给消费者 10 个独特的、强有力的主张或许诺的学说。

USP 是由英文 Unique Selling Proposition 首位字母组成的，它可以翻译为"独特的销售主张和销售点"。它出自 R·里沃斯（R. Reeves）创立的学说体系。这个学说认为，广告必须让消费者记住广告之中的一个东西，即一种独特的强有力的主张或概念。

USP 说的基本构想是，广告要找出或表现出这一商品或品牌自己独具的、他人没有的独特性，即 unique；广告也包括企业的产品要做适合消费需求的销售，即 selling；然后，广告就要发挥自己独特的主张或概念所提议或表现的功能，即 proposition。

可以说，每一个广告都要向消费者传达一个主张，一个观念，或一个建议。如果这个主张是司空见惯的，毫无特色的，它自然就没有太大的吸引力。所以，这一主张必须是独特的，也就是说它的竞争对手从来没有提倡过的，或者即使是想要提倡也是无法做到的，所以这是一种彻头彻尾的独特的表现。同时，这一广告主张又必须具有独特的魅力，它要非常有力，又能感动无数人，它必须把所有的消费者引向自己的商品。

该学说指出，在消费者的心中，一旦将这种独特的主张或许诺同某种特定商标的产品联系在一起，USP 就会给该产品一个持久受益的地位。他们提出，消费者只要买这个产品，就能得到这项特殊的利益。例如广告大师伯恩巴克的灵感之作 M＆M 巧克力的广告语"只溶在口，不溶在手"，既反映了 M＆M 巧克力糖衣包装的独特，又暗示了 M＆M 巧克力口味好，以至于令消费者不愿意使巧克力在手上停留片刻，堪称经典，流传至今。

USP 说的基本前提是，视消费者为理性思维者。他们主张，广告应该建立在理性诉求上。广告的诉求目标应该对准消费者的需要，有针对性地提供给他们实惠的许诺。而这种许诺又必须要有理由支持，因为理性思维者必然要对这种许诺发问：为什么会有这样的实惠？例如，美国喉嚼糖的广告，就是遵循 USP 法则制作的，它的独特的销售主张是："喉嚼薄荷糖具有蒸汽作用"，能使受凉的鼻子和喉咙清爽如常。自从这一独特的主张打出之后，市场销量提高 47％，产品也由地方性的商品一跃成为国际性的大品牌。

在 USP 说看来，许诺与理由之间也不一定表现出非常严格的科学论证。比如，喉嚼糖与润喉之间的关系也不像医药那样科学。但是，它旨在以自己的广告课题的独特性来获得消费者的喜爱。USP 广告理论的理性法则旨在强调广告课题与消费者的心理之间的关系。它主张广告主题应该源于科学的理性，但又不能囿于其中，以叩开消费者心扉为其目的。

案例点拨

本田斯维克汽车的节油 USP[①]

1980 年代，美国面临能源危机。由于汽油短缺，汽车加油站每天只营业几个小时。为能够买到汽油，人们不得不提前排队等候加油站开门。在汽油供不应求的情况下，如何吸引、说服消费者购买自己的汽车呢？本田斯维克

---

① 徐小娟. 100 个成功的广告策划.机械工业出版社, 2002 年版, 第 113 页。

牌汽车推出了"平均每加仑4公里"的广告,旨在向消费者主明斯维克牌汽车的节油特性,这个广告详细说明了为什么斯维克牌汽车能够达到这样高的每加仑公里数,同时提出其他竞争品牌都不能达到这个标准,从而与美国汽车市场上的其他竞争品牌展开较量。

(二)商标意象说

商标意象说,即主张广告应通过唤起人们主观上的某种意象,来赋予商标不同联想的学说。

商标意象说是由奥吉尔维(D·Ogilvy)提出来的。意象是人们主观上的某种想象和联想。意象区别于真实的东西,它具有一种无形的属性,在很大程度上与该商品所固有的特性有关。在生活中,人们往往根据自己的感觉、体验甚至潜意识来认识标示某商标的产品。奥吉尔维正是这样认为,同类产品的许多商标,就其具体产品而言,接受者一般是难以区别它们之间的差别的。广告的作用就是赋予商标的不同的主观上的联想,正是这些联想给了它们不同的个性。

"万宝路"之所以知名,实际上不是它的香烟的特性,而是该商品的商标意象,这是由美国西部地区莽莽的大草原,豪迈、粗犷的男人,自由、独立的精神所构成的意象世界。这种剽悍的牛仔形象正是美国现代社会的文明危机所渴求的精神力量。

消费者既是一个理性的挑剔者,又是一个遵循感性指导的盲目的随意购买者。可以说,USP说立足于理性的诉求,而商标意象则更多诉求于情感因素。实际上,任何理性诉求都暗含着情感的因素。

学思致用

阅读下列广告语,分别指出其USP都是什么?
海飞丝:头屑去无踪,秀发更出众
雕牌:只选对的,不选贵的
农夫山泉:农夫山泉有点甜
乐百氏:27层净化乐百氏
海信:海信,中国芯

（三）AIDA 说

AIDA 说，即主张广告应具有"引人注意→发生兴趣→激起欲望→引起行动"的作用的学说。

AIDA 是英文 attention（注意）、interest（兴趣）、desire（欲望）、action（行动）的首位字母组成的。这是广告作用于消费者的消费行为中的心理历程，即是：首先引人注意，也就是使消费者的注意集中指向于特定广告；接着，再使消费者对此广告发生兴趣；然后产生购买该广告产品的愿望；最后导致消费者产生购买该广告产品的行动。

在 AIDA 基础上，后来又有人加进了记忆的因素，成了 AIDMA（其中，M 是 memory），即引起注意→发生兴趣→激起欲望→促进记忆→加深印象→引起行动。

切诺基吉普车（Cherokee Jeep）广告便是成功应用 AIDMA 规律的典范。画面上以大气磅礴的天地、峭壁作为背景，赫然闯入受众眼帘的是峭壁上几近垂直矗立的 STOP 路牌，这夸张地暗示着"切诺基"吉普车所向披靡的越野能力，表现了吉普车功率超强、底盘坚固、通行无阻的诉求主题，激发着男士消费群体渴望征服、挑战极限的潜在欲望。STOP 牌赫亮抢眼的视觉触点效应极易在受众脑海中打下鲜明深刻的记忆烙印并由此引发购买行为，充分体现广告创意表现对心理科学规律的遵循。

图 1-10 切诺基吉普车广告

在当今这样一个广告众多的时代中，引不起消费者注意的广告于事无补。或者说，任何一个广告，必须调动起消费者的主观能动性，即必须激起消费者内在的、心理的、情感上的波澜，才可望有成功的机会。实际上，消费者对外界刺激的反映活动都是主动的，也就是说，只有当他有某种需要，才可能在刺激中寻找可满足他需要的对象。如果根本没有潜在的"兴趣"和"欲望"，广告作用的一系列过程是难以完成的。

20 世纪的年代，美国的 P. H·科里（P. H. Colley）将广告作用的心理历程分成四个层次：从未觉察到觉察（觉察该商标或公司）→了解（理解该产品是什么，它可以为他们做什么)→信任(引起购买该商品的心理意向)、行动(实际去购买它)。罗杰(E. Rodger)对此作了更细致的描述：从未觉察到觉察→引起兴趣→做出评价→刺激→尝试→重复购买，形成对该商标产品的忠诚。

　　上述以 AIDA 为核心的理论基本上都是在沿袭消费心理发展的一般模式。可以设想，一个广告如果能遵循这种 AIDA 的发展轨迹，并取得了相应的心理效果，其必定是一个相当成功的广告。即一个广告播出后，能引起70%的人的注意；在这注意之中的人又有 70%的人感到有兴趣；在这有兴趣的人中又有 70%的人感到了需要；在这有需要的人中又有 70%的人记住了这则广告，最后这记住了的人中又有 70%的人采取了行动。如果每则广告，都实现了这个 AIDA 的心理模式，就出色地完成了它自己的使命。

　　二、广告媒体的心理特征

　　广告要想把信息传播给大众，当然要借助一定的载体。而广告媒体，按照其功能来说，一般可分为三大类：即视觉媒体、听觉媒体和视听两用媒体。

　　视觉媒体包括报纸、杂志、邮递、海报、传单、招贴，以及户外广告橱窗布置、实物广告、交通广告等媒介形式。这些视觉媒介的主要特点就是通过对人的视觉器官的信息刺激，影响人的心理活动。我们知道，视知觉是作为视觉器官为主的个体对事物的整体的直接反映，它不仅可以通过视知觉感知到事物是硬的还是软的，是粗糙的还是光滑的，而且还可以通过其他感觉通道的协调作用，获得对事物的形状、运动、位置、大小和颜色等方面的知觉。从视觉的内容和角度来看，视觉包括对图形的知觉，对文字的知觉，对信号的知觉等等。所以，视觉媒介就是通过这些视知觉的信息刺激，影响人的感觉过程，从而使人留下对所感知的事物的印象。

　　听觉媒体包括无线电广播、有线广播、宣传车、录音机和电话，等等。这些听觉媒介的主要特点都是通过对人的听觉器官的信息刺激，激发人的心理感知过程，从而使广告宣传在听众心中留下深刻的印象。我们也知道，听觉是个体对声波物理特性的反映，它包括对音调高低的音高的知觉，对声音强弱的响度的知觉，以及对不同的发音体所发出的不同的声音的音色的知觉。而广告的听觉媒介也正是通过消费的听觉器官对这些音高、响度和音色的不同知觉，而给大众留下印象。

　　视听两用媒介主要包括电视、电影等表现形式。它的主要特点就是通过对人的视觉和听觉器官的双重信息刺激，来激发、影响人的心理感觉过程，从而使广告宣传在消费者心中留下深刻印象。

　　不同的广告媒介所发挥的作用不同，其中一个很重要的原因就是由于这些媒介所体现的心理特点各不相同。

　　视觉媒介的心理特点主要表现为理解性、选择性、理智性。视觉媒介由于是通过视知觉来直接面对广告信息的形状、位置、大小、颜色等，或者说它是直接通过消费者的眼睛来接收报纸、杂志等媒介中的图形、文字等信息，所以，它具有理解性，它可以使消费者获得较为真实的感觉，也可以传播较为艰深的东西，因为它能作详细的解释。但它对文盲和知识程度较低的读者则显示出较小的传播功能。由于视觉的组合能力强，它可以造成较为宽阔的视野，可以使读者同时感知不同的许多内容，但是视野开阔又容易使感觉流入泛泛，致使消费者获得的刺激不强烈而不易留下深刻的印象。它又具有选择性，由于视觉的阅读可以自由地决定速度，所以它又是不受限制的，当然视觉作用的感知又不能绝对地集中消费者的注意力，因为阅读时可以分心可以同时收听其他的事件。它还具有理智性；相对说来，视觉媒介给予读者的是一种比较理性的意识，使消费者能够理智地观察到事实。

　　听觉媒介的心理特点主要表现为简单性、兼容性、感受性。听觉媒介具有简单性的特点，由于它不是用眼睛去直接面对广告所传达的信息，就无法使消费者获得视觉媒介那样的真实感，也就不容易像视觉媒介那样直接促进消费者的购买。听觉媒介只能传播较为简单、通俗的信息，因为它不能作更为详细和深奥的解释，但是它能够使不同文化程度的听众都能接受。其次是兼容性，听觉不像视觉那样具有较强的组合力，它虽然可以同时感知不同的内容，但极容易受到干扰，也可以说，听觉虽然也不能绝对地集中消费者的注意力，但它可以允许消费者在一边听的同时一边做其他事情。另外，听觉媒介的感受性较强，消费者在接受听觉媒介的时候，是不能自主地决定收听速度的，他要受时间的限制，反过来说消费者在接受听觉媒介的时间限制的同时，由于相对短的时间又导致了相对大的刺激，于是，听觉刺激更易于产生深刻的印象，更便于记忆。与视觉媒介相比，听觉媒介所导致的消费者所接受的事物与实际有一定的距离，就使得消费趋于感情用事。

案例点拨

米其林冬季轮胎广播广告脚本

　　[音效]（风声、走在厚厚积雪上的脚步声）

[男声]无论是在光滑的冰面，还是在松软的雪地(汽车打火声，音乐起)，米其林冬季轮胎，交叉Z型沟槽，保证出色冰面稳定性。柔软的胎面橡胶，带来更好的冰面抓地力。米其林冬季轮胎，体验冰雪路面的安全驾驶。

详情致电米其林服务热线40088、90088

[音效](急刹车声)

取自自然的真实音响为听众营造了真实可感的冰天雪地的情景，沙沙的走路声，让人感到冰雪路面行走之难，但随着汽车打火声，广告进入全新情景，贯穿始终的紧促的节奏感强的音乐，衬托出装备米其林冬季轮胎的汽车在冰雪天气仍然一如既往地快速、安全行驶，让人体验到冰雪路面上的驾驶快乐。结尾的急刹车，车辆戛然而止，突出了轮胎超凡的防滑性能。广告也戛然而止，干净利落。

当然，无论是使用视觉媒介，还是使用听觉媒介，都比较容易拉近生产者与消费者之间的关系。而视听两用的媒介则是先凭视觉，后凭听觉来拉近生产者与消费者之间的关系。

视听两用媒介心理特点主要表现为真实性、深刻性、丰富性。视听两用的广告媒介，具有较强的真实性。例如电视，可以给消费者一种真实的感觉，可以更直接地促进消费者的购买力。像电视这样的视听两用媒介，消费者也不能自由地选择接收速度，它也要受某种视听条件的限制，同时它又只能传播一般难度的内容，且不宜作详细的解释，所以它虽然可以面对不同文化程度的接受者，但不同文化程度的消费者只能根据自己的个体条件，按需接受或者是相应地接受。视听两用媒介也可以产生深刻性的效果，消费者面对视听两用媒介，由于视觉和听觉同时使用，感知的范围广泛。印象也深刻持久，感知的事物也容易记忆。同时，视听两用的媒介也不能绝对地集中消费者的注意力，使其接受广告传播。只有在消费者的眼睛和耳朵同时集中指向传播者，且没有分心的情况下才能收到其理想的效果。视听两用的媒介还有丰富性的特点，由于它同时使用视觉和听觉这双重感觉，更易于消费者全面准确地了解事物。另外随着通讯科技的迅猛发展，新兴的网络广告媒体异军突起，它具有虚拟性、互动性、娱乐性等特征，标志着广告媒体的发展进入了新时代(见图1-11，图1-12)。

图 1-11　航空电视广告

图 1-12　液晶显示屏(LCD)广告

案例点拨

独具创意的广告媒体——鸡蛋①

美国柯达摄影器材公司一贯注重运用广告媒体争夺市场，其技巧之妙，

———————

① 徐小娟. 100 个成功的广告策划. 机械工业出版社，2002 年版，第 72 页。

令人叹为观止。前几年,该公司与以色列耶路撒冷的一家禽蛋公司签订了一份合约,双方约定用 1 000 万只鸡蛋做广告。人们十分奇怪,怎么使用鸡蛋做广告呢?原来柯达公司自有图谋:它的柯达胶卷及摄影器材在南美市场总是销量不多,敌不过日本的牌子。于是,柯达公司突发奇想,利用以色列鸡蛋在南美洲各国十分畅销的契机,与以色列出口鸡蛋的公司约定,在其出口到南美洲的鸡蛋上印上"柯达"彩色胶卷的商标,然后运到南美各国销售。柯达公司为此付给这家公司 500 万美元,这家公司当然乐意接受,因为它平时每只鸡蛋只售 0.1 美元,现在可卖到 0.5 美元,升值 5 倍而柯达公司此举也不吃亏,从此使其产品打入了南美市场。

三、广告效果的心理测定

广告效果,按照其内容分类,可分为经济效果、社会效果和心理效果三类,这里只研究广告心理效果测定的有关问题。

广告效果检验的程序,通常分为事前和事后检验两种。事前检验是指在广告设计草案制定之后,在还未实际应用之前进行的。事后检验则在广告宣传之后,从消费者的注意程度、理解程度、反映程度等几个方面的心理因素来测定广告的效果。一般说来,人们比较重视事后检验,因为,它是直接通过有否增加订货或销售额来检验广告是否达到预定目标的。其实,事前检验具有更为重要的意义,因为它有助于事先发现广告设计上的缺点,更有助于广告的成功。

广告心理效果的测定,即测定广告经过特定的媒体传播之后对消费者心理活动的影响程度。广告信息作用于消费者而引起的一系列心理效应,主要表现在对广告内容的感知反应、记忆巩固、理解程度、情感体验和态度倾向等几个方面。一般把对这些指标的测定叫做广告心理效果测定的心理学指标。

广告心理效果测定的心理学指标有这样一些方面的内容(见图 1-13):

(1)感知程度的测定。主要用于测定广告的知名度,即消费者对广告主及其商品、商标、厂牌等的认识程度。它包括阅读率和视听率。阅读率主要是测定有多少读者能够辨认出过去曾看过该广告,有多少读者能够借助某种商标而认出该广告的标题或插图,以及有多少读者能够记得该广告中的主要内容。

感知程度的测定,一般宜在广告播发的同时或广告播发后不久进行,以求得测定的准确性。

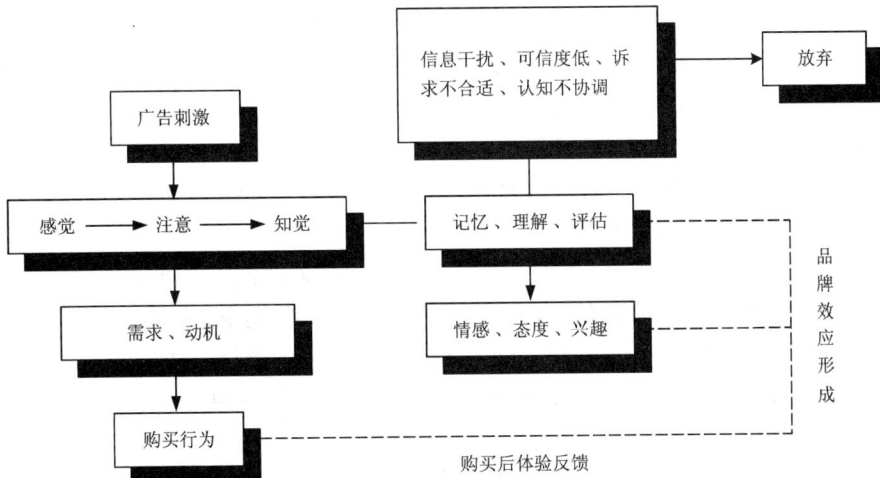

图 1-13　广告心理效果发生过程

（2）记忆效果的测试。一般运用不用任何有关提示的"回想法"，或利用某种实物作提示的"再确认法"来询问消费者是否读过或看过某个广告，以此测验出消费者对这一广告的记忆程度。

记忆效果的测定主要是指对广告的记忆度的测定，即消费者对广告的记忆的深刻程度，是否能够记住广告所传播的品牌、特性、商标等。

消费者对广告内容的记忆效率，一般是指对广告重点诉求的保持或回忆的能力与水平。消费者对广告内容记忆效率的高低，反映出广告策划的水平及影响力。

（3）理解程度的测定。对广告的理解程度是指消费者对广告观念的理解，对广告思维状态的反映，对广告反映事物的本质掌握。对它的测定是测定消费者对广告观念的理解程度与信任程度。它要测定消费者对一则广告究竟理解了多少，是全部理解了，部分理解了，还是基本没有理解。

通过对理解度和信任度的测定，不仅能查明消费者能够回忆起多少广告信息，更主要的是查明消费者对商品、厂牌、创意等内容的认识程度和信任程度。

（4）情感激发程度的测定。主要是测定消费者对广告的好感度，又称为广告的说服力。即人们对广告所引起的兴趣如何，对广告的商品有无好感。好感的程度包括消费者对广告商品的忠实度、偏爱度以及厂牌印象等。能否激发消费者的肯定、积极的情感，是验证广告能否达到心理目标的重要标志。

（5）态度倾向的测定。它主要是测定消费者对某种产品、某个品牌、某生产企业的态度倾向。主要包括购买动机和行动率。

广告的心理效果，还可以通过人的一系列的生理变化来测定，有些人称此为广告心理效果的客观性指标。例如：因为当人们注视感兴趣的物体时，会伴随着出现瞳孔直径扩大的反应。所以当消费者在观看一则饶有兴趣的广告时，也会出现瞳孔扩大的生理现象。这样一来瞳孔直径的变化就可以作为广告效果测定的客观性指标。

另外，广告播映中，人们将极感兴趣的广告通过视觉、听觉传及大脑，情绪会处于兴奋、激动状态，皮肤汗腺的活动会活跃起来，导致汗液分泌的增加。汗液分泌的增加又会使皮肤的导电性和皮肤的电位发生变化，从而造成皮肤电反应的变化。这种皮肤电反应的变化，作为一种情绪反应的测定，同样可以作为测定广告效果的客观性指标。

还有眼动轨迹的描记，脑电波图的变化，以及人的视觉反应变化，人的瞬间记忆广度，都可以作为测定广告效果的客观性指标。

学思致用

一、下面是一些不同媒介的广告作品，分析这些广告的心理效果，并比较不同媒介广告接受的心理特点与传播效果的异同。

1.《吸管——佳得乐饮料》：多果美味一口吸（图 1-14）

2.《乒乓球台——李宁》：come and get me（图 1-15）

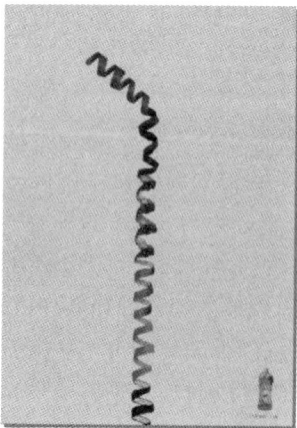

图 1-14　吸管广告

图 1-15　乒乓球台广告

3. 广播广告:"听太阳"

(女声旁白)清晨,快要失明的少女来到海边,想要最后看一眼她所热爱的海上日出。在她模糊的视线里,依稀出现了一位老者的身影。

(女声)老伯,您也来看日出吗?

(男声)姑娘,老伯是来听日出的。老伯的眼睛,30 年前就看不见了。

(女声)老伯您开玩笑吧,日出怎么能听得见呢?

(男声)老伯不开玩笑的,老伯的眼睛虽然看不见了,但心还是热的,只要用心去听,就能听见! 不信,你试试。

(音乐渐入高潮)

(女声)真的,我听见了,太阳,她走过来了!

4. 广播公益广告"一分钱"①

(童声)爸爸,我捡到了一分钱!

(男声)当孩子捡到一分钱的时候,我们该怎么对他们说?

(回忆:童声合唱:"我在马路边,捡到一分钱,把它交给警察叔叔手里边……")

(男声)也许我们应该记住的,不仅仅只是一首歌;也许我们应该捡起的,不仅仅只是一分钱。

5. 电视广告《脑白金》与《黄金搭档》②(见图 1-16)

图 1-16 脑白金广告

二、根据学过的广告心理效果测定理论回答,下面广告在感知程度、记忆效果、理解程度以及情感激发和态度倾向上的效果各自如何? 还存在怎样

---

① 张金海主编.世界经典广告案例评析.武汉大学出版社,2000 年版,第 323 页。
② 二则广告分别选自疯狂广告网和优酷网。

的问题？思考应该如何避免这样的问题。

2008年春节期间，恒源祥企业经由中央电视台、东方卫视、湖南卫视等媒介发布了一则长达一分钟的贺岁广告："恒源祥，北京奥运会赞助商"的口号伴随着童音念出的十二生肖名称，从"鼠鼠鼠"、"牛牛牛"，直到"猪猪猪"，其卡通图案依次闪过，替代了消费者熟知的"羊羊羊"，广告如图1-17：

图1-17 恒源祥广告

融贯精思

1.通过第一章的学习，你对广告心理学有了怎样的总体了解和认识？你是否有适合自己的好方法来培养学习兴趣？你计划如何学习广告心理学课程？

2.结合广告接受的感性经验总结分析广告活动具有哪些心理活动过程？

3.广告诉求的消费心理功能体现在哪些方面？

4.比较USP说和商标意象说的异同。

5.广告有哪些媒体形式，各自具有哪些心理特征？

讨论分析

1. 以下广告策划在哪些方面体现了本章所涉及的广告心理原理？
2. USP 说和商标意象说在其中是如何被运用的？
3. 该策划怎样结合具体情况设计了广告媒体策略？
4. 结合自己所在院校同学消费心理的特点，讨论分析在本校应如何进行广告传播？

康师傅方便面广告策划书①

大学生是方便面的重要消费群体，我们通过对产品市场的综合调查分析，以提高康师傅方便面在某学院的市场占有率为主要目的做了一整套营销策略方案。

一、市场分析

1. 销售环境分析

大学生是方便面的重要消费群体。就我们学校而言，学校周一到周五实行封闭式管理，学生的活动范围基本都是在校园里，我们食堂条件单一，且吃饭时间集中。同学们在厌倦了食堂那永远不变口味的食物和挤食堂抢饭的烦恼时自然会选择实惠方便的方便面。

2. 自我分析和销售比较

康师傅方便面品质精良、汤料香浓，碗装面和袋装面一应俱全，更重要的是它有一个"康师傅"的名字。顶新国际集团董事长魏应交曾说："许多人认为'康师傅'的老板姓康，其实不是。'康'意为我们要为消费者提供健康营养的食品。'师傅'在华人中有亲切、责任感、专业成就的印象，这个名字有亲和力。用'康师傅'这个品牌反映了我们的责任心。"

康师傅是国内最大的方便面品牌，根据我们在某学院南校区的市场调查问卷得知，很多人在买方便面时首选是康师傅，购买原因，一是因为品牌效应，二是因为好吃。而校园外全国近期内的市场调查表明"康师傅"这一中国最大的方便面品牌还是占据了方便面市场的半壁江山。

3. 消费者分析

学生一般都离不开方便面，而学生一般又会在什么情况下选择方便

① 资料来源：中国咨询策划网，有删节处理。

面呢？

　　根据我们的调查得知：懒。很多同学忙于学习，懒得去吃饭或者下课晚时看到食堂吃饭的人太多，会选择吃方便面。穷。学生本身属于消费群体，吃方便面省钱。整天用电脑的人。学生中有很大一部分喜欢游戏或者学习电脑软件，这部分人对着电脑就不愿意离开，很多时候会选择方便面这种快餐式的饮食。形单影只。不喜欢单独去食堂吃饭的人，会选择方便面。真的很喜欢吃方便面的人。既然这些人会更多地选择方便面，那我们怎样才能抓住这些人的注意，让他们在买方便面时更多地购买康师傅方便面呢？

　　4.竞争对手的分析

　　根据对其他品牌的调查我们得知，学生选择某种方便面的原因是因为它味道好，选择另一种的原因是这种方便面价格定位在中低档，康师傅吸引学生群体的特点就是面好、滑溜、味香、品牌大、包装好看、价格适中。

二、广告策略

　　根据我们多番的讨论，我们最终确定把康师傅品牌信誉度高，品牌形象亲切和"好吃看得见"这几点强化突出。既然这是一个老的知名品牌，我们的广告策略重点不用放在更大的品牌宣传上，我们在广告策略上侧重于深化康师傅这个可爱的动画人物给我们带来的亲切感，在品牌上加入人文关怀的因素，让同学们在看到听到这个品牌时就觉得有温馨的感觉，就可以强化它的品牌效应。

　　1.广告方式

　　首先，我们选用的媒体是广播。在下课(特别是吃饭)的时间，无论我们身处校园的哪个角落都能听见广播。我们选在吃饭的时间在校园广播上推出一个介绍健康饮食知识的小栏目，比如说康师傅友情提示在炎热的夏天我们应该多吃点水果，吃西红柿有美容作用等，以增加其健康的良好形象。然后我们可以抓住大学生网络生活占了很大的课余时间这个特点，在校园网上制作一个点击网页弹出式FLASH，这个FLASH最主要是突出了康师傅的美味(后面附有这个广告的脚本)。另外我们可以在我们校园网上发布一个由康师傅公司赞助的康师傅网页和FLASH设计大赛，其实这次比赛就是一个很好的促销手段，因为对赛事有兴趣的同学们就会自然而然为了更进一步了解康师傅这个牌子的方便面而去更多地品尝，我们比赛的奖品可以设为头奖可以得到在康师傅公司打暑假工的机会，二等奖设为做康师傅校园销售代表，优秀奖设为康师傅方便面一箱。

　　再者，我们还有几种比较巧的策略：

A.根据我们调查：买方便面的有70%的人属于冲动型购买，在去超市之前不会计划好要买什么品牌。我们可以在学校附近的几个超市康师傅方便面摆放台边贴上以亲切可爱"康师傅"本人形象为画面的小 POP 指示牌。突出易看，易取，易买的特点。

B.户外。我们在学校的路间设一个自行车免费充气点。即是摆放一把印有康师傅标识的大遮阳伞，下有一个自行车电动充气设备。

C.促销。有些学生的宿舍楼是没有电风扇的，我们针对悄然来临的夏季，从人文关怀的角度出发，进行买五袋装的康师傅方便面就可获赠一把印有康师傅字样的漂亮纸扇的促销活动。

D.设临时售点。既然是懒人爱吃方便面，那就让懒人懒得更舒服吧。针对懒人这个消费群体的特点，我们就让康师傅方便面变得更方便，我们可以在每幢宿舍楼都设一个小的销售点，（这个销售点可以是网页或者FLASH 大赛的获奖者的学生所在的宿舍或者是我们康师傅提供的一个让学生勤工俭学的机会）开通一个免费电话和一个销售网页，学生想吃方便面了，一个电话打来或者一个信息打进来，面和水就一起送上门来。这样又进一步扩大了康师傅方便面的销售。

经过这样的广告，其实就是把康师傅这个品牌加入了很多人文的气息，我们借助了康师傅本身形象给人的亲切温馨可爱的印象，在同学们的心理一点一滴地深入扩大。消费者就可以有了首选康师傅的理由。

2.广告定位

A.诉求点：品牌大、味道好

B.广告语：随时随地关爱你——康师傅方便面

3.广告表现：（FLASH 脚本）（POP 牌）

附：广告脚本

（场景：街上）

一个女生跟一个男生生气，对他不睬不理。（男女衣饰看起来都表明他们已经走出社会，工作小有成就了）

为了哄回女的开心男生逐一变出美丽的鲜花，可爱的娃娃，漂亮的衣服，女生都不理睬。

最后男生想了想……

（画面字体：这样总行了吧）

男生摇身一变，变成康师傅的动画人物形象，

女生看了一会，忍不住笑了，

两人手牵手言归与好。

(画面字体：康师傅，我们共同的青春回忆)

背景音乐：水木年华的校园歌曲《一生有你》

这个广告旨在表现康师傅方便面是校园生活的重要回忆部分，当我们年少穷、忙的时候康师傅曾伴我们走过，多年以后再回首，当初的"穷酸"生活就是最美好的回忆。

第二章 注意的刺激与广告吸引力

压题图片

学习要求：通过本章学习，重点掌握广告注意的特征；掌握引起广告的无意注意的客观因素和主观因素；了解注意的特点、注意的种类；掌握广告注意的动机表现；重点掌握引起广告注意的刺激方法。

关键概念

广告注意——人的心理活动对广告形式、广告承诺、广告所承担的产品信息本身的指向与集中。

无意注意——事先没有预定目的、也不需要任何意志努力、不由自主地对一定事物所发生的注意。

有意注意——是一种自觉的、有预定目的的、需要作出一定的意志努力的注意。

据统计，每个美国人每天所接触到的广告大约有 1 500 个之多，但引起他们注意，模糊意识到其存在的广告最多 100 个，而予以清晰感觉并留下深刻印象的大约 10 多个，大部分则根本没意识到。广告没引起受众者的注意，便是广告投入的付之东流。因此，如何抓住消费者的注意力，是广告制作过程中首先要考虑的问题。本章即根据心理学所揭示的人类注意规律来探讨广告吸引力的问题。

第一节　广告注意的特征与功能

一、注意与刺激

(一)什么是注意

从心理学的角度讲,注意,是人的心理活动对于外界一定事物的指向与集中。

指向性和集中性是注意的两个基本特征。指向性,首先指认识活动的选择性,即人在认识事物的过程中,有选择地把心理活动指向某一对象;其次指这一心理活动对选择的对象有较长时间的保持。集中性指把心理活动贯注于某一事物,它不但表现为离开一切与活动对象无关的东西,指向所选择的对象,而且要与对之干扰的刺激进行抑制,以保证注意的对象得到比较清晰的鲜明的反映。例如,消费者在商场选购某种商品时,其心理活动总是指向于该种商品,并较长时间地把心理活动保持在该种商品上。当他挑选该种商品时,他会对与该种商品无关的其他活动,如其他商品的叫卖声,别人购物的行为等加以抑制,将注意集中于该种商品上,以获得对该种商品清晰、准确的把握。

注意本身不是一种独立的心理过程,它没有自己的特殊内容,它表现在感觉、知觉、记忆、思维、想象等心理过程当中,成为这些过程的一种共同特性并与这些过程密不可分。如我们平时说"注意看"、"注意听"、"注意观察","看"、"听"、"观察"是心理过程,这些心理过程的活动效率靠有注意参加才能实现,而注意离开这些心理过程便不存在。注意能使心理过程更富有组织性、积极性、清晰性和深刻性。

(二)注意的种类

根据产生和保持注意的有无目的和意志力努力的程度不同,心理学上把注意分为无意注意、有意注意和有意后注意三种。

1.无意注意

无意注意指事先没有预定目的,也不需作任何意志努力,不由自主地对一定事物所发生的注意。无意注意是一种定向反射,由于环境的变化所引起的有机体的一种应答性的反应。当外界环境发生的变化作用于有机体时,有机体把相应的感觉器官朝着变化的环境,以探究其变化,确定活动的方向。例如,大家正在开讨论会,忽然一个人推门进来,大家不由自主地转过头去看他，这就是无意注意。

无意注意因不由意识控制，又叫不随意注意。

2.有意注意

有意注意是一种自觉的、有预定目的、需要做出一定的意志努力的注意。有意注意是根据人的主观需要，把精力集中在某一事物上的特有的心理现象。例如，一个人在公共场合看书，听见旁人讨论他感兴趣的问题，他的注意不由自主地转向他们的谈话内容，这是无意注意。如果他当时想到必须坚持学习，经过一定的意志上的努力，仍旧把注意力集中到看书上，这就是有意注意。

有意注意因主体预先有内在的要求，并将注意集中在与这一内在要求相对应的目标上，是一种主动的、服从一定目的要求的注意，因而又称随意注意。

3.有意后注意

这是有自觉目的的，但不经意志努力就能维持的注意。

有意注意与无意注意常常在一定条件下可以互相转化。例如，学习古典文学、骑车、织毛衣，本来不感兴趣，只是为了需要，不得不集中注意去学习，这时的注意就是有意注意。如果逐渐克服了困难，获得了优异成绩，学习的本身逐渐引起了兴趣，这时间接的兴趣就变成了直接的兴趣，也可以说，对这种事物的注意就不再需要依赖一定的意志努力。于是，有意注意转变为无意注意。这种"特殊类型"的无意注意，便被称为"有意后注意"，又称随意后注意。

有意后注意不同于无意注意，因为这种注意仍然有自觉的目的，是心理活动对于个人认为有意义、有价值的对象的指向和集中；有意后注意也不同于有意注意，因为这种注意不需要意志努力来维持。

(三)引起注意的原因

引起无意注意的原因可分为两个方面，一是缘于客观刺激物的特点，二是缘于人的主观状态的特点。

1.客观的刺激物

具有如下特征的刺激物，都容易引起人的无意注意。

(1)比较强烈的刺激。刺激物的强度，是引起无意注意的重要原因之一。一声震耳的巨响，一道耀眼的强光，一种刺鼻的味道，不管一个人当时如何忙碌，都会立刻引起注意。

但应该指出，在刺激物的这一条件方面，起作用的不仅在于刺激物的绝对强度，还在于刺激物的相对强度（即一种刺激与其他刺激互相比较的力量）。剧烈的雷声，在平常的情况下，会引起人的无意注意，可在炮火连天的战场，就未必能够引起人们的无意注意；远处火车的鸣笛声，在喧嚣的白天，难以引起人们的无意注意，在万籁无声的深夜却很可能引起人们的无意注意。因此，确切地说，只有比周围具有更强烈的刺激作用的事物，才可能引起人们的无意注意。

（2）富于变化的刺激。任何一种事物，即使具有比较强烈的刺激作用，如果毫无变化极其单调地连续发生，也就不再能引起人们的无意注意了；反之，一种事物，即使具有比较微弱的刺激作用，可是它富于变化或突然发生变化，也容易引起人们的无意注意。例如，在听报告时，人们可能看报闲聊，对报告人所讲的并不注意，可报告人的声音突然停止，反而引起听众的注意。

（3）新异突出的刺激。新异的事物很容易成为注意的对象。如一处新建的风格别致的商业门脸，一条由狭窄的小巷改成的宽畅马路，都会引起人们的无意注意，甚至产生惊奇的感情。此外，凡是超群突出的事物也容易引起人们的无意注意，如标新立异的服饰。

2. 人的主观状态

引起无意注意，也与人当时的主观状态相关，一般来说，主观状态处于如下几种情况时，容易产生无意注意。

（1）当时的迫切需要。如果一个人当时具有某种迫切需要，那么，凡是能够满足他这一需要的事物，都能引起他的无意注意。例如，一个饥饿的人容易对食物发生无意注意，口渴的人容易对饮料发生无意注意。

（2）当时的特殊感情。如果一个人当时具有某种特殊的感情或情绪，那么，凡是和他这种感情有关的事物，都容易引起他的无意注意。例如，一个正在热恋的人，对于其恋爱对象的一言一笑都容易发生无意注意；一个胆怯独宿的人，对于室内的任何响动都容易发生无意注意。

（3）当时的直接兴趣。所谓直接兴趣，就是一个人对于某种事物本身所抱的积极态度。如果一个人对某种事物发生直接兴趣，那么，他对这种事物就必然会发生而且保持无意注意。我们在阅读有趣的小说时，会把自己有关的心理活动不由自主地而且持久不断地指向和集中于这一小说的内容。

引起有意注意和有意后注意的原因主要表现在主观方面。

引起有意注意的主观原因主要在于：一是对活动目的与任务的依从。有意注意是一种有预定目的的注意。目的越明确，任务越具体，越易于引起和维持有意注意。二是对有间接兴趣的事物的关注。所谓间接兴趣，就是一个人对于某种事物可能导致的预想结果所抱的积极态度。例如，一个人为出国深造而学习外语，他对背诵枯燥的外语单词并不感兴趣。但他知道要出国深造非学好外语不可，而要学好外语必须掌握单词，这样出国深造的间接兴趣支持他，他便能起意志地去注意外语单词。此外，有意注意还受主体过去的经验、意志品质的影响。人们对自己熟悉的事物和活动，容易形成和维持注意，意志力强的人能起意志地使自己的注意服从于当前的目的与任务，保持良好的有意注意。

引起有意后注意的事物是人们对之有直接兴趣的事物，但这种直接兴趣不同于引起无意注意的直接兴趣，后者多源于基本需要。而引起有意后注意的直接兴趣是经过有意识地培养之后产生的，它积淀着经验。如一个热爱芭蕾舞艺术的人，开始学习时，要有意志地克服困难，逐渐进入芭蕾舞艺术的境界，以后芭蕾舞成为他生命的主旋律，他便开始有兴趣于有关芭蕾舞艺术的一切信息，遇到这些信息就会引起无意后注意。

学思致用

判断下列引人注意的现象，其引起关注的原因是什么？
(1)课堂上突然响起了刺耳的铃声；
(2)窗外绽放的礼花绚烂夺目；
(3)货架上摆放造型奇特的小礼品；
(4)收音机里传出久违的亲切的歌声；
(5)报纸上找到论文写作的合适素材；
(6)早春在墙角发现嫩嫩的一叶小草；
(7)盛夏在湖边倏忽游过的一尾小鱼。

提示：引起无意注意有两方面原因，即主观和客观。客观原因有较强烈的刺激、富于变化的刺激、新异突出的刺激等；主观方面有当时的迫切需要、特殊感情和个人兴趣等。

二、广告注意的特征

(一)什么是广告注意

广告注意，即人的心理活动对广告形式、广告承诺、广告所承担的产品信息本身的指向与集中。

广告注意具有多重性。一是对广告形式本身的注意。任何广告要想在铺天盖地的广告大潮中获得人们的青睐，都必须先有一个引人注目的形式，使人们在漫不经心之中被其新颖、突出的形式因素所吸引。二是对广告承诺的注意。对产品或劳务进行广告宣传这并不是目的，目的在于树立企业或产品形象，在于促销。而形象的树立，促销目的的实现与说服消费者相信他们能从中得到什么或满足什么密切相关，这就需要经由广告对消费者进行一定的需求承诺，承诺能引起消费者的兴趣，才能形成注意。三是对广告所承担的产品信息本身的注意。新异的广告形式是为传播产品信息这一内容服务的，因此，好的广告是让人注意它所承载的产品信息，而不仅仅是使消费者的注意止于广告的形式因素。如一些用美女来做的商品广告，如果消费者看完之后，只对"巧笑倩兮，美目盼兮"的美人形象留下印象，而对其介绍的商品却所知甚少，这就是形式因素过于夺目，以至转移了人们对广告的实质因素——商品信息的注意。

（二）广告注意的选择性

广告注意的选择性，是指广告接受主体对于广告宣传的注意不是被动的，而是主动选择的。在这种主动选择中，广告接受主体总是对符合自身需要的广告信息特别敏感，从而避开各种与自身需求无关或关系不大的干扰信息。

消费者对广告的注意是从信息的选择开始的。

广告注意的选择性是注意这一心理现象本身具有选择功能决定的。注意的选择功能表现为选择有意义的、符合需要的和与当前活动任务一致的各种刺激，避开或抑制其他无意义的、附加的、干扰当前活动的各种刺激。注意把有关信息线索区分出来，使心理活动具有一定的指向性。

关于注意的选择性，西方心理学界有两种较著名的理论。

一是"过滤器模型"理论。该理论由英国心理学家布鲁德本特在1958年提出。布鲁德本特认为，人面临着大量的信息，但个体的神经系统在同一时间内对信息进行加工的能力是极有限的，需要过滤器加以调节，使中枢神经系统不致负担过重。过滤器相当于两个开关，它按照"全或无"原则工作，接通一个通道，放过一些信息，这些信息得到进一步加工处理；其他通道则被阻断，信息不能通过，暂时贮存在短时记忆中，迅速衰退。由于在布鲁德本特的过滤器模型中，许多通道只接通一个，因此有人称这种模型为"单通道模型"（如图2-1）。

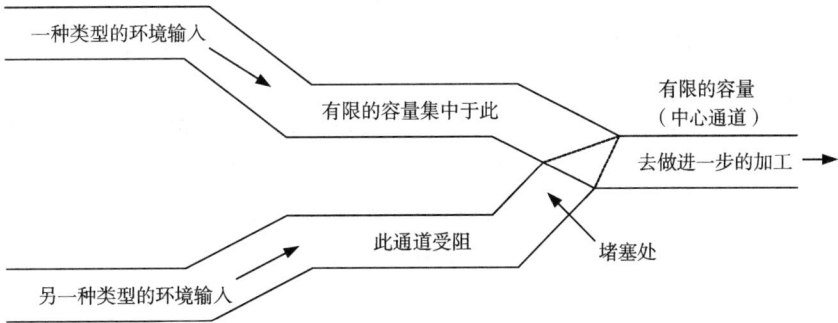

图 2-1 单通道模型图

　　图中两类环境输入，可理解为两类信息。那些在到达时被过滤器所阻断的输入信息可能在短时记忆中暂贮几秒钟，就消失了。而另一些输入信息如果通过了过滤器的话，就进入了中心通道，等待进一步的加工。

　　二是"衰减模型"理论。美国心理学家特瑞斯曼（A. M. Treismal）在 1960 年提出衰减模型来修正布鲁德本特的过滤器模型。他认为过滤器不是按照"全或无"的原则工作的。事实上，没有集中注意而设想被关闭的通道所传递的信息并没有完全被阻断，而只是被衰减，其中重要的信息仍可以得到高级的加工，反映到意识中来。

　　此学说与前者的区别在于，过滤器说对信息开关的控制是"全或无"形式，衰减器说认为被拒绝的信息并不是完全被阻断，只是次要的信息被衰减，其中重要的东西则通过并反映在人的意识里。例如，给被试者安装上一耳机，使一种语音进入左耳，另一种语音进入右耳。一个完全专心于收听进入一只耳朵里的语音的人，可以从另一只耳朵里听进他自己的名字，而对来自这个耳朵里的其他词语则毫无反应。可见，衰减器只能阻断减弱次要信息，不能排除含有特殊重要性的非主要刺激通过，如图 2-2：

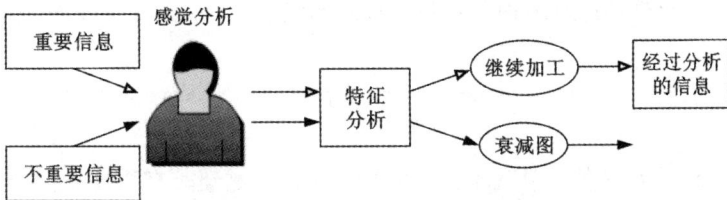

图 2-2 衰减器学说简略示意图

　　以上两种理论说明,广告接受主体在浩如烟海的广告面前,可以根据自己的需要,过滤掉无用的信息,选择自己关注的、与己有用的信息。

　　(三)广告注意的指向性

　　广告注意的指向性,是指广告接受主体对于特定广告的关注性、敏感性与接受主动性。它主要表现为两个方面,一是广告接受者在众多的广告中,有选择地关注某一特定广告;二是当广告引起消费者的关注之后,其注意作用并不消失,而是贯穿于广告发生作用的心理过程的始终,直至购买行为的最后实现。

　　毫无疑问,广告的目的在于促销。广告作用于接受者的心理过程,一般可以划分为五个阶段:引起注意→发生兴趣→产生欲望→增强信念→导致行动。从"引起注意"这一广告效果产生的第一步开始,接受者其他四个阶段的心理活动过程,始终都离不开"注意"这一心理现象的存在。没有"注意",便不可能对广告宣传的产品信息发生兴趣、产生购买欲望;没有"注意",接受者购买信念的增强,购买行为的实施也无从谈起。

　　广告注意指向性的实现,是因为注意具有保持性的功能,即注意对象的映象或内容能在意识中得以保持,一直保持到达到目的为止。

　　(四)广告注意的集中性

　　广告注意的集中性是就广告接受中的排他特征与非泛化特征而言的,这是指广告接受主体对特定广告形成注意的过程中,能排斥对之干扰的其他信息,将心理活动综合地贯注于这一特定的广告信息,从而达到对广告信息的清晰、全面的把握,最终实现购买行为。

　　当消费者的心理活动集中于指向特定的广告信息时,被注意的信息就处于意识的中心,或者说,在大脑皮层的相应区域上,会形成一个优势兴奋中心。优势兴奋中心一方面能把同时活动的其他神经中枢的兴奋冲动集中到自己这方面来;一方面由于神经过程的相互诱导原理,该部位的兴奋能导致其他部位的抑制。因而广告注意的集中性特征,可以使在对某一广告信息形成关注之后,能对其他刺激视而不见,听而不闻。

学思致用

　　1.判断下列消费行为现象,分别属于无意注意还是有意注意?

　　(1)没有明确购买目标的消费者,在超市左顾右盼注意到琳琅满目的商品。

　　(2)急于购买新款洗衣机的家庭主妇,读报时主动寻找相关促销广告,看电视时兴致勃勃地收看插播的洗衣机广告。

(3)某候车亭更新的户外广告，引起了行人的注意。

(4)午餐时间到了，饥肠辘辘的中学生对商业街上快餐店的户外广告格外热切地关注。

2.在市场营销过程中，广告运用的注意策略，应随具体情况而有不同的侧重。分析在以下情况下，分别应侧重无意注意还是有意注意呢？

(1)专业性强的、消费风险比较高的大件商品的广告。

(2)刚刚上市的、消费风险比较低的商品广告。

(3)巩固产品品牌形象时的广告。

提示：一般来说，前者更多应该引起有意注意；次者更应侧重引起无意注意；后者则应兼顾有意及无意注意。

第二节　广告注意的动机

在现实生活中，人们对广告的注意，在意志努力方面，表现为不同的层次。一是主动型，即积极主动地寻求某类广告信息，意志努力具有积极指向性的特征。二是被动主动型，在并没有积极寻求的心理状况下，从眼前展示的广告信息中不期而遇地发现了自己的所需。眼前的广告信息是无需努力而来的，是被动的；而发现了自己所需，由于这种所需先已存在于心中，因此又是主动的。三是被动型，即表现为被动地或无需努力地接受信息，这大多是信息本身具有新异性或接受强迫性，它们具有能引起人们无意注意的特征，人们的需求被动地被唤起，意志努力处于零度水平。

人们之所以对广告信息表现为不同的注意层次，根本原因在于对广告注意的动机不同。人们对能解决与切身利益相关的实际问题的广告信息，必然投以极大的关注，其他，则次之，或再次之。在这里，注意动机起着动力源的作用。那么，广告注意动机表现为哪些方面呢？或者说，广告信息的哪些特征，更容易诱发相应的消费者特殊的关注动机呢？考察人们对广告注意的情况，大体可分为以下几种。

一、实用性动机

实用性动机是指人们基于现实功利目的而产生的动机。功利性，是人们的基本生存特征，它一经产生，就强烈地要求现实性满足，它具有主动性和目标明确性的特点。

　　人们对广告的注意，有很大的实用性目的。想购买洗衣机的，必注意有关洗衣机的广告；欲购置房屋的，必注意有关房屋销售的广告。对于广告信息而言，一切能够帮助消费者做出购买决策的信息，都是有用性的信息，都有一定的实用价值。

　　一般说来，消费者对于产品或劳务信息的倾向性取决于三个因素：需要、期待和信息的价值。消费者在现实生活中为解决生活实际需求产生购买某物的需要，便对现实生活中能满足这种需要的信息形成期待，此时，如一则广告恰恰提供了满足这种需要的信息，消费者就会对此形成注意，并根据信息的实用价值产生购买动机，最后导致购买行为的发生。例如。一个身患癌症的病人，会对宣传治癌特效药的广告产生积极反应，他会注意这一信息，跟踪这一信息，直至购买药物的行为实现。这一注意的行为发生，在于想要治好病的实用性动机。相反，对于健康者来说，宣传治癌特效药的广告信息便不会被特别注意，因为他没有期待于它的实用性动机。

　　广告注意的实用性动机，对于广告制作有很重要的意义。如进行广告定位时，首先应考虑这一广告信息对哪些人有用，能解决什么样的实际问题，定位准确了广告接受者就会对其投以来源于实用性动机的注意。如赫赫有名的男性名烟"万宝路"，在1924年上市时，销售对象定位为妇女，结果销路始终达不到预期效果。30年之后，经销万宝路香烟的菲力浦·莫里斯公司意识到香烟的主要消费者还是男性烟民，香烟对男性更具有实用价值，于是下决心重新定位，经过精心创意之后，树立起一个鲜明无比的男子形象——粗犷的牛仔，大受男性青睐。现在，美国市场上每卖出四包香烟，就有一包是万宝路。

案例点拨

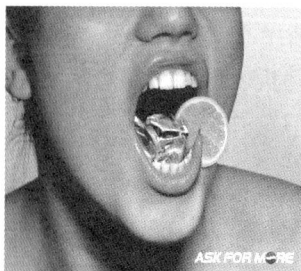

ASK FOR MORE

图 2-3　百事可乐广告

引人注目的百事可乐广告迎合消费者盛夏渴望清凉的实用需要。

二、支持性动机

支持性动机，是人们基于求知欲而产生的动机。它主要表现为对已知已见的认同和认证。

心理学家爱尔里西(Ehrlich.D)曾作过这样一个心理学实验，他给新近买汽车的消费者呈现八种广告单，这些广告涉及各种汽车，让消费者挑选他们自己喜爱的广告，结果发现，80%的消费者挑选他们自己买车的汽车广告。这个实验说明，人们需要信息去支持他们的选择，换句话说，人们往往对支持自己观点的信息产生亲和态度。例如，特别相信营养补品对身体有益的人，对各类营养补品的广告就会特别注意；反之，认为营养补品吃多了对身体有害无益的人，则不会对这类广告过多的关注。

广告注意的这种支持性动机来源于人们对信息反应具有"一致性"的心理倾向。当人们认知失谐时，例如，"某男子嗜好饮酒"与"饮酒对健康有害"两者发生冲突时，人们会出现不适感，进而试图去减少这种不适感。减少失谐的一个机制，就是有选择地寻求支持性信息或避免不一致的信息。对广告信息的接受也是如此，消费者对违反自己意见的广告，常采取回避态度，而对支持自己意见的广告，则有选择地予以注目。如印在香烟盒上的禁烟忠告，往往在被吸烟者过滤掉，可却为戒烟者或吸烟者的亲人所注意。

既然人们对支持自己观点的广告易产生好感，广告制作者就应研究人们对生活的态度，人们渴望的生活模式，以使广告信息能在唤起消费者的情感与态度的认同中被注意。

三、刺激性动机

刺激性动机，是指动机产生的原因在于对于某种新颖的、富有刺激性事物的主动寻求与期待。

心理学的研究表明，个体对信息的反应，既倾向于一致性，又倾向于变化性。一致性，是人与周围世界的认同，是寻求共性。如购买日常用品，人们常以别人使用后的经验为参照。变化性，是人追求与周围世界的不同，是寻求新异性和个性，这是刺激性动机产生的心理根据。如购买艺术品、装饰房屋，人们常以突出自己的风格、赶新潮为主，对符合自己风格的有新异的信息便格外关注。心理学研究还表明，人类的探究行为是发生在环境出现了新的元素时，即客观环境出现了过去从未接触过的现象时，人们强烈的探究行为便易于发生。据此，新的广告信息，令人耳目一新的信息，给人以悬念的信息等，自然容易引起相应的注意。

美国福康贝了广告公司曾为克莱罗尔小姐牌(Miss Clariol)染发剂设计了一场有名的广告战役，其中一幅印刷广告，显示了正在校对打字文稿的一位"克莱罗尔小姐"的侧面描写，卷曲的金黄色头发美丽整洁，照片上端有一句主标题"她染发了没有?"(Does she ... or doesn't she?)照片下端有一句副标题："发色如此自然，只有她的理发师才说得清楚。"以下正文对此又有详尽说明。这则广告用"她染发了没有?"的富有新意的提问，引起相应的关注，关注者的好奇心被刺激起来，为寻求答案必然详看下面的广告说明，受众者由无意注意转化为有意注意，同时这句广告词又暗示了克莱罗尔小姐牌染发剂能保持自然发色的广告主题。与一些染发水的广告相比，这些广告常用一倩女将乌黑的头发一甩做画面、旁边的广告词是："××染发水染发自然，令你的头发更美丽!"克莱罗尔小姐牌染发剂广告的取胜显然得力于广告制作的新颖、富有悬念，它诱发的是相应的来自于刺激性动机的注意。

广告信息要引起人们来于刺激性动机的注意，必须注意时时创新。因为任何新的东西一经产生，再重复便变成旧的，也难以对人形成新刺激。克莱罗尔小姐牌染发剂第一次用"她染发了没有?"的疑问句做广告词，是新颖的，富有刺激性，如果另一品牌的染发剂再用这一句话做广告，就没了新意可言，变成陈腐的形式，难以引起消费者的注意了。

四、趣味性动机

趣味性动机，是指人们的动机产生于对某类对象的兴趣。是基于兴趣而生的对于兴趣对象的某种冲动。

有人对美国一份刊物上的广告读者进行过调查，结果是男人阅读汽车广告比阅读妇女服装广告高出 4 倍，而妇女阅读广告类别最多的是电影和女服，比阅读旅游广告和男服广告多 1 倍，比阅读蒸馏酒广告、机械广告多 3 倍。这份调查结果表明，人们对广告的注意，在很大程度上来自于兴趣。

从人们的接受心理来说，人们倾向于有趣的、带有娱乐性的信息。这是因为在充满激烈竞争的当代生活中，人们于紧张的工作之余总乐于轻松一下。而娱乐、有趣的信息正可以缓解这种紧张而提供轻松的机会。

案例点拨

图 2-4 雀巢咖啡广告

"踏青归来马蹄香"，雀巢咖啡广告亦有异曲同工之妙，咖啡的美味香醇表现得妙趣横生！

从广告欣赏的特点来说除有明确的购买目的外，人们于日常生活中看广告常是不经意的，而看的过程也就是与自己的某种潜在需要相对照的过程，一经对照有效，不经意的广告接受就会转化为实用性的广告刺激，这样广告制作的是否有趣就显得十分重要，无趣的广告，如过眼烟云；有趣的、幽默的、戏剧性的广告，便可留住接受者的耳目，广告信息便在这似乎无功利的有趣的形式中获得功利的效果。如弗·斯梯夫·洪恩广告公司为苏伯鲁（Siba-ru）轿车作广告，他们制作了一个幽默型电视片，片名为"你总是伤它"，伴随主题歌"你总是伤害你所爱的"，这个 60 秒的片子描绘了人们滥用苏伯鲁轿车的情景——车顶上堆满了野营装备，男人使劲下压后车盖，想把过多的物品塞进去，妻子和丈夫在一片吵骂声中嘭嘭地甩门。这时，解说指出"人们憎恨他们的车，不好好使用和保护车，不过自从 1974 年以来登记的苏伯鲁轿车 90%仍在街上跑着"。这部广告片以它幽默而富有情趣的画面形象引起人们的注意，它获得了当年"最佳电视片广告奖"，苏伯鲁轿车也由此而提高了知名度。

学思致用

某款具有电脑控制功能、提倡健康、便捷的时尚饮食理念的微波炉拟做电视广告。如何运用广告受众的实用性动机、支持性动机、刺激性动机、趣味性动机心理坐标系制定四种不同的广告注意力吸引策略(见图2-5)?

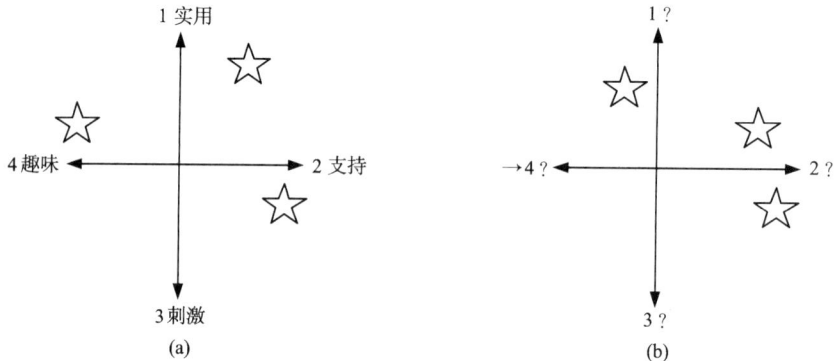

图2-5 广告注意力吸引策略图

第三节 广告注意的心理学方法

一、适应水平理论

某种强度的刺激物如果长时间地作用于我们的有关感受器,使其感受性发生一定的交易,被称为适应。换句话说,刺激不变,感觉逐渐减少以至消失,这种现象就叫做适应。例如乍闻芝兰,清香扑鼻,久闻就失掉效用了。

有机体对刺激的反应与适应的基础水平有关。1964年心理学家赫尔森(H. Helson)提出了适应水平理论。他先考察了心理学界对有关先行刺激或背景刺激对正在接受的刺激的影响的有关实验。如早在1860年,费希纳便发现,当一受试者举一重物时,有关的行动感觉会以一种痕迹的形式保留下来。假如另一客观上等量的重物接着被试举,它显得要比第一个重些。很明显,原先重物消退着的痕迹作为一种残存刺激在起作用,由于前者的消退,后者便受到过高的估价。后来,他自己进行实验考察背景照度对颜色感知的影响,他发现不同反射率的表面在单色光的照射下,观看者会产生不同的色感。具体说,高于平均反射率的表面看成该照明体的颜色;平均的反射率表面看成灰色;低于平均的反射率表面,则看成该照明体的补色。由此他提出适应水平,或AL(Adaptation Level)的定量定义是:所有影响有机体的刺激的加权对数平均值(weighted log mean)。他认为,这一理论有利于说明现时刺激与背景刺激的相互作用如何影响有机体的种种行为。

表 2-1 是赫尔森所做的调查:

表 2-1 适应水平的理论值与实验值[①]

条 件	理论的适应水平	观察中值
单项刺激(200,250,300,350,400)/克	253.9	250.0
单项刺激包括 900 克在内	314.0	313.0
900 克锚刺激	349.0	338.0
单项刺激包括 900 克于系列内	202.0	211.0
90 克锚刺激	180.0	185.0
单项刺激(88,92,96,100,104)/克	92.8	96.2
单项刺激包括 40 克于系列内	79.9	92.7
40 克锚刺激	74.0	77.0
260 克包括于系列内[②]	110.2	
260 克锚刺激	120.0	

①选自 H·赫尔森。
②观察值远低于 5.0,因而不能得到一可靠的代表中值的数字。

概括赫尔森适应水平理论可有如下要点:第一,一切行为都以有机体适应水平为中心。第二,AL 取决于一切刺激的相互作用——包括有机体现时遇到的刺激和过去刺激留下的积储。第三,AL 值是有机体遭遇刺激的加权平均值。因此,固定刺激不可能具有恒常效应,而依赖于它们同以往刺激水平的关系。

适应水平理论对研究广告注意有重要的意义。首先,因为人们对眼前刺激的感受必受先行刺激或背景刺激的影响,眼前刺激(正进行的广告)若引起人们一定时间的关注,其强度等刺激因素必须大于先行刺激或背景刺激,否则眼前刺激(正进行的广告)将因接受者的适应而不再引人注目。其次,因有机体对刺激物的适应有一个基础水平,刺激物(正进行的广告)若要引起人们一定时间的注意,其强度等刺激因素必定要明显超脱那个适应水平之上。

下面确定的加强广告效果的心理学方法,即以这一理论为出发点。

二、刺激因素与广告方法

从刺激物的角度研究广告注意,广告应采用的方法是:

（一）加大刺激物的强度

刺激要引起反应必须达到一定强度，或者说，刺激只有达到一定强度，才能引起人们的注意。一般来说，在一定范围内，刺激物的强度越大，人们对这种刺激物的注意就越强烈。刺激物的强度分为绝对强度与相对强度两种情形，前者指刺激物本身或在形态或在声音或在色彩等方面要强于同类刺激物；后者指刺激物本身的强度并非超凡，但在一定的背景条件下，却衬托得异常明晰。在广告设计中，可以有意识地加大广告的强度，以使消费者在无意中对其引起强烈的注意。

广告的强度可表现在许多方面，如形状、色彩、声音等。

大尺寸广告的采用，是增强广告效果常采用的一种广告策略。大型立体充气广告"巨无霸"，以轻便形大为其特点，用其制成的易拉罐饮料、啤酒等各种模型，有几米高宽，甚至几十米高宽，飘在空中，立在街头，都很引人注目。堪称世界广告之最的瑞士钟表广告，直径大到 16 米，重 6 吨，垂挂在东京新落成的一座摩天大楼上，一眼便可知晓。下表是一项关于广告版面大小与注意率关系的调查：

表 2-2   不同广告版面大小引起的注意率*

版面大小（厘米）	大小比率	注意率（%）
19.25	1	9.7
38.50	2	16.5
57.75	3	23.2
77.00	4	30.0
96.22	5	36.7
115.50	6	43.4
134.75	7	50.2
154.00	8	56.9
192.50	10	70.4

* 引自【日】川胜久著《广告心理学》。

该调查表明，广告篇幅越大，越能给人以刺激，即越能提高受众者的注意率。当然这并不等于广告篇幅增加两倍，就能引起受众者加倍的注意，不存在这样简单的直接增加关系。在形状上广告欲引人注目，除加大尺寸的策略，标题、字体变异、放大也会为广告增强吸引力。

　　如法国一家名叫"贝阿德"的纺织品公司，为了改变公司的形象，扩大影响，标新立异设计生产了一种巨型西服，作为商品陈列。这套西服是普通西服的 5 倍，口袋可装 40 包超长过滤嘴香烟，胸兜能装 7 个法式面包，长 16 英尺，包括支撑它的木制衣架在内，共重 40 磅。无疑这是世界最大西服，《吉尼斯世界大全》已宣布承认这一记录，并载入该书。"贝阿德"公司的名声也随之大振。[①]

案例点拨

图 2-6　Adidas 系列广告

　　Adidas 告诉你"没有不可能"（Impossible is Nothing）补充：这幅巨大的广告是 Adidas 为世界杯制作的，高约 18 米，长约 65 米。广告中的人物是卡恩（KAHN），他已经成为德国队无可辩驳的主力门将，作为一个天才门将，他在球场上的出色表现，经常为本队化险为夷，卡恩作风顽强，自从 1994 年加盟拜仁慕尼仁黑队后已经成为德国足坛最为优秀的门将。而 Adidas 这则广告发布在世界杯主办城市慕尼黑的机场旁。并且"没有不可能"这句广告语用在天才门将卡恩身上也的确更加贴切，他在球场上的表现完全可以用这句话来形容。

---

　　① 柏生、张伟.多维广告战：108 个成功策略及经典案例.中国经济出版社，2004 年 1 月版，第 49 页。

在广告宣传中，使用鲜明强烈的色彩、光线或异常的色彩搭配，会增大广告信息刺激的强度。此外，特殊的声响、鲜明的节奏也会增大刺激强度，引起受众较大的注意。

（二）增强刺激物之间的对比

所谓对比，指的是对象与比照物、对象与背景的差异的特征。心理学研究表明，刺激物若在强度、形状、大小、颜色以及持续时间等方面，与其他刺激物构成鲜明的对比，比较容易引起人们注意。同时，在一定限度内，对比度越大，人们对这种刺激所形成的注意也越显著。因此，在广告设计中，应该有意识地处置广告中各种刺激物之间的对比关系和差别。无数事实证明，没有对比的广告，无法吸引人们的注意，也无法达到预期效果。因为，这些对比能增强广告的易读性、易视性、易记性，从而保证消费者的视觉、听觉和知觉的畅通、顺利，引起消费者的注意。

广告的对比主要表现为两个方面，一是广告本身各元素之间的对比；一是广告与环境、背景因素之间的对比。

第一，广告自身各因素之间的对比。强化广告各种刺激物之间的对比关系和差别，可增大消费者对广告的注意度。如广告画面的大与小、动与静，音响、语音、语调的高与低、轻与重，图案色彩的明与暗、深与浅，广告文字设计的密与疏等对比，都可加强广告效果。如日本广告学者川胜久说："印刷广告，先是把大字体挤在一起，既无对比亦无空白，只让人有沉重的感觉，往往就会失败。相反，有长体，有正体，有充分空白的广告，由于对比性强而突出，就增加了吸引注目机会。""可口可乐"饮料在我国电视做广告时，就利用了语音高低对比的原理，那高一声、低一声的"可口可乐"语调给人以深刻的印象。

第二，广告与背景因素的对比。强化广告与环境、背景因素之间的对比，可突出广告独特的个性，以"独具风格"引人注目。广告要注意与周围文字、图画的对比形成差异，并且这种差异越大越好。

案例点拨

"图–底"对比鲜明的原则在这则广告中应用到极致，为了突出显示首饰，不惜删削手足，去肉留骨（见图2-7）。

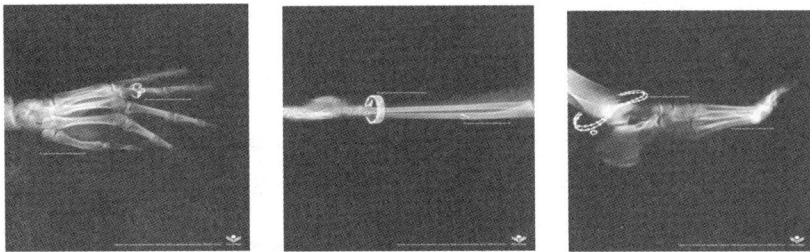

图 2-7　某首饰广告

（三）利用刺激物的动态

人类的注意规律是：活动、变化的刺激物比不活动、无变化的刺激物更容易引起人们的注意。动画片的效果胜过幻灯片；霓虹灯之所以引人注目，就在于它的闪烁。因此，使广告尽可能具有"活动性"，对于吸引消费者的注意颇有裨益。如刺激物的突然出现与停止，增强与减弱，空间位置的变化与运动都可以很容易引起人们的无意注意。

变化出信息。阿恩海姆在《艺术与视知觉》中说，运动，是视知觉最容易强烈注意到的现象。一只猫或一只狗，对自己周围那些不动的形状或颜色，一般不会作出反应。或许是因为这些不动的事物不能给它们造成强烈的印象。但是，一旦物体运动起来，它们的眼睛便会马上盯住那运动的地方，甚至会随着它的运动而运动。越是小动物，就越是对运动全神贯注，其专注的程度，就好像眼粘了上面似的。人类的眼睛同样也会受到运动的吸引，这只要回忆一下你自己在观看活动广告时的情形，也就清楚了。阿恩海姆以"事物"与"事件"对比，说"事件"更容易引起我们的本能反应，其原因就在于"事件"的主要特征，恰恰就在于它的运动性。所以，我们称火车站为"事物"，称火车的到来为"事件"。

现在，广告制作者已经认识了这一点。他们已经注意以"动态"的广告形式来吸引消费者的注目，并且创造出许多新的变式来。例如，有些大商场的服装部，不再满足于使用石膏或塑料的模特来展示服装。他们请来潇洒的男士和窈窕的淑女作 T 台秀……这些都是"活动性的广告"，既吸引消费者注意，又能激发消费者的购买动机。一些饮食店，将作坊搬到街头，让消费者亲眼目睹制作过程，有时，还让那些技艺娴熟的师傅做一些带有表演性的噱头，也是一种生动直观的动态广告。

案例点拨

TOM户外传媒——××奥运广告:"吃的巧,动的好"。凝固动态瞬间,用静态媒介表现动态场景,同样引人注意(见图2-8)。

图2-8 某奥运广告

(四)强调刺激物的新奇

趋新,是人们的普遍心态。新颖、奇特的事物容易引起注意,因为它给人以新的刺激,广告亦是如此。广告设计中独特的构思,新颖的手法,新奇的语言都能给人以新鲜感,从而产生特殊的效果。

利用人的好奇心构思的广告易产生注意的效果。泰国首都曼谷有家饮食店,门前斜摆着一个巨型酒桶,上面写着四个醒目大字:"不可偷看"。酒桶里写着:"敝店美酒与众不同,请享用!"许多过路行人见此广告好奇地将头伸进酒桶,结果一股清醇的酒香扑鼻而来,"偷看者"在连呼"上当"声中,愉悦地接受了该广告。

采用悬念手法制作的广告也能给人留下难忘的印象。杭州中药厂曾运用过这一方法。"宁心宝"是其治疗心脏疾病的良药,他们第一次在报纸上刊登广告时,只刊登出厂名和商标,中间画一个"心"字图案,以后每天逐渐扩大版面,同时,逐渐增加广告的内容,前后达十余次,最后以1/3的版面刊出全部内容。这种方法使人们增加好奇心,并使患有心脏病的读者以及他的亲友,由"心"字图形想到治疗心脏病的药品,加深对"宁心宝"的印象。

将人们熟悉的东西重新组合，赋予新意，同样能够吸引人们的注意，并可能因为熟悉感、亲切感，加上新颖感，更能引起好感。在北京首都机场附近，广告牌比比皆是，目不暇接。但在广告的海洋中，丰田车的广告尤为醒目，广告牌上别具匠心地写道："车到山前必有路，有路必有丰田车"。前句是中国妇孺皆知的俗语，与后句相连，表现出鲜明的新异性。这种新异性极易引发人的无意注意，使你过目不忘，回味无穷，广告制作的目的也就达到了。

（五）提高刺激物的感染力

就广告而言，刺激物的感染力是指广告本身所具有的艺术的魅力、隽永的意味、丰富的内涵等品格。增强广告信息的感染力，激发广告接受主体对广告信息本身的兴趣，是维持对广告注意的根本所在。

对广告进行艺术处理，选择表现与受众生活密切相关的题材，是增强广告感染力的重要心理学方法。

对广告进行艺术处理，是采用某些艺术手段赋予广告一定艺术色彩，如在内容上增加广告的情感性、哲理性、戏剧性；在形式上创造悦目的色彩、造型、优美的音乐、意味隽永的语言，令人神往的意境等。

案例点拨

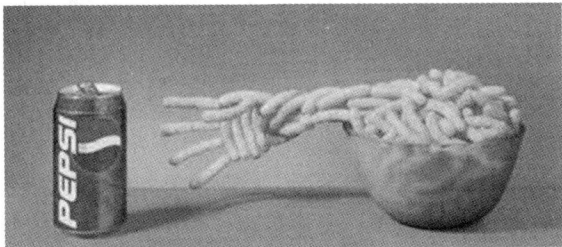

图 2-9　百事可乐广告

薯条都抵挡不住百事可乐的魅力，富于感染力的表现灵气活现。

又如一则台湾宝露化妆品杂志广告："宝露是成熟之韵——宝露的气质，高贵含蓄，一如风中的夏荷；宝露是个性之韵——宝露的气质，俊秀飘逸，好比空谷中的幽兰；宝露是脱俗之韵——宝露的气质，清新脱俗，宛如水仙出落。"该广告设计者避开了一般化妆品追求化妆后形象美（光彩、艳丽）的主要表现，独具魅力，别开生面，把展示化妆后的气质美作为广告的主题，创造了一种美的新格调。该广告以三种著名的花卉借题发挥，赞颂了一种气质之美，这是一种高贵的美、飘逸的美、脱俗的美，为消费者树立了三种不同类型的气质美的典型。广告的三部分内容都好像是一首动人的自由诗，赞美女性使用宝露化妆品后的高贵风采和神韵。整个主题，格调高雅，洋溢着一种透人心扉的诗意之美，把人们对美的追求引入了一个新的境界，大大提高了商品的品位与格调。因而，很富感染力。

选择表现与受众生活密切相关的题材，是指选择在某种程度上满足广告接受者当前的某些需要和未来的某些欲求的题材，进行艺术的表现，从而吸引受众者长时间关注广告信息，并有热情投入广告活动。如澳大利亚一家超级市场曾在电视上大做广告，要当地的学生收集该市场的购货发票，转送学校，再由学校积累起来，向该市场交换电脑及教学设备。一般学校每年都要增加设备，经常采用募款方式，学校就得向家长开口要钱，总会造成一些不良后果。如果请学生捐购物发票，对家长就没有什么压力了。因为每个家庭都要为生活去超级市场购物，自然就有发票。家长捐发票，有赞助学校的意味存在，一般人都很乐意。这家市场自然也消费者盈门，生意兴旺，还赢得了支持教育的好名声。显然，这家超级市场所作广告的题材，是一个充分利用消费者心理的诱人的题材。

学思致用

一、分析下面这则广告在加大刺激强度，赢得注意方面效果主要得益于哪些方面？

最大世界杯大厦电脑图像亮相韩国：2002世界杯正式赞助商KT，在一贸易中心大厦设置了世界最大的世界杯大厦图像。大厦图像是采用特殊胶片在贸易中心大厦玻璃上置入的电脑图像，高度与大厦32层相等，高130米，宽52米。[①]

二、分析下面几则广告是怎样进行对比的，为什么要这样对比？效果如何？除了这样的对比方法外，广告中还可以采取哪些对比来引起广告注意？（见图2-10~图2-13）

---

① 资料来源：最大世界杯大厦电脑图像亮相韩国赛迪网 http//www.ccidnet.com/news/indus-tryexpress/2002/05/29/109.66597.html。

图 2-10　韩国街头 KT 广告

图 2-11　广州街头万宝路广告

图 2-12　T 恤广告

图 2-13　增高豆奶广告

三、看下面广告分析其注意效果怎样产生, 效果如何? (见图 2-14~图 2-16)

图 2-14　某加长车

图 2-15　北京王府某牛仔裤

图 2-16　某拉链广告

融贯精思

1. 如何理解无意注意、有意注意、有意后注意的联系和区别？
2. 广告注意的特征是什么？具有哪些动机表现形式？
3. 引发广告的无意注意的客观因素和主观因素。
4. 结合具体实例分析如何运用技巧方法增强广告注意效果？

讨论分析

一、下面广告利用动态增强了广告效果，分析这种效果是怎样产生的？

上海体育场地铁站站厅内利用高科技光影技术展示了几种新型广告颇引人注目。其一是站厅门口的那根与众不同的纤腰立柱。在检票入闸时，随着你的前行，柱子中部逐渐瘦削下来成为一根纤腰细柱，闸机上的广告语会跃入眼帘"肚子快顶到了吧，快喝××纤肠茶"；其二是站台的一面墙上被投影了许多小动物，只要有人经过，小动物们就会向角落里避让，最后被许多人的影子逼得十分可怜地挤作一团，广告语"人类的存在，正将它们逼入死角"；其三，站厅旁一种新颖的灯箱广告，只要你站在灯箱前，用手在空中轻轻划过，屏幕上的明星就会随着你的"指挥"，自动更换不同款式的服装。原来这是时装广告，这种名为"Magic Book"的新技术首次空降国内地铁，让乘客过了一把"魔术师"的瘾，纷纷参与其中，乐此不疲。①

二、以下是 2005 年网络评选出的全球最受瞩目的十大广告中的一部分，分析这些广告，讨论其采用了何种注意策略？广告产生了怎样的效果？这些

① 资料来源：http://www.chinasigns.cn/Article，有删节。

广告给我们带来怎样的启示？

1. 某巧克力广告

在优美的背景音乐下，舞蹈者们在尽情地表演。一个姑娘手举长杆，高高的杆头是一项帽子，一个小伙子做着优美的动作，他准备用脚踢到这项帽子。只见他一个旋风摆腿向帽子踢去，糟糕，他没踢准，竟然踢到了那个姑娘的脸上，可怜的姑娘用手捂着嘴巴痛苦地呻吟着，她担心自己的牙会被踢掉了。这时，片中出现了一个巧克力画面，旁边紧跟着广告文字：担心牙没了？不用怕！我们的巧克力是能在您口中融化的多孔巧克力。

看到最后才知道是个广告片，这个广告挺能吸引大家的注意力的，姑娘被踢也让人感到意外。这个牌子的巧克力可能更受没牙了的爷爷奶奶们的欢迎。

2. 某汽车维修保养广告

一辆行驶的公车上，一位妇女抱着一个婴儿，不管这位妇女怎么哄，她怀中的婴儿还是不断地啼哭，打扰了车上的其他乘客。这时，一名男性乘客示意这位妇女把婴儿给他抱一下，孩子到了这名男性乘客的怀中，只见他在婴儿身上摆弄了几下，又在婴儿的脚心拧了几下，婴儿的哭声减弱了，但是又变成了一种类似汽车引擎发动的哭声，这名男子将继续啼哭的婴儿交给那位妇女，自己下车了，这时我们才发现，这名男子身穿××汽车公司的工作服，他是一名汽车服务人员。片尾文字：一名××汽车服务人员的工作是永不停息的。

3. 某彩电——印第安人篇

一部有关印第安人题材的电影拍摄现场，导演在指导剧务给一个演员化妆："将他脸上的油彩补上；修剪一下他的装饰羽毛；将项链摆正；对了，手上的电子表要拿下来。好，现在看看左边的那个演员，噢，他的牙缝里有个绿色的东西……"此时镜头拉开，我们看到的是一个很大的场景，一片空地上有成百上千个演员，导演坐在监视器前，而演员离他们有好几百米远，他竟然能看到那么小的细节。最后出现文字：××新一代彩电即将上市。

4. 某运动鞋——沙发篇

一名男子正在欣赏电视节目，突然他坐的沙发开始对他进行攻击，为了逃跑，他与沙发展开一场追逐与反追逐战。沙发的表现很人性化，居然追他一直到楼梯，直到最后被门框挡住，筋疲力尽的他才得以逃脱。这名男子脚穿一双××运动鞋，手提××运动包。片尾文字表现：远离沙发——××。①

---

① 资料来源：http://www.artcn.cn/Article/ggsj/ggsjll/200506/2498.html，有删节。

第三章 感觉、知觉与广告信息

压题图片

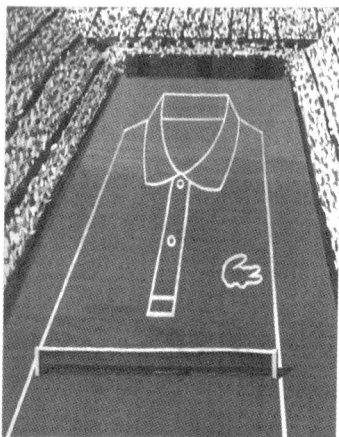

学习要求：通过本章学习，了解绝对感觉阈限在广告中的意义、差别感觉阈限在广告中的意义；了解感觉的种类；重点掌握知觉的选择性对广告的意义、知觉的整体性在广告中的应用；掌握知觉的理解性中的动机因素、情绪因素、态度因素对广告的启示；了解知觉的恒常性对广告的意义、知觉的分类、知觉的组织形式、知觉的恒常性的表现；掌握错觉在广告中的利用；了解错觉的形式表现。

关键概念

感觉——是直接作用于感觉器官的客观事物的个别属性在人脑中的反映。
感觉阈限——能引起感觉持续一定时间的刺激量，叫做感觉阈限。
感受性——对刺激物的感觉能力，叫做感受性。
知觉——是直接作用于感觉器官的客观事物的整体在人脑中的反映。

现代广告学指出，消费者接受广告信息传播的感知过程大致分为五个阶段：消费者感知过程模型图描绘了消费者在购买之前如何认识、接受和记忆某条广告或其他刺激，如图 3-1 所示。①

可见人们面对客观世界，首先产生的心理现象就是感觉和知觉，对于广

① ［美］威廉·阿伦斯 著，丁俊杰等译.《当代广告学》. 华夏出版社，2001 年版，第 131-132 页。

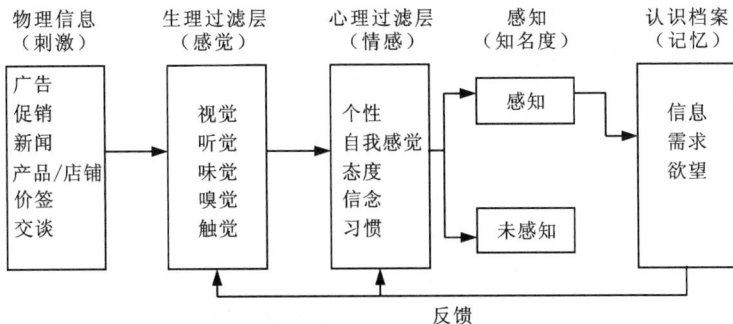

图 3-1　消费者感知过程模型图

告信息的接受，也必从感觉和知觉起步。没有感觉、知觉的参与，广告注意无法实现，广告记忆、广告联想等其他广告接受心理活动也无法进行。因此，了解人们的感觉、知觉过程及其规律，对于广告信息的有效传播是必要的。

第一节　感觉、阈限和广告信息的接受

一、感觉的含义及分类

(一)什么是感觉

感觉是直接作用于我们的感觉器官的客观事物的个别属性的反映。

感觉是直接面对客观事物产生的心理现象。我们常说舞蹈是视觉的艺术，音乐是听觉的艺术，这是因为在欣赏这种艺术时，我们就坐在剧场里或音响旁，直面着它们，如果离开了剧场，关闭了音响，这种艺术也就不存在了。

感觉活动的进行必须有感觉器官参与。感觉器官包括眼睛、耳朵、鼻子、舌头、皮肤、内脏器官。每一个感觉器官都有自己的结构形态。有的结构形态很复杂，比如眼睛，它有角膜、虹膜、瞳孔、玻璃体、网膜、视神经等等。一般来说，每个感觉器官都有一个装置是直接接受刺激产生兴奋的，这个装置叫做感受器。如，眼睛的感受器是视网膜上的视细胞；耳朵的感受器是内耳科蒂氏器上的毛细胞；鼻子上的感受器是鼻腔上部黏膜中的嗅细胞；皮肤上的感受器属于神经元上的末梢神经。

感觉是对客观事物个别属性的反映。感觉对事物的反映只能是局部的、个别的。如果我们通过听觉所了解的只能是声音的高低、强弱、是否纯正,至于要了解这个声音所表达的意识,就需要其他心理活动的参与了。

(二)感觉的分类

感觉可分为两大类:外部感觉与内部感觉。

外部感觉是接受外部刺激,反映外界事物属性的感觉。外部感觉器官位于身体的表面(外感受器)。外部感觉器官产生的感觉有:视觉、听觉、嗅觉、味觉、肤觉(触压觉、温度觉)。

内部感觉是接受集体内部的刺激,反映身体位置、运动和内脏器官的不同状态的感觉。内部感觉器官位于身体内脏器官中。由内部感觉器官产生的感觉有:运动感觉——反映骨骼运动和身体位置状态的感觉;平衡感觉——反映头部运动速率和方向的感觉;内脏感觉——反映内脏各器官活动状态的感觉(见图3-2)。

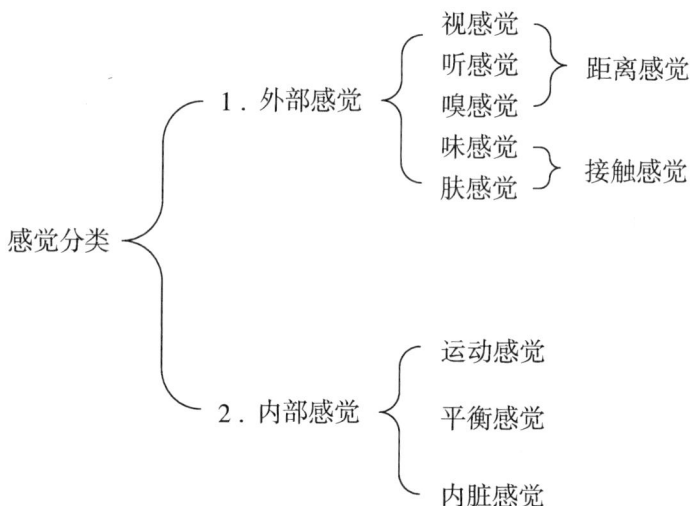

图 3-2　感觉分类图

二、感觉阈限及感受性

(一)感觉阈限与感受性

能引起感觉持续一定时间的刺激量,叫做感觉阈限。感觉由刺激引起,没有刺激也就没有感觉。实际上,感觉是对相应刺激的一种反映形式。但不是任何刺激都能引起感觉，刺激量过小或过大都引不起感觉，刺激物要引起人的感觉就必须具备一定的量。感觉阈限有上限、下限。引起感觉的最小刺激强度是这个范围的下限；即使刺激增强也不能使感觉进一步变化的刺激强度是这个范围的上限。

对刺激物的感觉能力，叫做感受性。感受性的大小是用感觉阈限的大小来度量的，也就是说，感受性的大小，是用能引起感觉的刺激的大小来衡量的。

我们的每一种感觉，都有两种类型的感受性和感觉阈限：绝对感受性和绝对感觉阈限；差别感受性和差别感觉阈限。

（二）绝对感觉阈限与绝对感受性

绝对感觉阈限，就是最小的，刚刚觉察出来的感觉阈限，也就是指，那种刚刚能引起感觉的最小刺激量（表3-1）。凡是没有达到这一数量的刺激物，都处于感觉阈限以下，或者说，这是一个下阈限的存在，如灰尘、针掉在地毯上的声音。

表 3-1　人类重要感觉的绝对阈限

感觉类别	绝对阈限
视觉	晴朗的暗夜中可以见到 30 英里外的烛光
听觉	静室内可以听到 20 英尺外表的滴答声
味觉	两加仑水中加一茶匙糖可以辨出甜味
嗅觉	一滴香水可以使香味扩散至三个房间的公寓
触觉	一片蜜蜂翅膀从一厘米外落在面颊上可觉察其存在
肤感觉	皮肤表面温度有摄氏一度之差即可觉察

绝对感受性，是指感觉出最小刺激量的能力。

绝对感受性和绝对感觉阈限在数量上成反比关系。就是说，绝对感觉阈限越小，那么，绝对感受性就越大。心理学家用公式来表明他们之间的关系：

$$E = \frac{1}{R}$$

E 代表绝对感受性，R 代表绝对感觉阈限。如果一个人能听见别人难以听见的微弱的声音，声音的刺激量是最小的，也就是绝对感觉阈限是最小的，那么他的绝对感受性就比别人大。

心理学家曾对人的视觉阈限做过调查，在正常情况下，正常人的视力看物体的绝对感受性大约是：最远能看见 15～20 公里的物体，而且这些物体还必须是烟囱、水塔等高大的建筑物；多层楼房在 8～10 公里能看见；胳膊和腿的运动在 700 米能看见；头和肩膀、脸的形状、衣服的颜色在 300 米能看见；人的脸和手在 200 米能看见；眼睛、鼻子、手指在 60 米能看见；眼睑在 20 米能看见。

低于绝对感觉阈限的刺激，虽然我们感觉不到，却能引起一定的生理效应。心理学家曾对人阈下听觉进行测试，该项实验设计，是以两耳分听的方式进行的。受试者两耳各带一个耳机，一耳倾听一篇文章，并规定受试者必须随声逐句朗诵（旨在使其注意该耳声音，以免分心注意另耳声音）；另一耳声来源于受试者从未听过的数段音乐曲调。在如此设计的情况下，因受试者的注意力必须集中于一耳，对另一耳的声音，在意识上是无法察觉得到的。因此，从心理历程的观点言，另一耳的曲调声音，可视为阈下刺激。该实验研究发现的结果是：如将实验时听过的三个曲调和另外从未接触过的三个新曲调混合呈现，让受试者辨别何者在耳机中听过时，发现受试者的回答并不正确。此点说明阈下刺激的影响并不明确。但如改变问题方式，让受试者从混合的六段曲调中，凭自己的感觉指出，何者听起来比较熟悉顺耳时，却发现他们辨别得相当准确。此点说明了阈下刺激在不知不觉中，仍然发生影响。阈下刺激的感觉效应，在视觉甚至其他感觉上，也可能存在。[①]

（三）差别感觉阈限与差别感受性

在可感觉的刺激范围内，感觉随着刺激强度的增强或减少而发生变化，但如果刺激强度变化过小，人们就不能感觉到这种变化。如，在一个没有其他照明的房间里点燃了 20 支蜡烛。再加上一支，不会感觉到更亮。只有增加两支，才会感觉到比以前更亮了，也就是感觉到前后两种光在强度上的差别。这种能够在感觉上觉察出的两个同类刺激物之间的最小差别量，叫做差别感觉阈限，又简称为最小可觉差。

对最小差别量的感受能力，叫做差别感受性。差别感受性与差别感觉阈限也成反比。差别感觉阈限越小，差别感觉性就越大。

人对刺激变化的感受性与刺激量的变化存在着一定的关系。这就是能被有机体感觉到的刺激强度变化与原刺激强度之比是一个常数。或者说，在一定范围内，每一个感觉器官的差别阈限都是一个相对的常数。这是德国生理

---

① 引自张春兴.《现代心理学》，上海人民出版社，1996 年版。

学家韦伯提出的, 亦称韦伯分数。

　　例如, 用举重做实验, 原重量是100克, 只有增加3克, 才能感觉到重量的增加。如果原重量改为200克, 则只有增加6克, 才能感觉到重量的增加。同样, 在原重量是300克的情况下, 要增加9克, 才能感觉到重量的增加。即:

$$\frac{3}{100} = \frac{6}{200} = \frac{9}{300} = 0.03$$

　　也就是说, 必须在原重量的基础上再增加3%, 才能觉察出它比原重量重一些。韦伯将这些道理用数学公式表示:

$$\Delta I / I = K(\text{韦伯定理})$$

　　I: 是原刺激强度; ΔI: 是可觉察出的变化的刺激物的强度; K: 是感觉的差别阈限。当I的大小不同时, ΔI的大小也会不同, 但$\Delta I / I$则是一个常数, 也就是说, K是一个常数。

　　对于各种刺激来说, 韦伯分数(K值)是各不相同的。下面是许多研究者在良好的判断条件下所得到的最小数值。

表3-2　最小的韦伯分数

音高(在2 000赫兹时)[①]	……………………	0.0003 = 1/333
重压(在400克时)	……………………	0.013 = 1/77
视觉明度(在1 000光量子时)	……………………	0.016 = 1/62
举重(在300克时)	……………………	0.019 = 1/53
响度(在1 000赫兹, 100分贝时)	……………………	0.088 = 1/11
橡皮气味(在200嗅单位时)	……………………	0.104 = 1/10
皮肤压觉(在每平方毫米5克重时)	……………………	0.136 = 1/7
咸味(在每公斤3克分子量时)	……………………	0.200 = 1/5

　　括号内是刺激强度的绝对水平。

三、感觉阈限与广告信息的接受

(一)绝对感觉阈限在广告中的基本意义

1. 绝对感觉阈限与广告注意

　　广告若要引起人们注意, 必须有一定的刺激强度, 根据感觉局限的原理, 这个刺激强度需具有一定的量, 过低或过高, 都难以产生感觉。因广告制作在视觉形象声音频率等方面的处理上就要适当。一般来说广告在形象、声音等方面刺激强度的处理上要高于绝对感觉局限，接近于感觉局限的上限，这样才易引起关注。

心理学家研究表明，视觉适应刺激是波长为 760 毫微米到 380 毫微米之间的光波，它又叫可见光，它只占整个电磁波范围的一小部分，如图 3-3 所示。

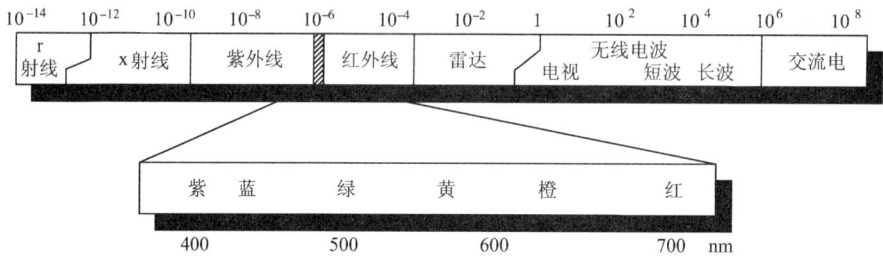

图 3-3　电磁波与可见光谱

超出可见光谱两端的电磁波，即短波方面的紫外线和长波方面的红外线，都是人眼通常所感觉不到的。

人听觉的适宜刺激是频率为 16~20 000 次/秒(赫)的音波，也叫听音。听觉感受性在 1 000~4 000 赫兹的音波范围内最高。16 赫兹以下和 20 000 以上的音波，在一般情况下是听不见的。但不同年龄的人听觉有所不同，例如，小孩子能听到 30 000~40 000 赫兹的高音，50 岁以上则只能听到 13 000 赫兹的声音。从音强来说，1 000~4 000 赫兹的音波听觉的绝对阈限一般定为 0 分贝，500 赫兹以下和 5 000 赫兹以上的音波则需要加大强度才能被感觉，但当音强越过 120 分贝时，音波便不再引起听觉的进一步变化，只能产生压、痛的感觉。

显然，广告要引起注意，达到其促销的效果，广告宣传上必须接受上述研究成果，考虑人们的接受能力。

2. 阈外感觉与广告的隐效应

如前所述，低于绝对感觉阈限或高于感觉阈限上限的刺激，虽然我们感觉不到，但却能引起一定的生理效应。多年来，一些广告设计者们始终相信阈下刺激有其正面效用。他们认为，在大众媒体上出现的讯息，只要为接受者的感觉器官接触到，无论是否为接受者注意，或多或少也会产生一些影响，心理学关于阈外感觉的研究成果，在某种程度上证明了这些广告设计者的构想。

鉴于此，广告宣传可适当地运用阈外刺激和手段唤起接受者的阈外感觉，让他们在不知不觉之中接受某种广告信息，使广告产生隐效应。例如，20 世纪 50 年代，一些广告主曾经尝试给消费者不能觉察到的广告信息（阈下刺激），并从中考察这些信息是否可以说服人们去购买特定商品。他们把阈下广告置于电影中，具体地说，在电影放映期间，可口可乐和炒玉米的广告快速地闪现在银幕上，以至于观看者无法觉察出它们。据报道，在 6 个星期内，炒玉米的销售提高 58%；可口可乐饮料提高 18%。20 世纪 80 年代，这种暗含的广告似乎有了发展。在美制的"外星人"一影片中，一种李斯牌巧克力作为暗含广告插入其中，使其销售量激增了 70% 之多。近些年来，美国摄制的 5 种最叫座的电影中，竟有 60% 余种商品（包括猫食、烈酒、防臭剂、化妆品乃至机油）在观众的"不知不觉"中做了"暗含广告。"日本胜利公司最近发明出 2 种小巧玲珑的录音带并投放市场。磁带上录有一种所谓的"贸易厅音乐"，即用 7 种语言录成的告消费者书，号召人们不要当小偷并提醒消费者偷窃是一种犯罪行为。这封包括日语、汉语、英语、法语、德语、西班牙语等语言在内的多语种信件用 20 000 赫兹的频率录成，人的耳朵虽听不到，但潜意识却能够清晰地感受到，因而可以及时地唤醒欲偷窃者的良知，战胜商品的诱惑，做一个守法护法的合格公民，而不再做令人不齿的梁上君子。该产品效果非常喜人，川崎市一家大型书店不久前向公众宣布，自从书店应用该产品后，令人头痛的小偷小摸现象短时间内就在店堂内销声匿迹。为此，这种新产品备受日本有关部门的青睐。

虽然阈外刺激可以引起人们相应的反应，但这种反应毕竟是有限的，较之有形有声的广告刺激，在形成记忆、唤起联想等方面都有一定的限制，因此，运用此广告宣传手段应注意适度、合宜。

（二）差别感觉阈限在广告中的基本意义

差别感觉阈限的原理应用于广告，从广告易于为消费者接受的角度说，有这样两方面的意义：

一方面，利用差别阈限，有意引起消费者的注意，这主要表现在产品竞争上。在经济迅猛发展的当今时代，产品竞争日趋激烈，一种新产品被开发出来，推向市场，获得好的效益，随后，就有争相效仿的许多种同类产品问世。一个名牌产品刚刚诞生，假名牌便会应运而生。那么，广告宣传如何让新产品和名牌产品冲出同类产品和假产品的重重包围，继续获得消费者的关注呢？利用差别阈限是一种有效而经济的方法。

对于新产品，当同类产品蜂拥而来，也大肆宣传时，必须加大宣传力度，方可留住消费者的耳目。加大多少？过少，引不起人们注意；过多，又是广告投入的浪费。此时，广告策划者便要研究同类产品的广告宣传情况，然后根据消费者感到广告宣传升格的接受差别阈限，制定扩大广告宣传的策略，以略大于差别阈限的步骤，进行广告宣传升级的再投入。这样，广告接受主体就会对其产品继续投入热情。

对于名牌商标产品，广告宣传则需想方设法地寻求与假产品之间的区别，寻求的两者之间的区别要大于差别阈限。方法之一，就是将两者放在一起形成对比，让消费者去辨认。例如，上海自行车厂为了保护名牌——永久牌，采取向全国各地商标管理部门邮购《识别"永久"牌自行车说明书》的方法，收到效果。说明书介绍了怎样识别冒牌永久自行车的方法：真商标(头牌)是铝制的，质地厚，贴在车前管上，漆色均匀，光泽好，标有永久拼音和上海 MADE IN CHINA 字样；假商标(头牌)用料较薄，造型立体感差，油漆不均，光泽差。有的外形与真永久一样，但细看图形和文字则不同，或是永飞，或是永乐，而且这类商标大都仅有中国两字而无具体产地。再有，真永久车圈正平直，表面光洁，各孔分布均匀对称，气门正，对面处的永久钢印标记整洁；假永久钢圈电镀质量差，有的无永久标记，有的虽有标记但系用手工刻制，字迹模糊，笔画有缺口。显然，《说明书》的意图，是力图将真假差别尽量大于差别阈限，大于人的最小可觉差，以使消费者会识别假名牌，接受真名牌产品。

另一方面，利用差别阈限，避免消费者发觉。这主要体现在已赢得消费者信任的商品在现代化包装的改进上。一些商品因质量过硬，赢得了消费者的信誉，换句通俗的话说，消费者就认这个品牌的商品。牌子虽然旧的好，但产品的包装却不能总是一成不变。因为商品包装的现代化是商品包装的趋势，老名牌如果总用旧包装，就会在浓郁的现代意识和新包装面前显得落伍而俗气，最终也会被人们所淘汰。如何既要使产品外表的包装设计随着时代和形势的发展进一步现代化，更完善、更美好；又不因包装的改变而影响该商品在消费者心中已经确立的良好印象？这就要求包装现代化的每一变化，每一进程，不让消费者觉察其变化，即在消费者的差别阈限下改变包装形象，最后使消费者在不知不觉中接受全新的包装形象。如图3-4：IVORY 牌肥皂包装，每一次变化都不易被察觉，但总的说起来，变化相当可观。

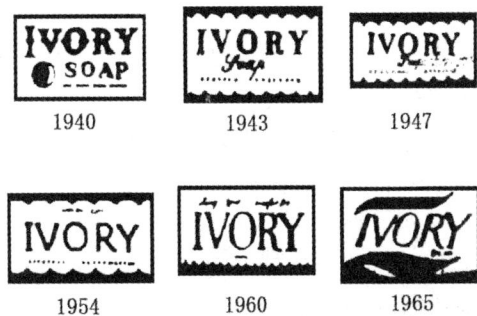

图 3-4 IVORY 肥皂包装的变化

学思致用

利盟国际公司商标的演变①

1991 年，IBM 公司将它的桌面印刷机、打印机以及相应设施的生产线出售给利盟国际公司（LEX-MARK）。销售合同规定，该公司可以在 5 年的时间内使用 IBM 的商标，1996 年以后必须停止使用这一商标。利盟国际公司当时是一家新成立的投资公司，缺乏市场知名度。它既想在 5 年的时间内充分利用 IBM 这一著名品牌促进销售，又希望树立自己的品牌，在 5 年后能使顾客认出和购买标有利盟品牌的商品。为此，他们制定了一个四阶段的计划，在 5 年的时间内利用公众熟悉的 IBM 形象来逐步引入 LEX-MARK 这个新的品牌的名称，并发起了一场确立公司形象的广告运动来协助完成名称的演变。图 3-5 表明了这个演变过程。

图 3-5 IBM 公司广告

① [美]迈克尔·R.所罗门.消费者行为.经济科学出版社，1999 年版，53-55 页。

问题：

1. 利盟国际公司在 5 年的时间内分四个阶段完成商标的演变，想达到什么目的？这种做法的理论依据是什么？

2. 如果利盟国际公司在 5 年内始终采用 IBM 商标，在 5 年后才推出自己的新商标，会产生什么结果？为什么？

提示：

从图 3-5 中可以看出，利盟国际公司的商标引入市场是个渐进的过程，目的是使品牌的演变在低于公众感觉阈限的条件下完成。如果品牌变化过快，超出公众的感觉阈限，就会切断 IBM 品牌与 LEXMARK 品牌的联系，IBM 的形象无法利用，新的品牌形象也不可能树立起来。

第二节　知觉过程和广告的信息解释

一、知觉的含义及分类

（一）什么是知觉

知觉是直接作用于感觉器官的客观事物的整体在人脑中的反映。

知觉是比感觉更复杂一些的认识形式。知觉是在感觉基础上产生的，但不是感觉数量的简单相加。知觉作为认识过程，是以感觉信息为基础，在知识经验的参与下，经过人脑的加工，对事物加以解释的过程。

知觉同感觉一样，是直面着客观事物产生的心理现象，但知觉所反映是客观事物的整体，而不是对象或现象的个别性。在知觉过程中，各种感觉器官都参与活动。如对于苹果的知觉，需要视觉(红色、球形)、嗅觉(清香)、肤觉(冷滑)等感觉的共同参与。在知觉过程中，其他心理活动也发挥作用，如注意、经验、思维、语言、兴趣、情绪以及经验、理解等，都对知觉的形成产生影响。

（二）知觉的分类

对知觉的分类有两种方法：

一是根据起主导作用的感觉分类。因为知觉是直接于感觉器官的，一些心理学家便根据某一感觉器官在知觉中的主导作用来计分知觉类型。这样知觉可分为：视知觉、听知觉、嗅知觉、味知觉、触知觉、动知觉。如果两种或两种以上的感觉器官在活动中起作用，如看电影、看剧，就称为视-听知觉。

二是根据物质存在的形式分类。因为知觉是面对客观事物产生的心理活动,一些心理学家又根据客观事物存在的形式来划分知觉的种类。根据运动是物质的固有属性,空间和时间是物质存在的基本形式,人们对客观事物的知觉,从它的空间特性、时间特性和运动特性去知觉的道理,知觉可分为空间知觉(对事物的形状、大小、方位、立体和远近等特性的知觉)、时间知觉(对客观现象的节奏、速度、延续性、顺序性的知觉)、运动知觉(对物体在空间位移的知觉)。

二、知觉的选择性和广告信息

人们知觉的客体不是孤立存在的,而是存在于一定的环境和背景之中。因而,人的知觉就具有这样一种特性,即优先地知觉某一事务或对象,形成清晰的映象,而对周围的其他事物,只当成这一事物或对象的陪衬和背景,只形成模糊的感觉。这种把知觉的对象优先从背景中区分出来的特性叫做知觉的选择性。

(一)知觉的对象及背景

所谓知觉过程,在一定意义上可以描述为对象从背景中分出的过程。

当我们清醒之时,客观世界的各种事物总是同时在影响我们的各种分析器。可是,我们的大脑两半球在每一瞬间总是只能对其中的一种对象或现象发生清晰的反应,而对其余的对象或现象只发生比较模糊的反应。因此可以说,凡是在每一瞬间被我们清晰地知觉到了的事物,就成为我们的知觉对象。反之,凡是在同一瞬间被我们比较模糊地感知的事物,就成为衬托这种对象的背景。

换句话说,知觉对象可以理解为周围的刺激物中,那些受到集中注意的刺激物。知觉背景则可以理解为处于注意"边缘"的其余刺激物。例如,我们在教室里,注视着老师在黑板上所写的字句的时候,黑板上这些字句就是我们的知觉对象,而我们从周围比较模糊地看见其他的一切的事物,如黑板、教室、墙壁、窗户,以及黑板上的其他一些字迹,等等,就成为衬托这个对象的背景。

无疑,知觉的对象与背景之间的关系是多种多样的。很重要的一条是,对象与背景不是固定不变的,而是可以互相逆转的。无疑,知觉的对象与背景之间的关系是多种多样的。很重要的一条是,对象与背景不是固定不变的,而是可以互相逆转的。

案例点拨

　　王后与她的丈夫隐藏的面部轮廓：你能找出伊丽莎白二世和她的丈夫菲力普王子的头像吗?①

图3-6　花瓶

　　【提示】这个花瓶是以丹麦心理学家爱德加·罗宾的著名的二维雕像地面幻觉为基础的，这个高脚杯，基于罗宾的概念之上，是送给伊丽莎白女王二世和她的丈夫菲力普亲王的银婚纪念日作礼物的，如果你把黑色的部分看成人形，而不是地面，你就会看到在杯子的两侧有两个面对面的脸部轮廓，女王的丈夫收到这份礼物非常高兴。

(a)

(b)

图3-7　明信片图片

　　这张图片来自于德国1888年发行的一张匿名的明信片，是目前最早的此类图片。在这幅图片中你是否能看见一位老妇人和一位少女同时存在于图中？

　　甲：著名的"内克尔立方体"是瑞士博物学家内克尔在1832年设计的，

―――――――――――

　　①　资料来源：http：//www，7picture，com/cjyl/zjmh，asp。

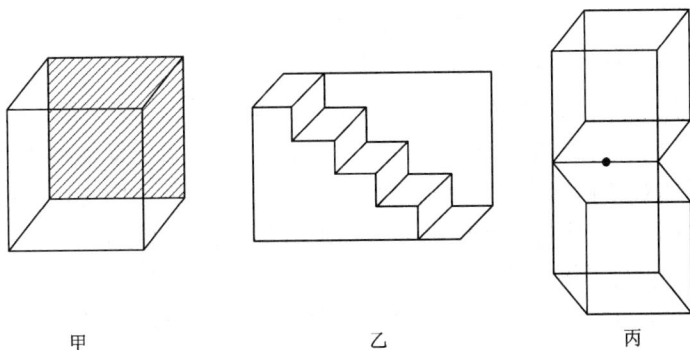

图 3-8　"内克尔立方体"图

意在说明视觉对透明立方体的透视关系可以作不同的理解，画有阴影的面既可看成最前面，也可看成最后面；乙：此楼梯可以同时看成正面的和倒置的楼梯；丙：盯住图中的中间一点，会看出不同的图形。[①]

　　日本艺术家 Shigeo Fukuda 创作的这幅插图（见图 3-9）中，你看到的是男士的腿，还是女士的腿？

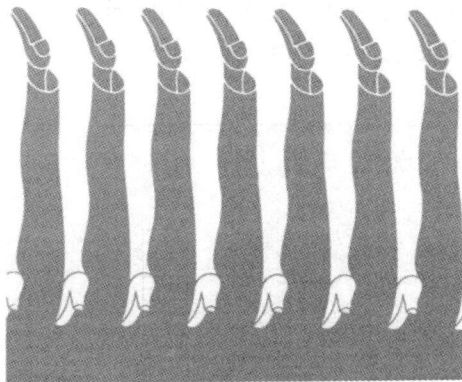

图 3-9　日本艺术家 Shigeo Fukuda 创作的插图

（二）广告中的对象与背景之间的差别

　　根据知觉选择性的原理可知，广告若求醒目，必须具有使接受主体面对它所处于的环境，一下子将其作为知觉对象知觉出来的特性。而要达到这一

――――――――――

　　① 张家平.说服的艺术——广告心理解析.上海辞书出版社，2003 年版第 99 页。

点，广告就必须注意与周围事物，即它所处的背景之间的差别，这种"图-底"关系的处理是对视知觉原理常见的典型应用。如 NBA 篮球赛《十字架篇》、《眼睛篇》中，满版的橙色的篮球作为画面背景("底")球面上纹路形成的"十字架"、"眼睛"的意象("图")非常强烈地吸引着受众的注意力，在"图-底"鲜明的对比和巧妙的形式构造之中，"NBA 总冠军到了最后的对决的时候，精彩时刻不容错过"、"谁都舍不得眼睛"、"最后审判的时刻已经到了"的广告主旨传达得淋漓传神。

广告中知觉的对象与背景之间的差别，从知觉的接受规律看，应注意以下几点：

1. *颜色方面的差别*

对象的背景在颜色方面的差别的大小，是决定分离对象的难易的一个很重要的条件，要想把某种对象很迅速地清楚地分离出来，使之成为我们的知觉对象，就必须设法加强、扩大对象和它的背景在颜色方面的差别。

颜色视觉的经验告诉我们，人在某一物体表面所看见的颜色，不仅取决于该物体表面本身的物理刺激，而且还取决于它周围的颜色。它们的相互作用，影响着所看见的该物体表面的色调和明度。

如图 3-10：图两边的中央是完全一样的图形，但白背景中的图形就显得比黑背景中的图形醒目。

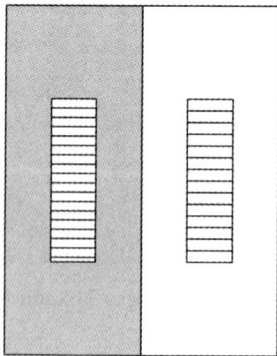

图 3-10   同时性对比图

广告亦是如此。广告若与其背景颜色的差别突出，从色调上说，可选用红蓝、黑白一类的警戒色，因为这类颜色本身刺激强度就极高。

案例点拨

图 3-11 首饰广告

黑白分明的对比中，首饰凸显得格外高贵典雅。

此外，用对比色也是极好的办法，即如背景多是蓝色，可以橙色作广告的主体色调；背景多是黄色，可以紫色作广告的主色调；背景多是绿色，可以红色作广告的主色调。当然，广告的选择，还应顾及商品本身的原始色彩。例如给咖啡做广告，应以棕色调为主，选用其他颜色皆不适宜。从色彩明度上说，应注意广告颜色明暗的差别，可用亮中取暗，暗中取亮的色彩对比。从色彩饱和度上说，广告的色彩应是饱和度大一些的。

2. 形态方面的差别

对象和背景在形态方面的差别大小，也是决定分离对象难易的一个很重要的条件。所以，加强对象和它的背景在形态方面的差异使我们把某种对象迅速地清楚地从背景中分离出来的方法。例如，人们在出版报纸杂志的时候，所以要把其中的某些重要的词句用粗体或斜体字印刷，就是为了要增加这些词句和其他词句在形态方面的差异。

形态知觉是靠视觉、触摸觉和动觉来实现的。在眼睛注视对象时，对象在视网膜上投射的形状，眼睛观察物体时沿着对象的轮廓进行运动的知觉，都给大脑提供了对象形态的信息，加上以前触摸觉得到的经验，就形成了形态知觉。

在知觉物体的形态时，首先必须辨别对象的轮廓（即边界），视觉形态就是被轮廓从视野上的其他部分隔开来的一块面积。因此，广告与周围背景形成对比，在形态设计上，既要追求图形的奇特，又要注意图形轮廓的明晰。

案例点拨

图3-12　牛仔裤广告

图3-13　运动服饰广告

　　清晰毕现的轮廓线传达出牛仔裤的 USP——"Fit"（意即合乎曼妙窈窕的身材）。

　　形象与背景强烈对比，张扬着运动服饰的个性与活力。

　　3. 动静方面的差别

　　在固定不变的背景上，运动的物体容易知觉出来。这是因为动带动了视觉的转移，使实现流动，从而引起注意。如理发店前的长圆形的红蓝相间的招牌柱，因为其转动，人们一眼就会看到。

　　现在，广告商越来越注意动态广告，如利用霓虹灯作广告活动的已逐渐增多，这类广告被称为光管广告，它以闪烁变动的特点，从静止的背景中突出出来，引人注目。有一钟表广告，形状是一具巨型电钟，钟面上以光管指示时、分，闪烁、运动的光管准确地计时，广告效果极好。用大屏幕电视作户外广告也渐多起来，此种广告的特点就是在不动的建筑物中以活动的字幕夺人视线。

　　三、知觉的整体性和广告信息

　　知觉的对象具有不同的属性，由不同的部分组成，但是人并不把知觉的对象感知为个别的孤立部分，而是把它知觉为一个统一的整体。知觉的这种特性叫做知觉的整体性。

（一）完形理论

完形理论为西方现代心理学主要派别之一——格式塔心理学派所倡导。"格式塔"是德文 Gestal 的译音，英文往往译成 form（形式）或 shape（形状）。在格式塔心理学中，这一"形"既不是人所说的外物的形状（所谓空间结构）也不是一般艺术理论中所说的形式（所谓艺术各部分、各成分的排列关系），而是一种知觉的整体性。即由知觉活动组成的经验中的整体性。换句话说，格式塔心理学认为，任何的"形"，都是知觉进行的积极组织或建构的结果或功能。

格式塔心理学派代表马克斯·韦特海默尔用似动现象（动景运动——一种运动幻觉的兴趣）来说明的整体性或完形的概念。

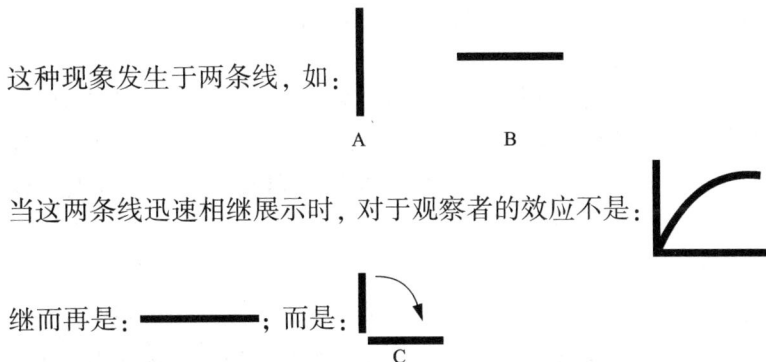

这种现象发生于两条线，如：

A　　　　　B

当这两条线迅速相继展示时，对于观察者的效应不是：

继而再是：　　　　　；而是：

C

即垂直线通过一弧线的貌似运动，被观察为整体知觉。

在完形理论中特别强调，被知觉的整体不等于各部分之和，凡是格式塔（任何都是一个格式塔），虽说都有各种元素或成分组成，但它绝不等于构成它的所有成分之和。相反，整体是先于部分而存在并制约着部分的性质和意义的。一个格式塔就是一个完全独立于它的组成成分的全新的整体。也可以说，它从原有的构成成分突出出来。因而它的特征和性质都是原有的构成成分中所找不到的。例如，一个三角形，是从三条线的特定关系中突出出来的，它决不是这三条相交线条之和；一个圆也不是相互邻近的无数个点的集合，一个蛋糕也不是金黄色。甜、香、软酥等诸种感觉的相加之和。

完形理论对于广告信息的理解具有两方面意义。第一，因知觉的整体性是由知觉活动组成的经验中的整体性，当我们知觉一个对象时，只要知觉到了它的个别属性或主要特征，就可以根据以前的经验知觉它的其他属性和特征，从而整体知觉它。那么，广告突出了被宣传产品的个别属性或主要特征，人们便可以根据以前的经验，整体地知觉这一产品。如宣传洗涤用品，突出宣传某一洗涤用品与其他洗涤用品不同的特征是能够洗除顽垢，接受者不会认为它只能洗除顽垢而对其他污垢一无所用，而是根据洗涤用品起码具有洗涤一般污垢功能的经验，进行此洗涤用品效果更好的广告全信息接受。

第二，因整体由各部分组成，又不等于各部分之和，部分的变化过大导致关系的改变，就可能引起整体性质的变化。所以当广告宣传的某一部分做了重要的改变而影响了广告的整体性质时，广告宣传的其他部分就会相应受到影响，接受者对广告信息的理解就会发生变化。如福建的"葫芦牌"神曲酒，打入香港市场后，很受当地人青睐，知名度、销路都很好。但不久他们改换了牌号，顿时产品销路锐减。追究其原因，可归处于牌号的改变。改变牌号的该种酒，已成为一个完全脱离于原有构成成分的新格式塔，出现在消费者的知觉中。因此，广告宣传的每一步改变都应格外注意。

（二）广告知觉的组织原则

对感知对象进行整体知觉，除有经验参与外，还在于对象的形式特点，即知觉对象在形式上体现了一定的组织原则时，知觉便能将它组织成具有一定结构的整体。能够实现知觉整体性的组织原则或称形式因素主要有如下几点：

1. 接近性

在空间上彼此接近的刺激物容易组成相对独立的对象或单元。

例如，图 3-14 中站着 5 棵树，人们很容易把左边的 3 棵看为一组，把右边的 2 棵看为一组。这也可以叫做最短距离的原则或邻近的原则。

图 3-14

如图 3-15：

图 3-15

距离较近而相邻近的三线，自然而然地组合起来，形成一个整体。

例如：

•••　•••　•••　•••

距离较近而相邻接的三点，也自然地组合成一个整体。

2. 类似性

彼此类似的元素(或刺激物)，如在形状上、颜色上、方位上，或其他维度上类似，容易形成一个整体。

例如：

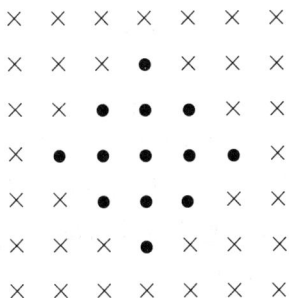

图 3-16　方阵图

在图 3-16 的方阵中，各部分的距离相等，但形状有异，圆点与斜叉相异而各自类似，因而此图很明显地被看成是，由斜叉组成的大方阵当中，另有一个由圆点组成的小方阵。通常用于测试色盲的图形，就是应用这种类似律的原则。以这种方式形成的图形越简单，单元与单元之间的组合就越紧密。一个视觉对象的各个部分，在色彩、明度、空间方位、运动速度等方面越相似，看上去它就越统一。

3. 连续性

指视觉对象内在的连贯的特性。例如(图 3-17)：

此处，连续性指线条的一种倾向。图 3-17(a)尽管直线与波线彼此阻断，但看上去仍像未阻断一样自然连续着。图 3-17(b)曲线和点线虽然都有断离之处，但也仍被知觉为一根完整的曲线。

4. 封闭性

一个有倾向于完形而尚未闭合的图形，容易把它看做一个完整的图形。也可以说，对于不完全的刺激，知觉倾向可将它充满或完善。例如：图 3-18(a)

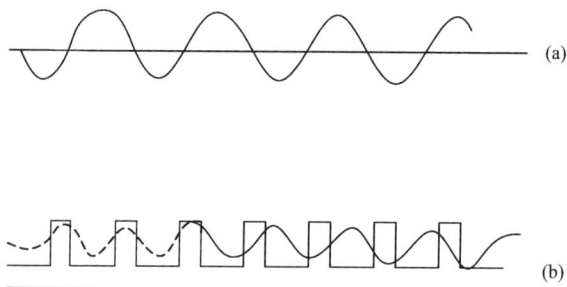

图 3-17   连续性

是一个开口的三角形，我们顷刻瞥见，总有把它合拢的倾向，把它看成一个
尖顶合拢的三角形。

　　再如：乍看图 3-18(b)，图中呈现的是一些不规则的黑色碎片和一些只
有部分连接的白色线条，但当我们的视线沿着白和黑各自的轨道观察，会将
它们尚未闭合的部分连接起来，于是我们看到，那是一个白色立方体和一些
黑色圆盘，也可能觉得，那个白色立方体的每一拐角上有一个黑色圆盘。其
他各图也都运用了这种封闭性原则。

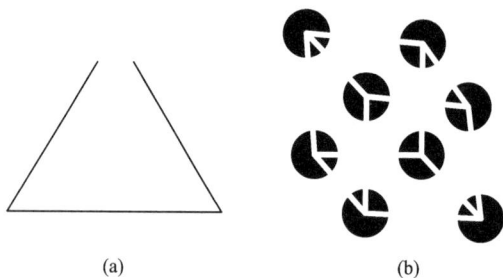

(a)   (b)

图 3-18   封闭性

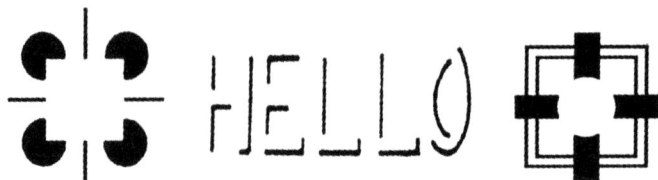

图 3-19   封闭性感觉图

　　一般地说，完整倾向(封闭性)和趋合倾向在所有感觉中都能起作用，它
能给知觉图形提供最圆满的定界、对称和形式。

上述这些原则在广告制作中也被充分地利用着，它们在广告中的作用主要表现为：

1.直接构成广告形式感的根据

很多广告都属于视觉形象广告，它们靠形式组合本身刺激接受者，引起接受者的兴趣。在这些广告中，形式占有极重要的地位，在其形式构成中，接近、类似、连续、闭合的原则便经常地被使用着。例如有一幅做汽车轮胎的广告画。画面上既没有车身，又无引擎和其他的部件，只有四个按着汽车的位置摆放的旋转车胎和一个备用车胎。在驾驶室里的司机位置处，画有一个司机操作的姿势，却无座位和方向盘。整个画面是简洁和"破缺"的，但观众却可以依据闭合的接受心理原则，圆满地感受这一形象：一个司机在驾驶一辆奔驰着的汽车。这一广告形式的如此处理，能引起接受者对其形式的兴趣，感受其形式的独特性与新颖性。接受者在被其广告形式吸引的同时，也理解了广告的意图——强调和突出轮胎的功能。

案例点拨

图 3-20 孕妇咨询中心广告

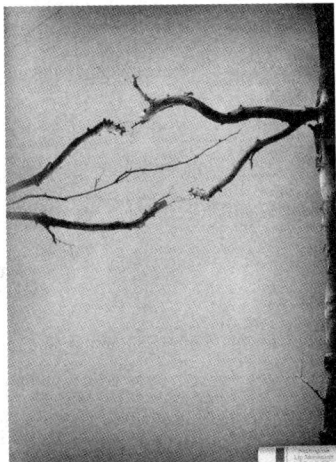

图 3-21 润唇膏广告

孕妇咨询中心的广告，运用闭合的接受心理原则将问号倒置形成的孕妇形象惟妙惟肖，咨询中心的功能不言而喻。

润唇膏的广告运用知觉封闭性原理以深秋的枯枝组成"嘴唇"的形象。

2. 为广告认识提供形式引导

很多广告是通过作用于受众的认识系统而发生作用的，在这类广告中，作为认知的信息，往往不是直接地诉诸于受众，而是以一定的形式为手段，引起接受者关注，进而使接受者由形式去理解或接受内容。这类广告的形式构成，也经常地采用上述原则。

案例点拨

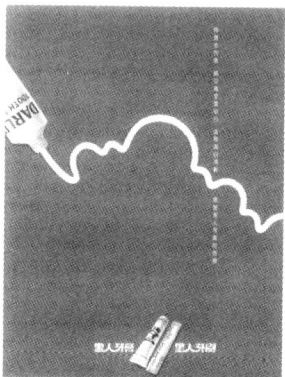

图 3-22　黑人牙膏广告

大面积的蓝色背景，白色的流动线条，简明的形式引导受众更易于品味出文案的内涵，领悟到使用牙膏带来的净洁清新。

文案：仲夏去兜风　晴空万里云留白　这般洁白清新　就是黑人牙膏的感觉。

3. 是广告造境的重要手段

有一类广告以整体情境性作用于受众，使受众对广告形成整体性的强烈感受，这类广告常常有较浓重的抒情色彩，是融抒情、认知为一体的广告。在这类广告中，形式往往构成"境"的载体，受众是先通过形对式的整体性观赏，进而感悟境、进入境的。在这类广告的形式构成中，上述原则也具有重要作用。

例如一幅宣传阿米尼自行车的招贴广告，画面正中偏右是一对面对大海凭栏而立，交流着彼此深情的情侣，左侧立着两辆驮他们而来的崭新的阿米尼自行车，这两辆车既承载了他们的温馨，又是他们真情的见证。正是在这充满青春气息的情侣画面中，人们感受到了广告宣传主体——自行车对于年轻人生活新的含义，即广告词提出的自行车新概念。整个画面有情有境，极富感染力。那么这充满情境的视觉效果是如何形成的呢？这离不开上述的形式作用：白色整齐的木栅栏，是衬托情侣和自行车的背景。木栅栏在构图上实现了连续性和接近性原则，即两条贯通的横木把若干条木板连接成整体，而木板又通过接近原则两两分组，这种排列组合既使画面寓变化于有序之中，又恰到好处地衬托了人物和自行车。作为主体的自行车情侣巧妙地运用了接近原则，互相映照，在映照中获得情感的强化。画面上部的广告词提高国人生活素质，创造自行车新概念，又点明了广告情境的含义，更突出了自行车的主体位置。广告词的排列也同样运用了接近原则，排成两组，与栅栏、情侣、自行车相呼应，达到了整个画面较完美的组合。

案例点拨

图 3-23　化妆品广告

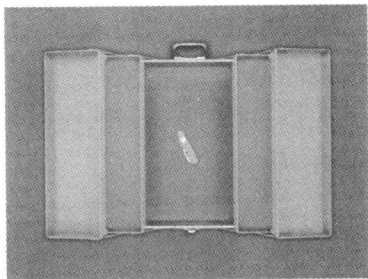

图 3-24　瑞士维氏军刀广告

满目清蓝，构图和谐，化妆品广告的意境圣洁幽雅。

全篇深红，雍容厚重，层层叠叠的箱体烘云托月，尽展瑞士维氏军刀的高贵品质。

四、知觉的理解性和广告信息

人在知觉当前的某一客观对象时，总是根据自己以往的知识经验来理解它认识它，并常用语言和词汇把它描述出来，知觉的这种特性就叫做知觉的理解性。

知觉的理解是以知识经验为基础，是人把当前事物的直接感知，纳入已有的知识经验系统中，从而把该事物看作是某种熟悉的类别或确定的对象的过程。此外，在这一过程中，个人的动机、情绪、态度等，都对人的知觉理解起着重要的影响作用。

（一）经验因素

人们从眼前的刺激所得到的知觉，从来都不是凭空出现的，它是从一个人毕生所获得无数经验当中发展起来的最新经验。因此，任何一个新的经验图式，都是与过去所知觉到的各种形状的记忆痕迹相联系。

经验因素在知觉中的作用主要表现为两点：一是人在知觉中，过去的经验或者图式被作为参照系统，使情景中的各个部分组成完整的映像。二是在知觉活动中，过去的经验还表现出优先地知觉。心理学家黎柏（LEEPER）用A、B、C三张图片（见图3-24）做实验，以研究知觉经验对以后知觉理解的影响。A图为一个年轻妇女，B图为一个老太，而B图则同时具有B与C两图的特征，它既可看作是年青妇女，也可以看作为老太，这之间的差异，关键在于知觉经验。实验时把被试者分为两组，以不同方式进行。第一组先观看A图15秒，以形成年轻妇女特征的经验，然后看B图，结果100%的被试者把B图看成年轻妇女。第二组先观看C图15秒，以形成老太特征的经验，然后再看B组，结果96%的被试者把B图视为老太。对同一知觉对象（B图）产生了如此差异的知觉理解现象，说明人对客体的理解程序受到了个人知识经验的很大影响。①

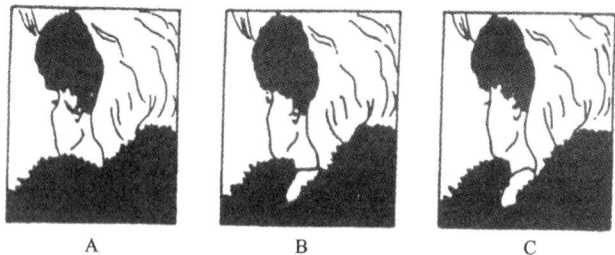

图3-25　心理实验图

经验因素在知觉中的作用，对于广告可有这样几点提示：

（1）广告提供的知觉对象应与它所定位的广告受众的经验储备情况相一致。任何广告都只能诉之于一定的对象。诉之对象定位后，广告的制作者就

---

① 龚振等编著.消费者行为学.东北财经大学出版社，2002年版，第35页。

应研究该类对象有哪些经验储备，根据其经验储备情况来指定广告知觉形象。这样，其知觉形象才能优先为这些对象接受，达到广告效果。

（2）广告提供的知觉对象须是可以顺利地组合成新的知觉图式的对象。根据经验参与知觉的道理，广告提供的知觉对象应具有唤起接受者原有经验，迅速组合新知觉图式的作用。这对一些追求广告艺术性，故意在画面留有空白，让接受者去完善的广告尤为重要。

（3）广告的知觉对象提供的知觉图式组合的可能性要与既定的广告诉求相贴近。这是对前一点发进一步要求。即接受者根据自己的经验，在广告提供的知觉对象基础上完善的知觉对象，应正切合于广告诉求点，这样，接受者才能由此接受广告信息，广告的知觉形象也才算达到目的。

案例点拨

细长方框里的文字：before、after（使用前、使用后）。方框和文字的位置，跟生活经验中使用药品前后的皮肤状态是不是很相像，容易产生知觉图式的同构？

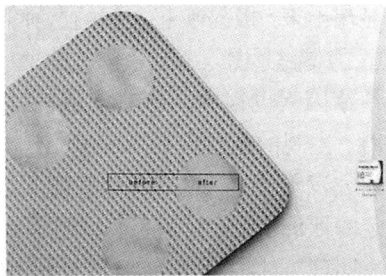

图3-26　某医药广告

（二）动机因素（潜在需要）

可以说，在一种强烈的个人需要的前提下，或者说，当人们极其希望看到那些合于这种需要的物体时，已有经验（记忆痕迹）就会对这一物体的知觉形象产生强烈的影响。换句话说，一个新的知觉形象的出现，可能受过去经验的影响，也可能不受过去经验的影响，这主要取决于被动员起来的过去经验（记忆痕迹）是否强大到可以利用眼前图形模糊性的程度。这里的可以"利用"的程度，便是潜在需要。

有一项关于饥饿知觉的实验，被试者（海军训练人员）分别被剥夺1，4，16小时的进食，以引起不同强度的求食需求。然后让他们观看屏幕上表现出的模棱两可的刺激物。实际上，投出的影像多半是抽象形式的。结构16小时未进食的被试者，作出的有关食物的报告最多；其次是4小时未进食者。这项实验证明，人的潜在需求——动机因素，对眼前知觉想象是起作用的。人对某种具有强烈的需求时，就容易对这一物体产生知觉，并容易按照自己的需求理解这一知觉形象。

知觉理解性中的动机因素作用，对于广告的其实在于：

一是广告知觉对象要有助于诱发消费者的某种动机。广告知觉对象只有诱发消费者的某种潜在需求，消费者才能对知觉对象所传达的广告信息感兴趣。

二是广告知觉对象要有助于强化消费者的某种动机。知觉对象强化了消费者的某种潜在需求，消费者才能在对广告信息产生兴趣的基础上，继而实现购买行为。

例如，"可口可乐"的广告，画面是一位女自行车运动员正在激烈地比赛，满头汗水，在她前方出现一只拿着瓶、挂着水珠的可口可乐的手，这位运动员把惊喜的目光投向可口可乐，并伸出右手迫不及待地去接可口可乐。这个广告的知觉对象就是诱发和强化人的潜在需求的功能。每个人都有于口干舌燥之时亟待喝水的需求，可口可乐的清凉、解渴，为人排忧的功能在这个广告中充分地显现出来，极易唤起人们的这种需求，从而形成对广告信息的关注。

（三）情绪因素

情绪因素也很容易影响人们的知觉。人们对客观对象(人、物)呈现知觉反映时，主观的情绪起很大的作用。

研究发现，处于良好情绪状态的人们，对模棱两可的面部表情，会做出更加肯定的评价；反之，当人们情绪不好时，对同样的表情就会做出更加否定的评价。同理，对物品或自然风景的评价，也直接受人们当时的情绪和心境影响。

情绪因素对知觉的作用对于广告的启示在于：

（1）广告知觉对象应注意有适当的情绪色彩，即要善于渲染积极的、肯定的情绪，表现这些情绪。因为接受者受其情绪感染之后，必能更好地接受广告。

（2）广告知觉对象的情绪色彩要具有瞬间唤起的特点。这和人们接受广告的方式有关，广告是瞬间接受的艺术，它不具有其他艺术形式可慢慢地观赏、细细体验的特点。因此，广告知觉对象渲染和表现的情绪要具有瞬间能感染人的力量。

（3）广告知觉对象瞬间唤起的情绪色彩要单一、集中。因为只有单一、集中的情绪表现，才易于被瞬间唤起。

案例点拨

　　倩碧口红的系列平面广告，为了体现口红的"抢眼"、"惹火"，用红色的辣椒、火柴与口红并列展示，瞬间集中渲染出火热、激情的情绪色彩。

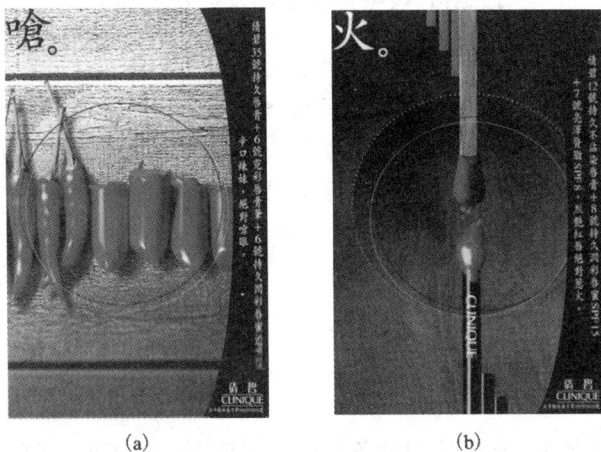

(a)　　　　　　　　　　　(b)

图3-27　倩碧口红系列广告

（四）态度因素

　　人们对事物的看法也直接对知觉产生影响。曾有研究者播放一场有争议的足球赛，让参赛双方学校的学生观看，并要求这些学生观看后报出各队犯规的次数，结果可以想象，学生们所报的都是自家犯规的次数少，对方犯规的次数多。这说明，学生对自己学校球队所报的不同态度，直接影响对同样的对象（同一场比赛的犯规次数）的不同知觉。

　　态度因素可对知觉产生影响的道理，提示广告制作者在设计知觉形象时，应做好如下处理：

　　（1）态度的顺势处理。这是指知觉所表现的广告诉求要迎合消费者对此类产品的既有态度。如"贝贝血宝"的招贴广告，广告语是"孩子即使再健康也要常规补血"，画面知觉形象是一位母亲正慈爱地喂幼子喝"贝贝血宝"，这个知觉形象表现在广告祈求，迎合了人们希望宝宝健康的既有态度，是顺势处理。

　　（2）态度的逆势处理。这是知觉所表现的广告诉求，要采取以消费者对此类产品既有态度相反的表现，在对立中求得统一，使消费者由惊讶、拒斥转而为接受。如一幅为眼镜所作的广告，将一幅精美的眼镜架在一女式高跟鞋上，在生活中，人们是反感将头上戴的东西与脚上穿的鞋混放在一起的，这幅广告反常的处理，给人以惊讶，广告信息也便在接受者的惊讶中为其所关注。

案例点拨

ELBE0 袜子广告的态度逆势处理①

ELBE0 袜子广告的出色创意构思，用语和意象都可以让你体会到认知感悟的愉悦和满足。广告标题是："足下之领带"。标题下面是四位英俊潇洒的男士半身像。他们西装笔挺，穿着考究，但每人的脖子上则打着一条"别致"的领带——一只漂亮的袜子。用袜子当领带的态度逆势处理，吸引了人们的注意，引起人们的兴趣和思考，当你领悟到"袜子实际上是脚上的领带"这一独特创意，认识到绅士风度不仅在上身，脚上也同样重要时，认知的满足使广告品牌给人留下深刻美好印象。

五、知觉的恒常性和广告信息

知觉的恒常性，是人的知觉条件在一定范围变化了时，知觉的映象仍然保持不变，知觉的这种特性，就叫做知觉的恒常性。

（一）知觉恒常性的表现

1. 形状恒常性

形状恒常性是指，从不同角度观察同一物体，物体在视网膜上投影的形状是不断变化的，但人们对事物的形状知觉仍然保持不变。

如图 3-28 所示，这扇从关闭到开着的门，尽管随着门的开启投入我们视网膜上门的形状是各不相同的，但我们知觉的门在任何角度上都是长方形的。

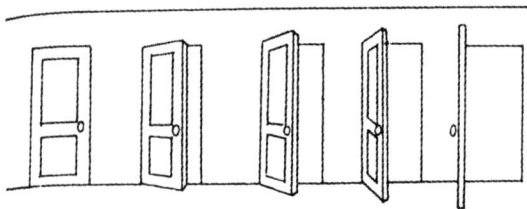

图 3-28　门

---

① 张金海主编.世界经典广告案例评析.武汉大学出版社，2000 年版，第 190 页。

2. 大小恒常性

大小恒常性是指当视觉对象在视网膜上的视像随着距离的增加而减小时，人们对该对象大小的知觉仍保持不变。

根据几何学的透视原理，视网膜上的影像是按照几何的规律来变化的，即影像的大小与对象的距离成反比。如果，要保持视网膜上视像大小不变，在距离增加的条件下，就必须使对象加大。它们之间的关系：$a=A/D$（a 代表视网膜像的大小，A 代表对象的大小，D 代表对象与眼睛的距离）。该关系式说明，视网膜像的大小与物体的大小成正比，视网膜像的大小与物体同眼睛的距离成反比。

然而，在现实生活中，人的视觉并不完全遵守几何规律所指明的那样，随着视网膜像的大小而变化。例如，我们看足球比赛时，我们视觉中的足球，并不因为我们坐在看台上，与足球场上的足球距离很远（视网膜像明显缩小），而把足球知觉为同乒乓球一样的大小。实际上，知觉到的足球的大小仍然是原足球的大小，知觉形象的大小保持不变。

3. 明度恒常性

明度又称光度（光彩鲜明和黑暗的程度），即人对光强的主观感觉。一个物体的明度取决于光照的强度和物体本身有反射率。两者比较，后来的光量变化时，人对物体的明度知觉仍然趋于保持不变。

例如，一块黑煤在中午的日光下所反射出来的光量（明度）要比在暗处的白皮球反射出来的光量大得多，可是我们仍然知觉煤是黑的，皮球是白的。

4. 颜色恒常性

当照射物体表面的颜色光发生变化时，人们对该物体表面颜色的知觉仍然保持不变，即为颜色的恒常性。

例如，我们不论是在中午，还是在黄昏，不论是在晴天还是在阴天，甚至是在五颜六色的彩灯的照射下，都会看见我们的国旗是鲜红色的。我们在相当阴暗的光线下，也依然能够知觉到我们自己所常用的各种器具、服装的颜色。

颜色的恒常性不是十分严密的、完全的。一般说来，颜色的恒常性只局限于我们所熟悉的对象的颜色。对于陌生对象的颜色，就很难表现出知觉的恒常性，俗语所谓"夜不观色"。

（二）影响知觉恒常性的主客观条件

1. 变化范围

被知觉的对象变化范围要适当，如果被知觉的范围过大，距离太远，那么对象及形状的恒常性就会受到破坏；如果色光太强（舞台彩色光），颜色的恒常性也会消失。

2．参照物

当人们缺乏确定的经验的时候，会通过周围的参照物来获得知觉的恒常性，如果没有参照对象，知觉的恒常性也会消失。

例如，用红光照射一张白纸，白纸实际显出红色，但是如果让观察者同时看见周围环境、红色的光源以及纸块的形状时，他仍然可以把纸知觉为白色。而如果让他通过一个长筒观察该纸块中央，该纸就会被知觉为红色的了。

3．知识经验

知识经验也是保持知觉恒常性的一个基本条件。

例如，幼儿经验不足，知觉往往随着环境变化而变化，他们一般把近物看得大些，把远物看得小些。

（三）知觉恒常性对广告的意义

1．为广告构图运用对比技巧提供了根据

广告知觉形象的展开，常受其载体的限制，尤其是刊登在杂志和报纸上的图片广告，所占面积是很小的。如果所做广告的产品造型较大，又为人们所不熟悉，在方寸极小的图片上如何表现呢？这就可运用对比手法，即用人们熟悉的事物与被表现的广告主体对比，接受者按知觉恒常性的原理去正常地知觉熟知事物，再以知觉到熟知事物的形象为参照来知觉广告主体，广告主体便不难被真实的接受。

有时广告制作者为突出广告主体，特意夸大广告主体的知觉形象，也用对比的手法，运用人的知觉恒常性的特征，达到其目的。

案例点拨

"evian 矿泉水"的广告，广告用五分之四的画面展示一瓶滴着水珠的矿泉水，矿泉水瓶盖上站着一位正喝着该矿泉水的女士，她只有 4 毫米高，夸大的矿泉水瓶与缩小的女士形成对比，人们在对女士形象知觉的同时，自然能对"evian 矿泉水"留下深刻印象。

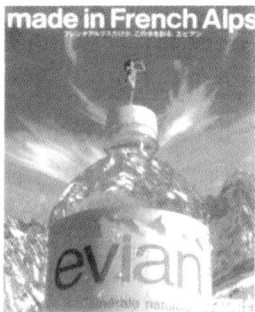

图 3-29　矿泉水广告

2. 为广告知觉对象变形提供了可能性

一些广告为达到引起消费者关注，更好的宣传广告信息的目的，常进行变形的艺术处理，通过变形造成强烈的视觉刺激或唤起所需要的情绪。而变形就意味着对原有形象产品的一种改变，不管这种改变是在性质上、体积上造型上，还是色彩上等。制作者在变形是靠什么去坚定他们既改变了原有产品形象，而又相信经由这种改变接受者仍能对原有产品形象形成识别和记忆？这就离不开知觉恒常性的原理。

例如有一幅宣传微波炉的广告，画面是一条张着嘴的鱼长着两条鸡腿站立着。制作者之所以将鱼和鸡腿组合到一起是在追求变形后引起的惊讶效果，使观众在惊讶之余形成对广告画面的关注。而接受者在接受这幅广告时，也不会对眼前的知觉形象产生这是否是一种新物种的困惑，因为知觉恒常性会告诉他们，鱼仍然是鱼，鸡腿仍然是鸡腿。尤其广告词的提示"不会串味"，又使接受者理性对这种变形组合进行拆离，从而使知觉恒常性更获得广告诉求的支持，并由此转化为对广告诉求的记忆和接受。

案例点拨

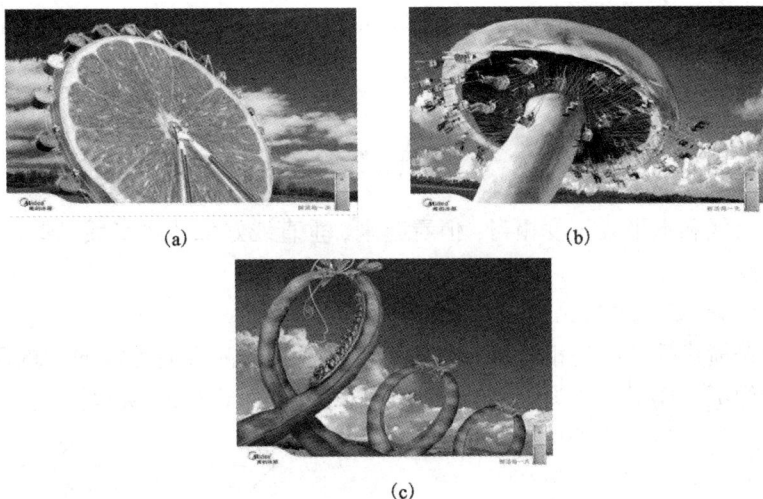

<table>
<tr><td>(a)</td><td>(b)</td></tr>
<tr><td colspan="2">(c)</td></tr>
</table>

图 3-30　水果、蔬菜系列广告

你还认得出这些"巨无霸"级水果和蔬菜的"原形"吗？——为了表现冰箱的超大容量和绿色环保功能，游乐场里上演了"变形记"！

学思致用

图 3-31 是印在某杂志封底上的一幅平面
广告，在该广告中你看到什么？将广告反转，
你又看到什么？最巧妙的是角落里那本倒放着
的杂志，它在暗示我们旋转图片。广告标题：
Dr. Max Sawaf：Younger every day（永远年轻）；
广告语：

Turn back the years, turn this page around
（倒转时光，不妨倒转本页）

1. 该广告利用了知觉的哪种特性？为什么？
2. 这种效果如何产生？

提示：知觉选择性，利用形态差别。

图 3-31　杂志平面广告

第三节　错觉和广告的信息传播

错觉是人对客观事物的不准确的知觉。它是一种很普遍的知觉现象，错
觉几乎能在各种知觉中发生。

一、错觉的形式

（一）图形错觉

1. 垂直线和水平线的错觉

垂直线和水平线长度相当，但看起来，垂直线好像比水平线长些。如图
3-32 所示：

2. 缪勒-莱依尔错觉

两条横线的长度是相等的，由于附加在两头的箭头向外或向内的不同，
线条好像不一样了。箭头向外的线条似乎短些。如图 3-33 所示：

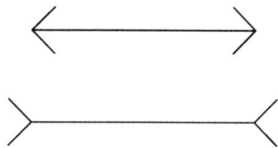

图 3-32　错觉图示

图 3-33　错觉图示

3.仓勒纳错觉

下面两图的几条竖线实际上是彼此平行的,但由于附加上了一些歪歪斜斜的线条,结果,在我们看起来,这几条竖线好像就不是平行的了。如图3-34所示:

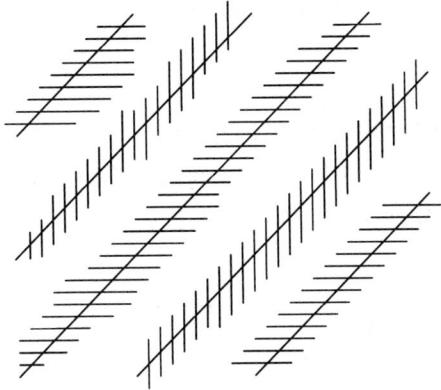

图3-34 错觉图示

4.充满空间的错觉

两根等长的横线,由于上边一根"充满"了内容,看上去比下边一根长一点。如图3-35所示:

5.图形内部结构的错觉

两个相等的圆形,由于箭头的影响,右边的图形就显得大些。如图3-36所示:

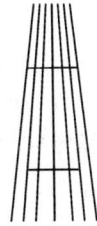

图3-35 错觉图示

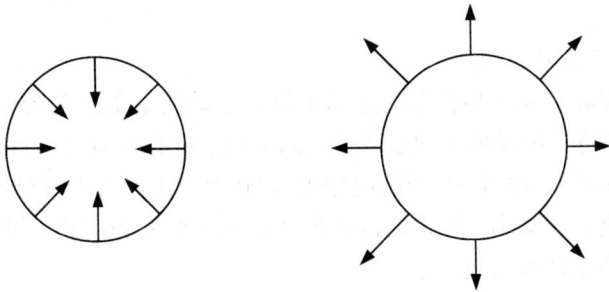

图3-36 错觉图示

6. 图形空间对比的错觉

下面两个图形的大小是相同的，但下面的图形就显得短些、宽些。如图 3-37 所示：

7. 封闭图形与开口图形的错觉

右边封闭的图形就显得比左边开口的图形小些。如图 3-38 所示：

(二)形重错觉

这是指视觉之"形"影响到肌肉感觉之

图 3-37　错觉图示

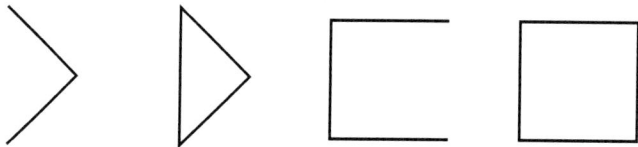

"重"的错觉。例如，一斤铁同一斤棉花的物理重量是相等的，但人们用手加以比较，就会觉得一斤铁比一斤棉花重得多。

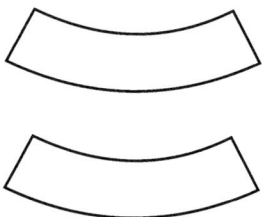

图 3-38　错觉图示

(三)大小错觉

除图形外，现实中的物体在一定的背景条件下，也都能产生错觉。也有人把这种错觉叫做对比性错觉，即凡是性质相反或情况相反的各种事物，由于对比的作用，就会引起我们的错觉。例如，一个高个子的人，同比他更高的人站在一起，他就会显得矮些；一个较矮的人，同比他更矮的人站在一起，就会显得高些。再如图 3-39 所示，图中前后等大的两人因视觉参照差异发生大小错觉。

(四)运动错觉

这是与实际情况不相符合的运动感觉。运动错觉常表现为"似动现象。"例如，我们在桥上俯视桥下的流水，久而久之，就好像觉得身体和桥都在恍惚摇动。再如图 3-40 所示，当圆盘慢慢旋转时，注视它 15 秒钟，会感受这圆盘似乎在放大或缩小，然后再转过头来定视一个人的面孔，便会觉得这个人的面孔似乎也是放大或缩小。

(五)时间错觉

对于在同一段时间内发生的事情，由于态度、兴趣、情绪的不同，有时觉得时间过的快些，有时就觉得时间过的慢些，这便是时间的错觉。

图 3-39　错觉图示

图 3-40　错觉图示

二、错觉在广告中的利用

错觉是在特定的条件下对客观对象歪曲的知觉。它只要条件具备就会出现，并且表现为一定的倾向。换句话说，它是无法避免的。例如壁上装有镜子，会使房间让人觉得宽敞；穿横条衣服的人显得胖些，穿竖条衣服的人显得瘦高些等。

既然错觉产生有一定的必然性，广告制作便可以利用人们的错觉去求得一种艺术效果。

(一)利用错觉去强化广告的某种形式感

有些广告是以造成某种形式感来吸引受众，让受众为其突出的形式表现所感染，继而接受其广告信息。利用广告错觉达到强化广告的某种形式感，便是这些广告制作者常用的方法。

利用错觉来造成的形式感可以有许多种，如宽阔感、增大感、立体感、稳定感等。例如透视错觉，霍尔茨舒赫尔牌汽车的两张推销广告照片。两张广告的标题与文案完全一样，整个画面的布局也雷同，只是两张广告中，一张是人物模特站在汽车的后侧拍摄的，另一张是模特站在汽车的前方拍摄的。这样车子本身的大小虽未变，但由于照片透视造成了错觉，即模特站在汽车前面的照片，人物突出，而汽车显得较小，而模特站在汽车后侧面的广告照片则汽车显得较大，人物较小。

案例点拨

图 3-41 采用错觉手法突出广告主体运动鞋的形象。

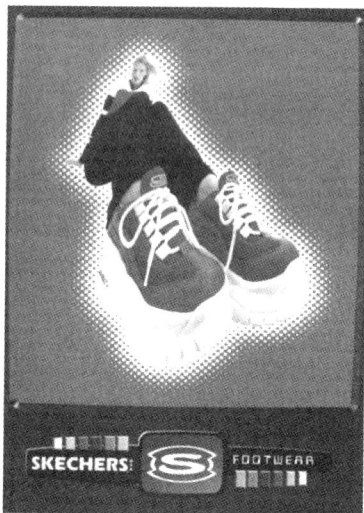

图 3-41   运动鞋广告

(二)利用错觉去唤起受众的某种情绪

处于良好情绪状态的人利用对广告形象的知觉,而情绪又可借助于知觉形象来唤起。因此,一些广告制作者便有意利用错觉去唤起受众的某种情绪,以达到良好的广告效果。如在"菊花电扇"的橱窗广告中,以多层次蔚蓝的色块构成背景,前景左侧斜排三组旋转的扇叶,右下侧偏左错落排列枝做成的花草,右侧略高些的台阶上是三台菊花电扇。整个画面用多层次的蓝色,旋转的斜线等手段给人造成一种错觉,接受者观此广告仿佛站在蔚蓝色的大海旁,海风轻拂海面,似乎能感受到习习凉风拂面而来,沁人心脾,于是便自然被唤起一种清凉感、轻松感,在这种情绪状态下,能不产生对菊花电扇的赞同吗?

(三)利用错觉去突出地强调某种广告目的

广告都有自己的诉求目的,有的强调性能,有的强调功能,有的强调体积大,有的强调质量好,利用错觉可达到多这些目的的突出表现。如包装设计上,相同容积的两个盒子,一个正方形,一个菱形,菱形就会显得大些,正方形就会显得小些。如图 3-42 所示。

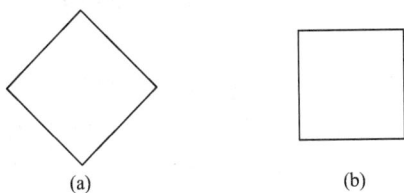

图 3-42　盒子形态图

因此，化妆品或其他商品若强调容积大，可用菱形的包装盒。

案例点拨

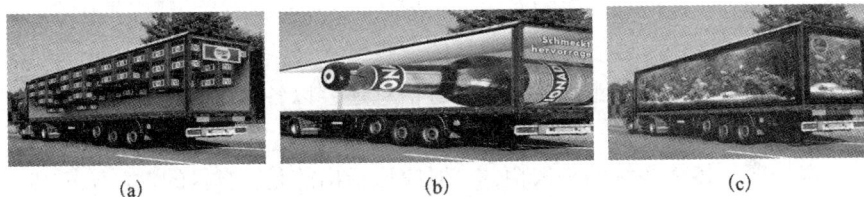

图 3-43　集装箱外壳广告

运用视错觉设计的集装箱外壳广告，堪称以假乱真。

三、广告传播中的错觉避免

(一)广告传播系统的模式

一般说来，广告传播系统可由信源、编码、信号、译码和目的地这样几个环节组成。如图 3-44 所示：

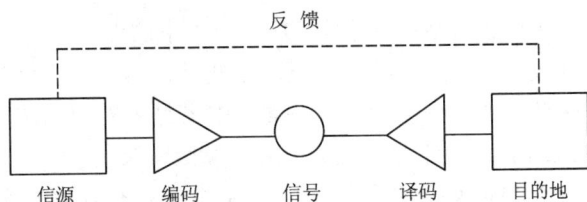

图 3-44　广告传系统

信源：指广告信息的来源，即发出信息者。广告信源可以是人，可以是企业事业实体，也可以是行政机构或团体。信息传播首先要由信源选定所要传播的信息。

编码：鉴于信息本身不能传递，所以，它必须被编码成适宜传播渠道的信号。准确地说，编码，就是把事物的名称、属性、状态等信息按预先规定的方法或要求码。代码就是代表事物的名称、属性、状态的符号和信号。编码的目的主要是为了方便信息处理、识别、传输。码可以用数字、字母、文字、电子符号、语言或其他一些别的符号来组成。利用不同的载体，就有不同的编码，如无线电与电视中的电波；报刊、杂志、书籍中的文字和插图；电话中通过电线的电流等。

一旦信号通过一定渠道传递给接受者时，接受者就要将传递的信号重新译码成原来的信息。

目的地：就是信息传向的对象（人或物），也叫做信宿，是广告信息运动的最后归宿，这是广告信息传播的目的所在。

当有关信息传播给消费者后，广告信息还会以各种形式从目的地反馈给信源。

这是广告传播系统的一般模式，但应该指出的是，当目的地（信宿）是人时，情形就比较复杂了。因为人本身就是一个信道，当他接受到外来的信号时，会受主体各种因素的作用，致使他最后理解的东西可能与信源的意见一致，也可能部分一致，或根本不一致。

（二）广告传播中的错觉避免

对广告信息的错觉，指的是接受者从广告中理解的含义，与广告主的原意不符。这有主客观两个方面的原因：一是来于广告信息本身的原因，这主要表现为广告主传播的编码的主体不明确。二是来于接受者的原因，这主要表现为由于接受者受自身的经验、知识、情绪、观念等因素影响，不能将信号准确译码。

为此，为避免广告传播中的错觉，应注意如下两点：

（1）信息编码，如词语、插图、标志、音乐等所具有的含义必须准确、单一，避免节外生枝。如有一会徽标志图案：中央是天安门插图，外面为两个交叉椭圆形的线组成。设计者原意为，两个椭圆交叉线为英文（CHINA AD-VERTISING ASSOCIAION）字头的缩写，即中国广告协会，中央的天安门插图标志为中国。然而，由于观看者的知觉的多样化，很多人将其认为中国物理学会的标志。之所以产生这样的结果，就是该信息编码——标志含义较多，接受者也可离开信息源,从其他角度去译码。

(2)使传播建立在接受者实际接受能力的基础上。广告信息传播的意图是让接受者接受,因而广告信息编码,就应考虑所定的广告接受对象实际译码的能力,这包括经验贮备、知识水平,甚至接受此信息所能唤起的情绪等因素,否则,易对编码造成错译。

学思致用

一、下面是两则广告认知水平调查研究案例①,读后分析,该两则广告分别存在哪些问题? 这些问题如何产生,并会造成什么后果? 如果需要重新创作广告的话,请谈谈你的创意。

1.在"浏阳河酒,冠军的酒"的广告调查中显示,有七成的消费者认为该广告是快速消费品广告,有近二成的消费者认为是"企业宣传"广告,而"说不清"及认为是"其他广告"的消费者占一成多点。

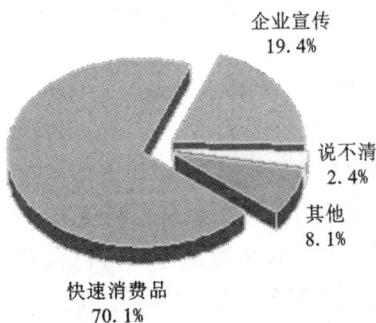

图3-45 浏阳河酒广告的认知结果

对照一下内容布局与画面结构,处于最主要部分左边的招聘内容的认知程度很低,而处于正常视觉边缘右边的广告语:"浏阳河酒,冠军的酒"则导致了绝大多数消费者的认知。可见企业招聘宣传的认知似乎并没有体现出来。我们可以看到广告左边的"聘"字是经过修饰加大处理的,而右边"浏阳河酒,冠军的酒"是采用普通的字体表现。不难发现消费者认知首先选择的

① 吴垠.《中国消费者广告认知的研究》.零点指标数据网,有删改。

不是字体的大小，而是是否清晰简洁。

从调查结果中认为是"其他广告"的构成来看，发现有个别消费者指出这是一幅运动宣传广告，有的认为是药品/食品广告等等。这与代言人相继接拍了农夫山泉、云南白药、爱心舒丽液、弹力内衣等广告有些关系。另一方面，在这幅平面广告中，代言人的画面面积过大，也是影响广告认知效果的原因之一。显然，如果广告代言人涉及的企业或者品类过于发散，并过大表现的话，也将直接影响消费者的广告认知的效果。

在这幅广告的认知中，只有很少(2.4%)的消费者回答"说不清"，应该讲这是相当好的结果。对于多数消费者而言，不理解的广告内容也不会去努力理解。但是，不易理解的内容本身也是值得探讨的问题。如上面所谈到的简洁文字(浏阳河酒,冠军的酒)是许多消费者认知的来源。而加大字号特别强调的"冠军的酒"是什么意思？有一篇文章的作者认为"我作为一个受众者看了广告就这样认为：这是一种酒，可以喝；给谁喝？给冠军喝！或者给运动员喝！""浏阳河酒,冠军的酒"，这句文案锁定了产品的定位是冠军的酒，当然不能说这个酒就是给冠军喝的，它是不是会让人这么想：这个酒是给运动员喝的呢？有常识的人知道不是这样，但广告本身要告诉人们"这是给运动员喝"，让人郁闷。

浏阳河酒的定位是什么？为什么要说"冠军的酒"？刘璇出任广告代言人时该公司说："如果你们认为我们看上了刘璇的微笑那就错了，我们看中的是她背后的泪水与艰辛，以及她在运动场上高难度的优美动作，这与我们公司顽强拼搏的精神相符"。而调查结果表明没有一位消费者认知到这一深度，说明了广告创意并没有反映出表层与深层意义的统一。如上所述，就表层的一般性理解也确实不太容易，"冠军的酒"的代言人又是平衡木的冠军，这已超过了一般意义上的竞技比赛与饮酒之间的关系，而是形成了平衡木技巧与酒品之间的概念冲突问题。调查结果中也有个别消费者认为这幅广告是公益广告，也许这一理解含有"平衡木冠军劝君不要喝酒，以免失去平衡"的意思。虽然有这种认知的消费者毕竟是少数，但是其意义具有"质的"概念性质。因此，为进一步提升广告认知度，产品与代言人的逻辑概念也是非常重要的。

2."××系列广告(电邮篇)"的调查结果显示：有25.3%的消费者认为是企业宣传广告，有45.7%的消费者认为是"其他广告"，而"说不清"为19.6%。另外，认为是网络广告的为5.5%。认为是电子/科技/电脑广告的有3.8%，这幅广告也是第七届(2000年)全国广告优秀作品展获奖作品之一

（见图 3-47）。

这幅广告的标题是"大家都在谈论 e，但是它的背后谁在支持，你知道吗"？

广告正文位于图案的下面，字体很小，内容如下（见图 3-46）：

"大家都在谈论 e-business，e-service，e-management，e-media 等各种各样的电子商务，但是很少有人知道它背后的强大支持者，×××。

×××是业界公认的网间网互联技术和互联产品的领先厂商。全球 80%Internet 骨干设备都是由×××提供的。

×××这位信息时代的幕后巨人，虽然很少与您直接见面，却真正地存在于您的身旁。×××正凭借其不容置疑的实力，为您构筑通向 Internet 的神奇之桥"。

图 3-46 某电邮广告

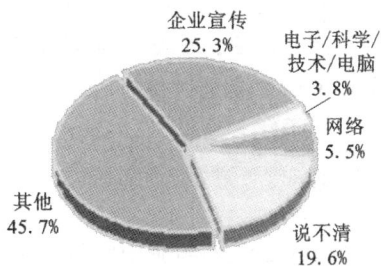

图 3-47 ××系列广告调查结果

从只有 25.3% 的消费者认为是企业宣传广告来看，显然，这段明明白白的广告正文并没有起到应有的作用。而在认为是"其他广告"消费者中，有些认为是股市、旅游、工业及电信产品广告还为数不少，也有的认为是公益广告，回答是五花八门。另外，回答是"说不清"的也占了约 20%。不难看出这幅广告的图案符号并没有被多数消费者所认知，或者说符号的表达本身就存在着相当程度的不同理解。如：最为醒目位置上的电子邮件符号，对于许多人士来说，今天也有了相当不好的意象，我们每天打开这个符号不时充斥大量垃圾邮件，而那些认为是公益广告的消费者也许认为这幅广告的意思就是提醒大家注意垃圾邮件或者有病毒的邮件的处理。在这个电子邮件符号的下面，有其高低有序的柱形标志图案。对于很少直接接触 BtoB 企业××标志的一般消费者来说，自然联想到了股市中的市值表达形式。另外，或许这一标志也使有些消费者联想到了什么著名的斜拉式大桥，导致了他们认为旅游广告。再有在 20%的说不清的消费者中，对于××的英文表示不明白的人也应该很多。

××的主要业务在于电信、政府网、企业网、金融行业信息化的建设，是著名的网络服务和设备提供商。由于近年来开始对家庭网络基础、市场都非常的重视，而展开了面向大众的广告业务。就这幅广告的调查结果来看，其面向大众的效果并不理想。

调查结果说明对于高科技的 BtoB 企业，使用大家都明白的简要语言，标题一目了然，符号意义清晰，以写实为主的表达形式应该更适应企业宣传。

提示：两则广告都存在非常严重的认知误读问题；主要是由画面主体形象的多重意义指向造成的；另外画面表意元素过多，而意义指向又不统一也容易造成此问题；出现这种情况容易造成消费者认知混乱，广告不但实现不了它所承担的任务，还会给接下来的进一步宣传带来障碍，显然得不偿失，因此企业要尽量避免这样的问题发生。

融贯精思

1. 结合印象深刻的典型实例分析如何在广告表现中应用知觉的选择性和整体性？

2. 动机、情绪、态度等因素对广告知觉的理解性分别有何启示？

3. 绝对感觉局限、差别感觉局限有何差别？在广告实践中有何意义？

4. 知觉的恒常性在广告中有哪些表现？

5. 生活中常见的错觉形式有哪些？"水可载舟，亦可覆舟"，错觉在广告中主要应该谨慎避免的同时，在一些情况下是否也可以巧妙利用？

心略操练

知觉特性原理表明，广告对象在形态和背景方面差别的大小，是知觉选择的一个主要条件。下面两幅图片，第一幅图片很明显，某企业的广告旗，字体太小和过密造成认知模糊，很难被消费者的认知加以选择，你能否在不改变广告内容主体和广告旗规格的情况下，适当对广告做以修改，来加强广告的认知效果，谈谈你的想法。

　　正文：1. 祝沈北新区人民新春愉快

　　　　　　×××电话：×××

　　　　　2. 蒲河新城 东北第一新城

　　　　　　×××电话：×××

图3-48　某企业广告

　　第二幅图片是沈阳北站某企业的形象广告，很明显，其广告的认知效果也不佳，"从心开始"的广告语很难被人注意到。

　　1. 这种不好的认知效果究竟是怎样产生的？

　　2. 如何改变？经讨论分析提出参考方案。

提示：

　　其一是北站(传播媒介)面积太大，而广告牌面积过小；其二广告牌的颜色、广告语字体的颜色与楼主体的颜色反差不大。

讨论分析

案例一①

　　2008年中期受美国次贷冲击，全球CPI高起，市场低迷，消费不畅，成本居高不下，企业压力骤然增大。宝洁企业为应对危机，酝酿产品全线涨

———————————

　　① 徐春梅. 中国经营报，B6. 2008-7-21。

图 3-49 某企业广告

价，同时为避免市场风险，制定三阶段涨价策略，其中第一阶段涨价策略如下：

1. 利润空间最小的产品，减量不减价。如在价格不变的情况下，洗衣粉由 1.84 千克包装降为 1.7 千克，透明皂由 520 克降为 508 克等。

2. 竞争较强的产品，盯紧竞争对手相应提价。如洗发水产品，潘婷定位营养、护发，较高端，消费者对价格不是很敏感，产品率先提价 5%，而海飞丝产品与联合利华的清扬洗发水、飘柔与国产中低端洗发水直接竞争，消费者对价格非常敏感，暂不提价，视竞争对手而动。

3. 对护发素及玉兰油沐浴露等价格敏感度低的较高端产品，提价 25%。

同时为鼓励分销商加大覆盖力度，灵活应对市场，企业允许各地分销商视各自情况有价格上下浮动的空间。

……

显然，宝洁此阶段涨价采取多元化涨价策略，即不同产品涨价方式、幅度各不相同，思考并回答下述问题：

1. 宝洁为什么采取如此涨价策略，有哪些好处？

2. 采取此种办法的关键在于什么？

3. 采取该办法，应注意哪些问题？

提示：

1. 对价格敏感度强的产品，利用差别阈限，降低市场风险；对价格敏感度不强的产品尽可能涨价，收回由成本上升导致的损失降为最低；对竞争强的产品，视竞争对手而动；

2. 利用差别阈限，减量不减价，不易被消费者察觉，减少消费者流失风险；

3. 要注意考虑消费者、竞争对手和自身产品成本三方面因素。

【案例链接】

宝洁在第一阶段涨价策略取得成功之后，鉴于竞争对手也相应提价，消费者对价格上涨已有充分心理准备的情况下，宝洁后两个阶段提价幅度比较大，手段也比较直接。

案例二[①]

2007 年 8 月益普所公司公布一项企业奥运营销认知度调查，其结果显示，蒙牛成为误认率最高的非奥运赞助商，误认率高达 57%，也就是说，有 57% 的消费者认为蒙牛是奥运会乳制品的独家赞助商，而真正的奥运乳品独家赞助商伊利的认知程度最高也不超过 50%。

对于快速消费品来说，拉动销售增长率最大的因素就是品牌收益，伊利赞助北京 2008 年奥运会，其意就是借此提升品牌价值，为实现此目的伊利可谓费了不少心思，花了不小代价，据悉光奥运开闭幕式 1 分钟时长的四则广告，就投入了 2 008 万元，创造了中国广告单价之最；请刘翔、郭晶晶、易建联等代言人、赞助中国跳水队、体操队、乒乓球队等夺金大热门队伍；在央视广告投标、在全国大搞地面活动宣传等，这几年伊利在奥运上的投入恐怕不是几个亿能够挡得住的。当然作为最大的竞争对手蒙牛，也不会坐失奥运良机，也是借此机会频频发力，因此在奥运大赛真正来临之前，在中国乳制品市场上这两家企业就已经展开一场营销大战，好戏连台，颇为引人注目。

1. 收集相关资料，探寻产生认知误读的原因。

2. 推断这种较高的认知误读率将给两家企业带来怎样的影响？

---

① 　资源来源：焦点装修家居网 home. focus. cn

第四章 学习、记忆与广告宣传

压题图片

学习要求：通过本章学习，掌握
广告保持的变化趋势；了解广告记忆的
过程、广告识记的种类；掌握学习理论对
于制定广告策略的启示、条件反射形成
的主要条件即强化、条件反射抑制的两
种情况；重点掌握增强广告的记忆广度
的方法；掌握减少广告识记数量的途径、
利用广告的重复增强消费者记忆的方法；
了解感觉记忆、短时记忆、长时记忆。

关键概念

广告识记——是识别和记住有关广告信息，从而积累有关广告知识经验的过程。

广告保持——是巩固已获得的有关广告知识经验的过程。

广告再认——经验过的广告信息再度出现时，能准确、快速地把它认出来称广告再认。

广告回忆——广告回忆也叫广告再现。过去经验过的广告信息不在眼前，但由于其他刺激作用而在头脑里重现出该广告信息的过程称作广告回忆。

一般说来，消费者接受广告信息后，并不马上采取购买行为，因为购买行为实现的根本原因在于需求，而消费者接受广告信息时却未必就有这种需求。此时，广告的意义在于能使消费者过目不忘，在脑海中留有深刻的印象，以备日后有此需求时，能迅速回忆起该商品广告，从而将购买行为指向该商品。因而，广告能给消费者以深刻记忆是非常必要的。本章即探讨如何能形成和保持广告记忆的问题。

第一节 广告的记忆过程

广告记忆是过去有关广告经验在人脑的反映。有关广告经验包括广告知觉形象、广告文字信息、由广告而引起的情感和情绪的体验、由广告而促成的商品或企业的知名度等内容。

一个复杂的心理过程，一般人的记忆从记到忆需要三个环节，即识记、保持、再认或回忆，广告亦是如此。

一、广告识记

广告识记是识别和记住有关广告信息，从而积累有关广告知识经验的过程。它是广告记忆过程的开始，是广告保持和广告回忆的前提。

广告识记根据有无明确目的，可分为无意广告识记和有意广告识记两种。

无意广告识记是事前没有确定识记目的，也不用任何有助于识记的方法的广告识记。被识记的广告信息，常常是对消费者有重大意义、适合消费者的兴趣、需要或富有刺激性的广告信息。在广告识记中，无意广告识记占有比重很多，很多广告商制作广告的出发点，都旨在引起消费者的无意识记。

有意广告识记是有较明确的识记目的，并运用一定方法的广告识记。被识记的广告信息，与消费者的需求密切相关。在有意广告识记中还需要一定的意志努力，即起意志地记住自己需要的广告信息。如欲购买全自动洗衣机，便翻阅报纸，观看电视广告，有意搜集有关全自动洗衣机的广告信息，并想办法将其记住。

二、广告保持

广告保持是巩固已获得有关广告知识经验的过程。它以广告识记为前提，其效果又在广告回忆和广告再认中得到证明和表现。

广告记忆是有关广告经验的保持，但这种保持并不是一成不变的。英国心理学家巴特莱特曾就经验在记忆中的变化发展做了一个实验："拿一幅画给第1个人看后，要他画出，然后给第2个人看，这样下去，只到第18个人。"图4-1是第1、2、3、8、9、10、15、18个试画出的图形。

从图中可以看到，在记忆中图形有了显著的变化。可见，记忆不是一个被动地把过去经验简单的保持的过程，而是一个积极地创造过程。

图 4-1　记忆过程中图形的变化

　　保持是一个动态过程，在保持阶段，存储的信息会发生变化。这种变化表现在质与量两个方面：在量的方面，保持的数量随时间的推移逐渐下降；在质的方面，由于保持者既有经验的参与，会使保持的信息内容发生变化，巴特莱特的实验，说明了保持信息中内容趋向完整、合理的变化。从质的方面看，已识记的广告信息在头脑保持的过程中，常表现为这样几种变化：

　　（1）趋向简略、概括。即开始识记的广告信息较详细，在保持过程中，渐忘一些对个体消费者来说较次要的细节，将印象最深的信息突出出来，从而使信息更加精练。

　　（2）趋向夸张、突出。接受者识记广告信息后，由于受固有的主观经验的影响，在保持中，往往对与关系亲密、有兴趣的部分夸大，使其突出。

　　（3）趋向完整、合理。这主要表现在对广告知觉形象的记忆上，识记的广告知觉形象，再将它们重画出来，往往画的更完整、更合理。

　　接受者对识记的广告信息不能再认或回忆，或错误地再认和回忆，就是对此广告信息的遗忘。遗忘是广告记忆内容变化的最明显的表现。

案例点拨

　　某植物肥料广告夸张到搞笑的表现手法，令人印象突出，便于牢记，一看难忘，如图 4-2。

图 4-2 某植物肥料广告

三、广告再认与广告回忆

广告再认与广告回忆是在不同的情况下恢复过去广告经验的过程。

（一）广告再认

经验过的广告信息再度出现时，能准确、快速地把它认出来称广告再认。

广告再认相对于广告回忆来说是较简单的广告记忆现象。对识记的广告进行再认，要比回忆容易。从个体心理发展来看，再认要比回忆早出现，例如，再认在儿童出生半年以后就能表现出来，而回忆要在 1 周岁后才能观察到。从一般记忆的巩固程度来看，再认要低于回忆，回忆的一般都能再认，而能再认的不一定都能回忆。

艾基利斯对 8.5 岁至 11.5 岁的儿童的再认与再现（回忆）比较研究的结果是：

词汇：再认为 25.39，回忆为 5.22；

图形：再认为 9.61，回忆为 3.77；

缀字：再认为 9.61，回忆为 1.68，差别显著。

广告再认虽然简单，但并不意味着在任何条件下都能准确地完成广告再认。从普通心理学角度说，再认有两个条件，一是对旧事物的认识的巩固程度。保持巩固，再认就困难；二是当前呈现的事物同已经验过事物相类似的程度。事物总是变化，变化如不大，就容易再认，变化大，就难以再认。因而广告再认的速度和准确程度也主要取决于两个条件：①识记的有关广告信息的精确性和牢固程度。②当前的广告信息与以前感知过的有关广告信息的相似程度。具体地说，广告再认的水平表现，即是指再认有关广告信息时反应的速度和准确的程度。而再认是否迅速、正确、稳定，就决定于旧广告信息的巩固程度和新广告信息的类似程度。

再认广告信息时(无论是简单的还是复杂的)，都要依靠各种线索来进行。所谓线索是指广告信息的某一部分和某些特征。对熟悉的广告信息，再认时所需要的线索可以是少的、简化的。例如，对于运动服和运动鞋王国中的名牌产品阿迪达斯，如果消费者非常熟悉，只要见到三叶草的商标图案，便立即可以再认它。对于不熟悉的广告信息，则要努力去寻找很多线索。例如，消费者对世界名牌产品皮尔·卡丹的有关广告信息只知一二，面对皮尔·卡丹商品时，就要从商标、产品说明、物品质量等方面去再认。广告再认对于消费行为的意义在于，消费者面对琳琅满目的商品进行选择购物时，可以根据经验过的广告信息，认出特定商品，从而将购买行为指向该商品。

(二)广告回忆

广告回忆也叫广告再现。过去经验过的广告信息不在眼前，但由于其他刺激作用而在头脑里重现出该广告信息的过程称作广告回忆。广告回忆根据有无任务的要求，可分为有意广告回忆和无意广告回忆。有意广告回忆也叫做随意回忆，是一种有预定的目的和任务的、一种自觉进行的过程。如消费者欲购买电视机，购买前对有关电视机的广告信息进行的回想。通过意志努力，排除干扰而实现的追忆过程，是有意回忆的最主要的形式。

无意广告回忆也叫做不随意广告回忆，它是没有预定的目的和任务的，又不需要任何意志努力的自然而然的广告回忆。自由联想多属于这种形式。比如消费者欲购买衬衣，在众多品牌的衬衣中看到了"金利来"的商标，由此回忆起关于"金利来"领带的广告信息，从而坚定了买"金利来"衬衣的信心。

根据回忆是否需要中间物，广告回忆又可分为直接广告回忆和间接广告回忆。直接广告回忆不需要中间联想，当前的刺激可以直接引起过去广告经验的再现。这里，积极思维的成分较少，自动化的成分较多。比如，欲购买西装立刻回想起有关黎富西装的广告信息。间接广告回忆，往往是碰见困难和障碍时，要经过复杂的中间联想，把所需要的广告信息再现出来。这里，含有较多积极思维的成分。如有购买某名牌热水器的欲望，但此时传来有消费者使用此热水器发生事故的消息，在犹豫中，想起一个或两个乃至更多其他品牌热水器的广告信息，又由此想到此名牌热水器的广告信息，将几者反复比较，最后决定还是买此名牌的热水器。广告回忆对于消费行为的意义在于，当消费者产生某种购买需要时，能够想起特定的广告信息，从而将购买行为指向该商品。能够引起消费者对于广告信息的再认与回忆是很多广告商追求的目标。一些企业不惜血本地进行广告投入，创知名度，就是为了在消费者进行购买活动时，能对其商品进行再认与回忆，从而形成认牌购买的倾向。对于一个企业来说，创知名度的确是引起消费者对其产品进行再认与回忆的办法。因为任何商品一旦具有了知名度，就具有了一定的延展性和惯性，消费者会对它形成习惯性的再认与回忆。这种心理定势会使消费者对其产品的一般不足之处也持宽容态度。在这样一种力量的支持下，该商品何愁没有市场呢？当然，知名度能否保持，其根本还在于产品本身的质量与信誉，如果产品质量太差，一而再、再而三地挫伤消费者使用它的积极性，消费者就会抑制对它的再认与回忆，该商品也便没有了市场。

学思致用

一、据 2002 东方(国际)市场研究有限公司(EMRT)进行的一次调查结果表明：消费者印象最深刻的广告不一定是投放量最多的广告，而且消费者的记忆是有限的，同一个行业的广告中，不管其产品有多少种，消费者记住的却只有两三种。比如洗发水市场，很多国产品牌的广告投放量绝不低于飘柔或者海飞丝；手机市场，众多国产品牌手机的广告量也远远多于诺基亚和摩托罗拉，然而消费者记住的还是这些领导品牌。①

请分析其中的原因有哪些？

提示

1. 市场上，强势品牌和弱势品牌往往暗中较劲，强势品牌由于一贯其广告宣传力度大，持续时间长，在消费者心目中容易产生深刻印象。2. 消费者记忆有选择性，往往会选择它们熟悉的产品记忆，虽然个别时段广告投放量会少于弱势品牌，但先入为主的消费者会在心目中自动修正其记忆结果。3. 根据记忆容量研究，消费者记忆是有限度的，特别是对于无意记忆的广告来说。因此其一，品牌产品记忆效果要好得多；其二，与消费者先在的知识、经验、喜好等密切相关的产品广告保持效果要好得多。

二、广告记忆分析——寻找广告记忆线索。

图 4-3 所示的是网民评选出的 10 年来记忆最深刻的 10 大广告中的一部

---

① 资料来源：什么品牌的电视广告主导着消费者的记忆？东方(国际)市场研究有限公司(EM-RI)广告研究组，2002 年，(http://www.emr.cn/ads.htm)。

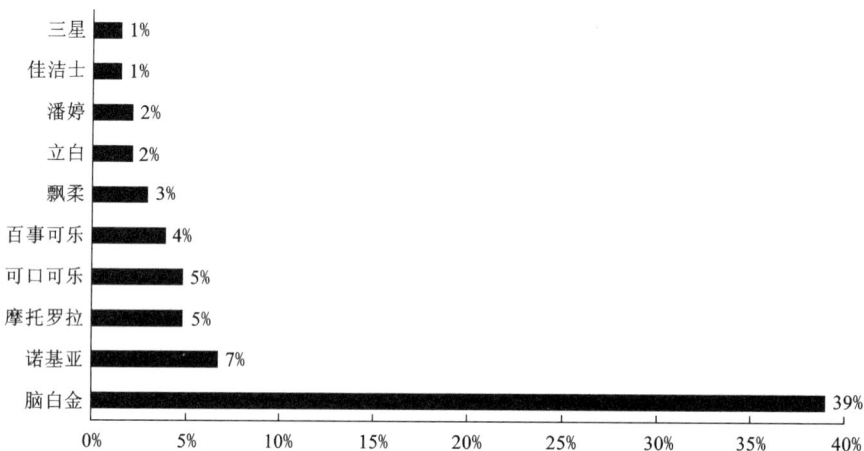

图4-3   消费者印象最深刻的10个品牌

分，从这些广告中寻找广告的记忆点，并探讨该记忆线索在广告记忆过程中起什么样的作用?①

1.恒源祥绒线羊毛衫，羊羊羊
2.孔府家酒，叫人想家
3.农夫山泉有点甜
4.高露洁，没有蛀牙

第二节   学习理论与消费行为

一、学习理论

对事物识记的过程，就是学习的过程。现有的学习理论揭示了人们对事物的识记、保持及消退的原因。一般认为，学习的最基本的生理机制就是条件反射的形成，因而，条件反射活动的基本规律构成是学习理论的基本内容，学习这些理论对于了解广告记忆是十分必要的。

（一）条件反射的形成

俄国生理学家巴甫洛夫认为，反射活动分为非条件反射与条件反射两种。非条件反射是在大脑皮层以下部位的中枢神经系统实现的、生成的固定

---

①   资料来源：温韬.营销10年10大广告记忆点.品牌真言 http://esoftbank.com.cn。

不变的反射。条件反射是在后天生活中形成的通过大脑皮层实现的可以变化的反射。下面介绍两种条件反射理论。

　　1.经典条件反射理论

　　经典条件反射理论是俄国心理学家巴甫洛夫倡导的(见图4-4)。1902年巴甫洛夫做出一项实验，从而提出他的经典条件反射理论。该实现是在实验室里对狗进行的。

图4-4　俄国心理学家巴甫洛夫所做的经典条件反射实验

　　在实验中，每次给狗食物的同时或稍后发出一种刺激，即铃声或光(称为条件刺激)，于是，在狗的大脑皮层上便引起一个兴奋中心，紧接着给狗吃食物(称为无条件刺激)。由于食物对舌头的神经末梢的刺激，狗便分泌唾液(称为无条件反射)，同时在狗的大脑皮层的相应部位也出现一个兴奋中心。以后铃声和食物多次同时出现，有时甚至需要几天的时间，致使大脑皮层上的两个兴奋中心发生沟通(暂时神经联系建立)。而后，单独出现铃声或光时，狗便能发生唾液分泌(称为条件反射)。这时，学习或条件的联系便建立了，铃声由原来的一种中性的刺激物，变成了一种食物的信号。

　　可见，条件反射的生理现象就是暂时神经联系的接通(见图4-5，图4-6)。而形成条件反射的基本条件就是条件刺激与无条件刺激在时间上的结合(音响和食物多次同时出现)，这个过程称为强化。形成条件反射需要多次强化，没有强化根本就不可能发生条件反射。

　　暂时神经联系的形成依赖于强化，暂时神经联系的巩固也依赖于强化。一个条件反射，不管它经过怎样的训练，如果条件刺激连续多次单独出现，没有无条件刺激伴随，暂时神经联系就会消失，这便是条件反射的消退，如

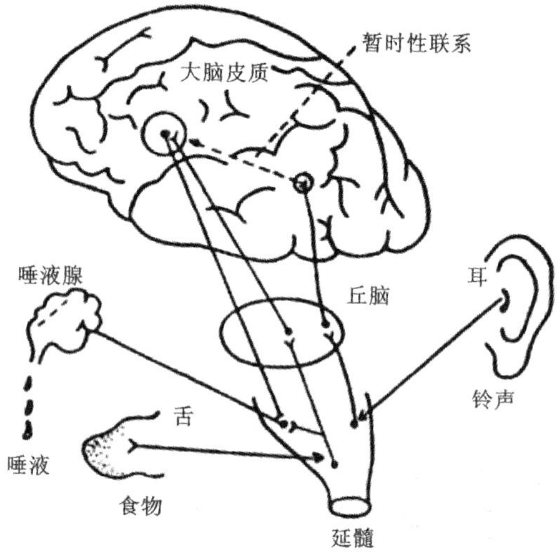

图 4-5 经典条件反射形成示意图

条件反射形成前

　　US（食物）————————————————▶ UR（分泌唾液）

　　CS（铃声）- - - - - - - - - - - - - - - - ▶ （无唾液分泌）

条件反射建立中

　　CS（铃声）+US（食物）————————▶ UR（分泌唾液）

条件反射建立后

　　US（食物）————————————————▶ UR（分泌唾液）

　　CS（铃声）————————————————▶ CR（分泌唾液）

图 4-6 经典条件反射过程

（图中实线箭头表示前面的刺激可以引起后面的反应，虚线箭头表示前面的刺激无法引起后面的反应）

多次让狗听见铃声而不喂食后，狗再听铃声就不会分泌出唾液来了。

　　生理学的研究表明，大脑神经系统的活动是遵循着两个相反的过程——兴奋过程和抑制过程。巴甫洛夫认为，条件反射是建立在大脑的条件刺激和条件反射通路的兴奋过程之上的，消退则是由逐渐形成的抑制过程所致。所以，消退现象不是条件刺激和条件反射过程通路上的中断，而是由于抑制过程所导致的反射活动的暂时阻滞。因此，消退了条件反射，只要条件刺激与无条件刺激反复结合几次，条件反射又很快能再建立起来。

　　由条件刺激与无条件刺激的结合形成的条件反射是最基本的条件反射。牢固形成了的条件反射的条件刺激物还可以作为强化刺激物和新的无关刺激物结合，形成第二级或更高一级的条件反射。动物愈高级，建立的条件反射级愈高。人类由于掌握了语言，能形成无数级的条件反射。

　　按巴甫洛夫学派的观点，识记和保持就是由于外界刺激与大脑皮层中既有的暂时神经联系相互作用而形成的新的暂时神经联系，联系一经形成，便会在头脑中留下痕迹，这些痕迹经强化得到巩固。再认和回忆则是暂时神经联系的痕迹在有关刺激影响下的重新活动。

　　2. 操作性条件反射理论

　　操作性条件反射理论是美国心理学家斯纳金提出的。

　　斯纳金的条件反射说的实验，也叫做斯纳金箱。他把一只饥饿的白鼠放入实验箱内，在实验箱的一侧墙壁上，装有一根与食仓相连的杠杆，只要轻微一压杠杆，它就会向下移动，推动食仓致使食物从食仓落入食盘中。在这里，要研究的操作行为就是白鼠按压杠杆的活动。偶然碰压杠杆，白鼠获得了一次吃食的机会，多次碰压杠杆，又多次获得吃食的"奖励"或强化。于是，受试动物由偶然的碰压杠杆，变成主动地按压杠杆去获得食物。在此基础上还可以进一步训练动物只对某一个特定信号，如灯光、铃声出现后作出压杠杆的动作，才给予食物强化。

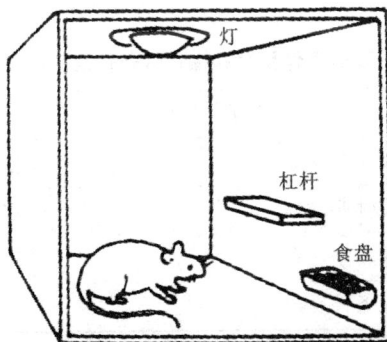

图 4-7　美国心理学家斯纳金所做的操作性条件反射实验

　　在操作性条件反射中，行为本身是获得强化刺激的手段，这类必须通过自己的某些活动(操作)才能得到强化所形成的条件反射，又称为工具性条件反射。

操作性条件反射的形成也注重强化。

按斯纳金学派观点(见图4-7),识记和保持是主观个体在与客观对象的交往中,因客观对象解决问题或满足需要而建立的联系,这种联系经由对客观对象的不断肯定而强化。再认和回忆即是这种经强化而巩固的联系在相同或类似对象刺激面前的重新活动。

经典性条件反射与操作性条件反射在基本原理上有相同之处,即都以强化作为形成条件反射的基本条件,可见"强化"是形成条件反射的基本规律。经典性条件反射与操作性条件反射也有不同之处。其不同在于:其一是在形成经典性条件反射时,动物往往被束缚着,是被动的接受刺激;而在形成操作性条件反射过程中,动物可以自由的活动,它通过主动操作来达到一定的目的。其二是在经典性条件反射中,强化时同刺激有关,出现在反映之前;在操作性条件反射中,强化只同反应(操作)有关,并出现在反应之后。

具体地说,经典性条件反射更多的含有主观的、无意识的因素,而操作性条件反射更多地含有客观、意识的因素(见表4-1)。也可以说,经典条件反射的体系是解释性的,操作性条件反射的体系是描述性的,表现在兴奋行为中;经典性条件反射可以理解为是感觉、认识,操作性条件反射可以理解为行为动作。前者更适合于我们用以解释如何获得或改变意见、爱好的目的;后者注重的是主观个体与客观环境之间的关系,更适合于用以解释我们如何学会适应和控制自己所处的环境。

表4-1　经典条件反射和操作性条件反射间的比较①

	经典性条件反射	操作性条件反射
强化	发生在反应之前	发生在反应之后
产生学习的原因	中性刺激与无条件刺激的联系	一定反应结果的出现
学习者角色	被动学习者	主动学习者
学习基础	无条件反射	自主探索的能力

(二)条件反射的抑制

在一定条件下形成的条件反射,并不是永远保持固定不变的。当条件刺激出现不再引起原有的条件反射时,就是条件反射或暂时性联系的抑制,也

---

① 赛来西·阿不都拉、季靖主编.广告心理学.浙江大学出版社,2007年版,第158页。

便是学习的遗忘，识记和保持的消失。

条件反射的抑制分为非条件抑制与条件抑制两种。非条件抑制是有机体生来就有的先天性抑制。条件抑制又叫内抑制，它是在后天一定条件下逐渐形成起来的，主要有消退抑制与分化抑制两种。

1. 消退抑制

消退抑制是指由于条件刺激不再跟强化刺激物继续发生联系，使已形成的条件反射逐渐消退，即条件反射由于没有受到强化而发生的抑制。如铃声和食物结合建立起条件反射，即一听铃响狗就分泌唾液。可是如果长时间在铃声响起时不给狗食物，狗听见铃声就不再分泌唾液，已建立的条件刺激就逐渐消退了，如图 4-8 所示。消退抑制是条件抑制的最简单、最基本的形式。

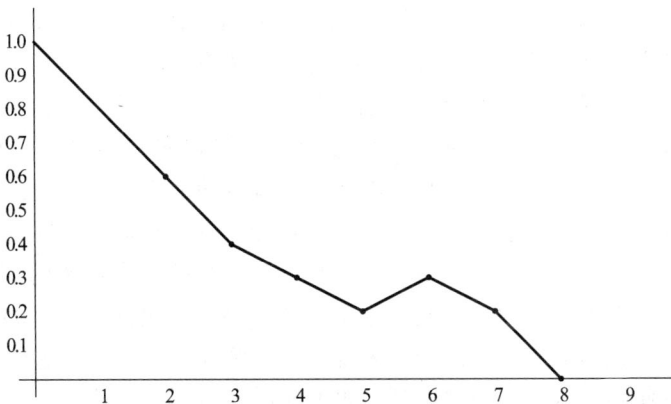

图 4-8 条件反向消退进程

横轴为次数，纵轴为唾液量（cm³）

2. 分化抑制

只对条件刺激物加以强化，而对与其类似的刺激物不强化，使类似刺激物引起的反应受到抑制，这种抑制称为分化抑制。在条件反射形成的初始阶段，受试者对条件刺激的反应往往带有泛化的性质，即当受试者学会对某个刺激作特定反应时，这种反应不仅可以由原有的刺激所引起，还可以由类似的刺激所引起。泛化，是条件反射形成过程中的规律性现象。例如，给狗形成了听音频为 256 周/秒声音唾液分泌的条件反射后，往往其他类似的声音，如频率为 356 周/秒的声音，即使没有与非条件刺激结合过，也会引起唾液分泌的条件反应，这是泛化现象。实验继续进行，只对音频为 256 周/秒声音予以强化，即给狗一定的食物，而对音频为 356 周/秒的声音不予强化，即不给狗一定的食物，那么泛化现象就会逐渐消失，狗只对音频为 256 周/秒声音发生反应，而对与它相类似的刺激不发生反应，这种分化过程中发生的抑制就是分化抑制。分化抑制是大脑皮层的重要机能，它是人们认识事物、分析事物的重要心理机制。

二、学习理论对于制定广告策略的启示

条件反射学说中的强化律、泛化律和分化律是人们接受、识记。保持广告信息所必然遵循的规律，广告制作者可依据这些规律制定相应的广告策略。

（一）强化律与认牌购买倾向形成的策略

消费行为被经销者认为最有利的行为方式就是认牌购买，即在诸多同类产品中，消费者就青睐这一品牌，就购买这一品牌的产品。很多企业不惜血本地投入广告宣传，其目的就在于创立品牌效应，使消费者形成认牌购买的倾向。而消费者产生认牌购买的倾向，即对某产品形成认牌购买的条件反射，其必要的条件是得到这个品牌的多次的肯定的强化。

强化来于两个方面：一是反复的广告宣传；一是产品质量达到消费者的要求。用经典条件反射学说制定广告策略，在反复的广告宣传的前提下，其广告更强调产品品牌意义的宣传。经典条件反射学说更强调信息的刺激。产品品牌意义的反复宣传，对消费者来说是一种强化的刺激，在这种强化刺激下，消费者便会对这一品牌感兴趣，如果他后来购买了该产品，并对这一产品质量给予肯定的话，他就会认可这一产品，并由此形成认牌购买的倾向。比如广告对皮尔·卡丹商标的世界品牌意义不断宣传。在消费者的心中，特定的皮尔·卡丹商标——与该商品（皮尔·卡丹西装）就会被结合起来，建立了较巩固的暂时联系（条件反射过程），此时，该商标的世界品牌意义便成为该商品的信号，与其商品一样引起了消费者的好感，认牌购买的倾向也便可能产生。在这时，连续的对皮尔·卡丹商标品牌意义的广告强化宣传，以及皮尔·卡丹商品本身的信誉，是赢得消费者对该商品信赖的必不可少的条件。

用操作性条件反射学说制定广告策略，其广告应更关注产品质量的宣传。操作性条件反射更强调行为的作用。在消费行为中，操作可以视为购买活动，一个消费者偶然听见有关特定商标的产品宣传广告，或出于随意的动机，试买了一个并不熟悉的商标商品。如果所购买的商品属于优质，符合消

费者的行为和心理特性，那么，对该商标的选择就得到了肯定的强化。于是第二次购买便成为可能。第二次购买又使消费者满意，对此商标的选择便又得到了肯定的强化，于是又出现第三次、第四次以至更多次的购买。在此期间，如果能得到广告宣传对产品的进一步肯定，消费者产生认牌购买的倾向就成为可能。

　　已建立的条件反射，如果不再给以强化，其条件反射就会抑制，这便是条件反射的消退（也是记忆消退）。在经典条件反射中，消退现象表现为无条件刺激与条件刺激之间结合的阻滞。在广告中得知一商品信息（可视为条件刺激），便去购买这一商品，以后在没看到这一商品的任何广告信息，即条件刺激不再进行，便会渐渐将这一商品淡忘，这是因条件刺激不再发生引起阻滞。假如在这一过程中，广告信息仍不断刺激消费者，但商品本身却越用越不受用，消费者也会消退已经建立的对此商品的条件反射。在操作性条件反射中，消退现象表现为客观对象与主观个体需求之间联系的阻滞，如消费者偶然购买一商品，使用中逐渐发现此商品有很多弊端，以后便回避该商品，中止对该商品的记忆消退，而这就应加强广告宣传和提高产品的质量。

　　（二）泛化律与"家族商标"策略

　　条件反射学说中的泛化现象说明，人们学会对某个刺激作特定反应时，这种反应不仅由原有的刺激所引起，也可以由类似的刺激所引起。对广告的接受也是如此，消费者对商标的一种产品有了肯定的认知后，就会对这一商品的其他产品同时给予肯定。

　　在消费行为中，学习活动的这种泛化现象给广告宣传采用"家族商标"策略，即是广告配合商家将一种拳头产品推向市场，在紧锣密鼓地广告宣传中，产生商标品牌效应。这一商标品牌效应已经产生，商家在这一商标品名牌荣誉下推出的其他系列产品，经广告包装都会自然的产生好感自然泛化到他的同系列产品上去。

　　很多世界著名的名牌商品都采用"家族商标"的广告策略，比如法国名牌皮尔·卡丹，以美而不俗、挺而不死、柔而不散、轻而不浮的西服创立名牌效应，之后便推出香水、皮具、女装、手表、服饰等系列产品，这些产品一问世就自然具有皮尔·卡丹西服的名牌效应（见图4-9所示）。

　　被称为"Chanel 帝国"的夏奈尔系列产品也是如此，夏奈尔以推出时尚女性服装而创立 Chanel 品牌，她推出的女性服装缔造了流行，勾画了 20 世纪的时尚精神，在世界享有很高的声誉。此后，她又推出女鞋、饰品、皮件、香水、珠宝、手袋等一系列产品，这些产品也因 Chanel 不朽的标志而成为女性

图 4-9　皮尔·卡丹的"家族商标"

追求的目标。

（三）分化律与广告的特征宣传策略

条件反射的泛化现象有助于"家族商标"广告策略的实施，但同时，也给一些投机商以可图之机。一种商品经大量的前期投入获得品牌效益之后，一些类似产品或假冒产品就会应运而生，这些产品鱼目混珠，在包装、装潢、商标、品名等方面使自己的产品与名牌相类似，以期望消费者把对名牌商品已产生的好感泛化到自己的产品上。严重时，某个虚假产品就可能导致某种较好的家族商标、家族产品身败名裂。

为避免这种现象的发生，品牌商品的广告宣传就必须依据分化律注重本品牌的特征宣传。本品牌的特征越鲜明，与其他同类产品的差异就越明晰。分化由差异强化建立，条件反射的分化，旨在对不同的刺激能做出不同的反应。广告的特征宣传策略，就是通过加大与同类产品的差异让消费者学习分辨较难分辨的同类产品。

实际上，广告的策略目标就是为了强化消费者去注意自己产品的特色。而产品的一切外部特征，包括商标品名、颜色、形状包、装等，都是旨在实现刺激的分化。对此，广告应注意积极帮助消费者完成对刺激的分化，即辨认。企业及广告制作应正视消费者难以分化的困难，设法通过广告宣传或其他促销手段，把自己的产品从同类产品中区分开来，努力防止同类产品与自己的优质产品、名牌产品鱼目混珠。

第三节　记忆效果与广告宣传

一、记忆系统的三种不同水平

从记忆现象的发生、发展的过程上看，记忆系统可以分为感觉记忆、短时记忆和长时记忆，这是处于三个不同水平阶段上的记忆，也可叫做"记忆的阶段性"，如图4-10所示。

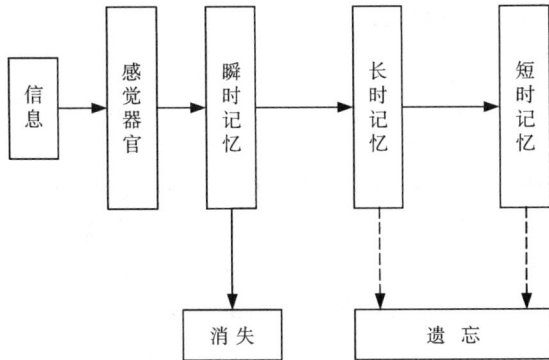

图4-10　记忆的阶段过程

（一）感觉记忆

感觉记忆，也叫做瞬时记忆。主要是指在感知停止后，瞬间即逝的记忆。感觉记忆保持的时间最短，一般不超过一两秒钟。例如，我们在看电影时，就是把一张张静止、孤立的画面看成连续活动的过程，这就是感觉记忆的效用。感觉记忆是对信息的比较简单的储存，没有进行心理加工，是人们对还没有意识到的感知材料的复现。感觉记忆的容量也比较小，只限于感觉器官在生理上所能接受的刺激量。感觉记忆的生理机制是感觉通道的末端，是在客观刺激停止后，有关神经元的活跃状态的暂时继续。由于它的信息储存是以感觉痕迹的形式被登记下来，所以具有鲜明的形象性。

（二）短时记忆

短时记忆是在感觉记忆的基础上实现的。也就是说，感觉记忆的材料，只有被特别加以注意时，才能转化为短时记忆。例如，打电话时，查找出电话号码，着意记住，随即拨出，事后全然忘记。可见短时记忆是信息有了初步的加工的过程。短时记忆保持的时间一般在一分钟以内，其容量为 7 个项目左右，即 7±2。1956 年美国心理学家米勒（G·Miller）发表了一篇论文《神秘的七加减二》，明确提出了记忆项目的容量为 7±2，并对 7 这个常数发生了极大的兴趣，称它为"不可思议的数"。艾宾浩斯在 1885 年开始的记忆实验研究中证明，他自己的记忆限度也是 7。心理学家们认为不分种族和文化，7±2 是一般成人的短时记忆的平均值。短时记忆的生理机制是大脑皮层响应区域的神经元持续处在兴奋状态，所以，刺激停止后，神经的兴奋状态和感觉印象并不立即消失，于是有了较感觉记忆稍长的持续过程。但是，它同感觉记忆一样，活动痕迹一经消失，就不再恢复，因此，短时记忆的容量也就很有限，只包含发生事件的很少信息。

（三）长时记忆

长时记忆是记忆发展的高级阶段，它是由短时记忆转化而来，即短时记忆的材料，通过有意识和无意识的各种重复后，才能形成长时间记忆。例如，一个电话号码，从第一次查找到多次使用或经过有意识记，便被长时间地保持下来。它的生理机制是暂时神经联系的建立和保持，它是有短时记忆的活动痕迹的积累而形成的。这种结构痕迹一经形成就不易消退。所以，长时间记忆保持的时间都在一分钟以上，乃至终生的记忆。长时记忆具有极大的容量，只要有充分复习，是没有记忆广度限制的。

二、增强广告记忆的方法

从信息论的角度来看，消费者在视听广告的过程中，是通过上述几种记忆的共同作用，来接受、储存和提取有关信息的。

然而，由于客观刺激的程度不同，接受刺激的个性心理特征的不同，使广告记忆往往出现个体差异。这种个体的差异反映在消费者对广告信息接受的不同效果上，反映在消费者不同的购买行为中。因此，根据记忆原理的差异，广告宣传应该积极有效的办法，努力发挥记忆在广告过程中的作用，增强消费者接受、储存、提取有关的广告信息能力，促进其购买行为。

广告记忆的一个重要原则，是使消费者在不知不觉、潜移默化之中，"自动"地记住广告宣传的内容。心理学家、教育学家所发明的若干增强记忆的方法有些适合广告制作，有些不适合广告制作。例如，背诵就是和遗忘作斗争的良策，但广告制作者就不可能要求消费者背诵他们制作的广告。因而有必要研究增强广告记忆的方法。

（一）信息论和广告的形式结构——简单化、组织化

用现代信息论的观点来看，记忆相当于电子计算机的信息处理过程。信息行为，就是外部世界向个体传递信息以及个体对信息的反映。在这里，信息的传递有两个主要内容：

一是信息传递的过程。这主要是：

信息→输入→储存→处理输入→信息

↑————————反馈————————↓

可见，信息传递的过程与记忆的心理过程——识记、保持、认知、回忆基本一致。

二是信息传递的方式。信息传递的过程中，为便于信息的传播，信息本身必须简单化、组织化、有序化。信息论把信息概念看作是分析和处理问题的基础，它要求人们研究对象和它所发出的信息中间的某种对应关系。并且要舍弃研究对象的物质、能量的具体形态，也就是说，要把研究对象抽象化，抽象为信息。换句话说，信息论中也存在着不确定的问题，这如再认和回忆中不稳定性和动摇性一样。信息论从量上说，就是要通过消除某系统的某些成分，或增加某些成分，以达到该系统的组织化或有序化，从而减少其不确定性。

广告宣传也是一种信息传递，而且由于广告呈现的时间比较短，即使是印刷广告，消费者也不会花很多时间去仔细阅读，更不会去专门背诵。人们短时记忆的容量有限，更要求广告信息的简单化、组织化。因此，广告信息要达到让消费者记住，便要适当减少广告识记材料的数量。减少广告识记数量的途径主要有两条，即识记材料的绝对减少和识记材料的相对减少。

1. 识记材料的绝对减少，就是减少广告识记的绝对量。也可以说，就是尽量简洁化

简洁易懂，才能使消费者在认知、识记的基础上，牢固地感受广泛的有效的信息，否则臃长烦琐，含糊不清，就失去了记忆的必要条件，使消费者难以实现对信息的接受和储存，更不能唤起其兴趣，激发购买欲。

例如，纽约某银行的广告《谨慎与自信篇》，画面形象是两只乌龟，上面的一只把头缩进龟壳，表示"谨慎"；下面一只昂首前进，表示"自信"。乍看起来，乌龟与银行风马牛不相及，仔细品味，会立刻感到它的简洁、生动巧妙、深刻。广告将乌龟的缓慢、沉稳、谨慎与昂首、骄傲、自信两个特点突出出来，结合起来，以此说明：这个银行一方面像乌龟一样谨慎，暗示它有稳定的基础、稳重的态度、稳健的步伐，给人以充分的稳定感、可靠感；另一方

面，这家银行又像乌龟一样自信，它高昂着头，有强大的势力，似乎能永远立于不败之地，给人一种强势感、自豪感。这家银行还以"神龟"作为自己的标志，可谓是简洁有力的典型。

案例点拨 ━━━━━━━━━━━━━━━━━━━━━━━━━━━

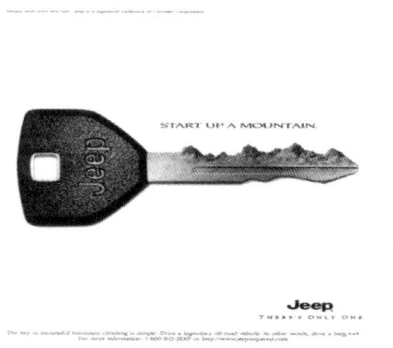

图 4-11　Jeep 牌吉普车广告

"字不得减，乃见其密。"

（语出刘勰《文心雕龙》）

　　Jeep 牌吉普车的超强越野力藉由"峰峦起伏"的钥匙齿展现得简洁鲜明。

图 4-12　牛奶广告

简明利落的牛奶广告。

文案：健康，就是白里透红。

　　2. 识记材料的相对减少

　　识记材料的相对减少，就是在识记材料不可能压缩的情况下，根据记忆心理学的原理，进行分块整理。这样，就使得原有的繁复庞杂的识记材料变得组织化、序列化了，因此，就等于增加了一些理解，也就等于相对减少了所需记忆的材料。

　　例如，娃哈哈系列儿童饮品广告，广告要宣传的饮品很多，如娃哈哈果奶、娃哈哈营养液、娃哈哈酸梅饮等，如何能使消费者尽快地记住这些饮品？广告宣传就采用了将广告信息组织化、序列化的方法。例如，虽然每种饮品的宣传都突出了该饮品的特点，但同时也都强调了"娃哈哈"这一贯穿的品牌。此外，它设计了两个经过艺术变形后的儿童形象作为系列平面广告中的贯穿形象，在每一种产品广告画面中都出现，给人以亲切感、熟悉感，这就保证了娃哈哈系列广告在变中的不变。因而，尽管娃哈哈的广告信息量很大，但人们所要记住的材料却不多，记住了"娃哈哈"三个字和那两个可爱的儿童形象，便记住了娃哈哈系列的所有产品。

案例点拨

金利来领带广告文案

"金利来，男人的世界。"(总命题即记忆主线，提纲挈领，一以贯之。)
斜纹代表勇敢果断，(以下分命题，细致周详。)
圆点代表爱慕关怀，
方表热情慷慨，
细花代表体贴温馨，
丝绒代表温暖保护……
金利来，男人的世界。(煞尾呼应，意味深长。)
希望在这里能找到你的最爱。

(二)能量说和广告的记忆广度——最大的维度、最强的形象

在广告记忆理论中，关于短时记忆储存的共同主张是，认为它有一种小而且固定的能量。短时记忆储存能量值的这一主张，主要是以对记忆广度的研究为基础。即被试者在听完一遍试题后，能够准确地重复大量信息中的有规则排列的 7 个数字或 7 个字母或 7 个单词。

心理学家曾做过这样一个实验，单独向一个被试者出示几列数字，测量他无差错地重复这一系列数字的能力。每个系列的长度 2~14 个数字不等。如图 4-13。

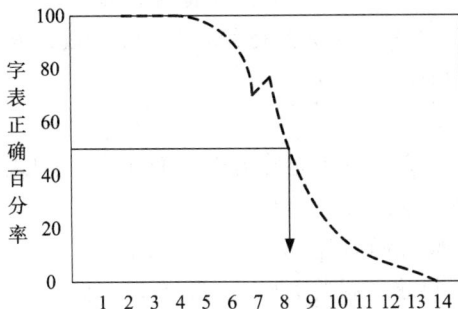

图4-13　心理实验测试

结果：含有 4 个或少于 4 个数字的一些系列能被完全记住；含有 14 个数字的系列就不能成功地重复下来；随着数字量的增加，成绩就逐渐下降。通常，记忆广度可以表述为，能够正确重复 50% 的系列长度。这项实验研究表明，短时记忆的容量约为 7±2，即在短暂地呈现的条件下，大脑能接受的数量少则 5 个，多则 9 个，平均为 7 个。因此，7 加上或减少 2(7±2) 的固定能量(fixed capacity)，便是作为测量直接记忆能量的单位。

毫无疑问，广告宣传，就应该努力使消费者达到并完成记忆的固定能量的最高值。对此，应注意这样几点。

1. 增加刺激对象的维度

维度，就广告刺激对象而言，是指这一刺激对象所具有的特性的数量。通常，一个刺激对象总会有若干特性，每种特性则可看做一个维度。比如一个苹果，它具形状方面的特点——大小，圆否；也具有颜色方面的特点——青、红；还具有味道方面的特点——酸、甜。如此看来，这个苹果具有三个维度。广告刺激对象，若要达到消费者对其记忆数量的最高值，就应设法增加刺激的维度，调动接受者全方位的感官刺激，而不是仅在单维度上变化。试想，如果你面前的苹果，形状很好——个大且圆，但颜色发青，视之口中就冒酸水，它怎能引起你的青睐呢？广告刺激对象亦同理。现在很多广告设计已经注意到了这一点，综合考虑构图、动感、达意、传情、修辞等因素，尽量使其设计的广告维度加大。如香格里拉藏秘青稞干酒的电视广告：

一支好酒，来自天籁——香格里拉藏秘青稞干酒
始于 1848 年，历经三个世纪……
世界的香格里拉！
香格里拉——世外桃源——金字塔般的雪峰、蓝色的湖泊、宽阔的草甸——美丽神秘藏传文化——法兰西的浪漫+红酒酿造技术，当然，还有青稞——酒液的醇香与诱人的色彩……

广告通过旁白、音乐、色调完美地表达美好的"乌托邦"精神意趣和酒文化的融合，浪漫神秘、令人难忘。

再如"益力矿泉水"的路牌广告，广告由两块分割开的长方形广告牌组成，第一块广告牌上斜放一瓶益力矿泉水，瓶口中流出清凉的矿泉水直流向第二块广告牌，第二块广告牌上溅满矿泉水冲流下来形成的水珠。整个画面以蓝色为主调，广告词是"唯有益力真本色"。显然，这个广告设计考虑了构

图、色彩、动感、修辞，甚至易唤起人们清爽感等因素，因它具有较多维度，使匆匆而过的路人一望便识记住。

学思致用

图 4-14　雪碧广告

雪碧冰薄荷的户外广告，调动了哪些表现维度？

2. 积极发挥意义记忆的作用

意义记忆是在理解基础上，运用有关经验进行的识记。记忆的固定能量理论指出，记忆广度随着实践而扩大，因为实践能使人形成更大的记忆块。实践的过程，便是经验积累的过程。有了关于对象的经验，也便能更快地理解对象。

所以，意义记忆是广告记忆，尤其是在短时间内使消费者达到记忆能量最高值的一个重要方式。意义记忆发挥作用的基础，就是让消费者尽快理解广告内容，给予消费明确的指向。比如"凤凰自行车"的广告词："独立，从掌握一辆凤凰开始"，此广告颇有魅力，尤其对即将成人的孩子及家长更有影响。它之所以成功，就在于这一点去理解广告词的内涵，自然能对此有深刻的记忆，并可能将拥有凤凰自行车作为孩子成人的标志去购买。

一般说来，一份广告应该让消费者认识理解三个方面内容：用途意义、使用方法、购买途径。

3. 充分利用形象记忆的优势

记忆的固定能量理论还认为，记忆广度随这所使用的材料不同而有所不同。就记忆广度而言，抽象的单词记忆广度小。也有人统计，语言信息量与图像信息量的比例是1∶1 000。因此，充分利用形象记忆，是广告宣传的一大策略。例如一则广告，仅有文字，不见图形，容易给人不知"芳容"的感觉，自然印象就不容易给人深刻，记忆也就不容易持久。而文字与图形相配合的广告，则容易给人深刻的印象，例如，图4-15，图4-16是为一种治疗流鼻水的药物所做的平面广告，整个广告作品均采用纪念碑式的构图形式，具有很强的视觉冲击力，主题物都是建筑雕塑形象。喷泉里的水不是从正常的部位出来，而是都从鼻子里喷出来，幽默诙谐，表现出人在流鼻水时难以忍受的感觉，鲜明夸张的视觉形象令受众感觉趣味十足，一见难忘，印象深刻。

图4-15 某药物平面广告

图4-16 某药物平面广告

能产生形象记忆优势的广告中的形象因素不仅仅只局限于具体的形象。这些形象因素可以有多种形式：可以是具体的形象，也可以是能唤起接受者在创造意象的语言描述。如"代劳力"厕所清洗剂的广告用一种想象的意象充分展示了商品本身的特征。"代劳力"的比喻也比较形象，接受者可由此浮现刷厕所的辛苦和由"代劳力"代替的轻松意象，通过抽象的形式产生具象的寓意，在这里，是抽象与具象相结合，抽象来自具象，通过抽象的形式产生具象的刺激效果。例如，可口可乐的衬底，用红、白两色通过几条曲线组合，刺激性很强，即重复刺激，也能给消费者留下很强的记忆。

(三)学习率和广告的重复技巧——连续性、间歇性

条件反射的理论说明，要习得一种行为、一种知识，必须不断地强化，所谓强化，就是重复刺激。因此广告要使受众记住，也要不断地对接受者进行强化，即重复刺激。但这种重复刺激不是随意的，他有规律可循，有方法可依，只有按照一定的规律去做，广告重复刺激才能达到较好的效果。例如孔府家酒的电视广告(回家篇)中，以"家"为主题来突出产品，其广告词中重复了 4 遍"家"字，"千万里，千万里，我一定要回到我的家"。"我的家啊，永生永世不能忘"。"孔府家酒，叫人想家"。而且为了加深记忆效果，前边两句是观众喜爱的歌星用歌曲唱出来的，而后面一句是被人喜爱的影星说出来的。一说到"家"时，电视画面最后落到孔府家酒瓶上的大大的"家"字上。这种运用综合手法的重复，给观者极深的印象。又如，"蕾格丝"裤袜在 1969 年的 30 秒的电视广告中，从开头出现的巨大字体的品牌名称到结尾，"蕾格丝"一共重复了 12 次之多。其目的是表现"蕾格丝"(L′eggs)的象征意义，即 Leg 与 egg 的组合(腿与蛋)。并把广告设计成蛋型，以此来表明其女性化特征。[1]

广告利用重复刺激增强消费者记忆的主要方法有：

1.初期的高频率重复

具体说来，在一则广告出现之初，重复的频率一定要高。以后逐渐减少，直到使消费者的记忆保持在某一个水平之上。

广告宣传之初，商品对于消费者来说是新鲜的，因此必须加大刺激量，以使消费者留有印象。就学习规律而言，初始阶段效率较高，随着学会量的累积，学会的增量逐渐减少(见图 4-17)。就人类的以往规律看，遗忘的速度不是平衡的，先快后慢，也就是说，遗忘最初的速率大于以后的速率。根据德国心理学家艾宾浩斯的研究

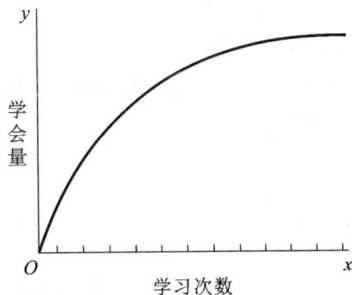

图 4-17　典型的学习曲线

(见图 4-18，图 4-19)，在识记后的一个小时，便忘记 41.8%；24 小时后忘记 66.3%；6 天之后，尚能保持 25.4%。由人类的学习与遗忘规律可知，在一个新广告制作之初，为使消费者记住，必须高频率地重复。

————————————

[1]　余小梅.广告心理学.中国传媒大学出版社，2003 年 4 月版，第 94 页。

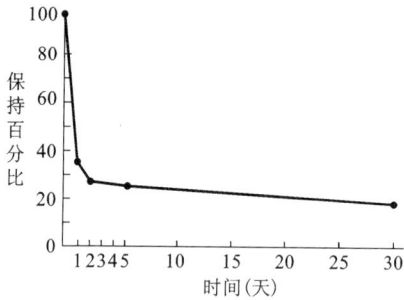

图 4-18　艾宾浩斯遗忘曲线

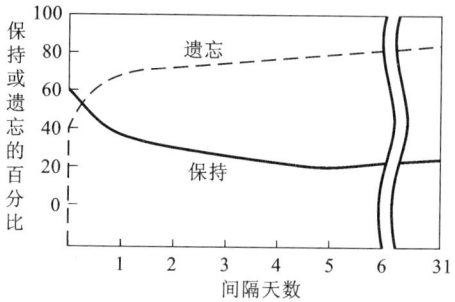

图 4-19　保持和遗忘曲线图

例如，世界著名的乔斯耐尔服装公司，自 1889 年 2 月 22 日起到 1985 年 2 月 22 日，在《马康电讯报》二版头条刊登广告累计 34 600 多次，最初的广告重复的频率极高，以后，95 年来没有间断。他们声称，为的就是让社会用户知道我公司的存在，我公司产品可放心地使用，质量是绝对保证。毫无疑问，他们的效益十分明显。

为什么也有的企业做了广告之后没有明显的效益，一个十分重要的因素，就是因为他们在广告制作初期就没有进行连续性的广告宣传。一般来说，新产品首次做广告，一次或几次的广告宣传。往往收效不大。时间短暂，人们不能形成印象，即使有一点印象，因得不到强化也容易很快地消失，因此，产品出次做广告，最好打"歼灭战"，全方位出击，重度重复，给消费者留下印象后，重复的次数可相对减少，此时广告作用在于维持消费者已形成的印象。

案例点拨

上海通用广告的时间重复策略

上海通用 7 月 8 日正式发布"别克凯越"，为便于消费者记忆，在投放广告时，在时间上选择了集中与分散相结合的实施策略。7 月 8 日这一天上海通用在 17 份大众都市报上发布了大幅广告，其中 12 个整版，5 个半版，以广告强势隆重登场。此后几天广告投放没有 7 月 8 日这样集中，日广告量维持在 6 到 10 个左右，到了下旬 7 月第四周广告量明显减少，日广告量下降到 1 至 2 个。对于同一份媒体，凯越 7 月份广告一般出现 2~3 次，每周只会投 1 次。该广告的时间重复策略，利用了遗忘规律，先快后慢，广告频率则是先高后低，可以有效地提高人们对广告的记忆效果。

2. 间歇的变化性重复

广告宣传在初始的高频率重复之后，消费者已对其宣传的商品有了深刻的印象，此时广告的宣传的重复遍可有一定的间歇。广告间歇重复，一要注意间歇的比例，二要注意有"有联系的变量"出现。

关于间歇的比例，按艾宾浩斯遗忘规律看，前期间歇的比例要短，再往后可间歇的时间长一些。

所谓重复过程中有"有联系的变量"出现，即是说，在广告再次重复的时候，广告形式要有所变化，有变化才有新意，也才能引起消费者的再次关注，这是广告重复过程中的"变量"。同时，为了保证广告宣传的一致性，重复的广告与原广告还必须有一定的联系，形成系列广告。就广告实践来看，广告从原有母体出发做出一系列的变化，可能是保留一部分内容，变更一部分内容；也可能是保留一部分形式，变更一部分形式；还可能是它的某几种因素大幅度的变化(或是大小、方向、色彩、位置同时发生变化)，或是其中一种因素做出较大的变化，而其他因素则不变化。这样，再次重复出现的广告形式，既保留了原有的广告形式的连续性，又使其呈现出新的刺激。它给人以新鲜感，甚至在原有的基础上更深化、更丰富了。

案例点拨

广告重复过程中的"变量"[①]

广告的重复策略应紧紧围绕广告主题，采用多种形式，在不同媒体上刊播广告，即使在同一媒体上刊播同一内容的广告，也应有多种"版本"，并时常变换。这样做既可以避免在同一种媒体上采取单一形式，一味重复刊播广告的尴尬，又能消除在广告刊播过程中长年累月老是一副面孔、一种形式的弊端，经常给受众换换口味，从而更有利于其接受该广告、记住该产品。在这方面，宝洁公司系列产品广告、南方黑芝麻糊三个广告、重庆奥妮三个广告等，都做得相当成功。以重庆奥妮的三个广告为例。这三个广告，一个是请刘德华做的《爱国篇》("黑头发，中国货")，一个是请周润发做的《怀旧

---

① 张金海主编.世界经典广告案例评析.武汉大学出版社，2000年版，第217页。

篇》，一个是首乌洗发精的《武打篇》，在中央电视台经常变换播出，取得了极佳的效果，受到专家和受众的一致好评。重庆奥妮广告的成功，除其创意较为丰富，具有名人效应外，很重要的原因，就是在广告播出过程中，较好地处理了重复的艺术问题。

学思致用

一、以下广告给消费者留下深刻印象，分析其形成良好的广告记忆的原因。

图 4-20

1. 某手机广告

"简单一条线，却能给你简易之美、沟通之乐。"巧妙地利用手机标识上的那条弧线，让天空上的飞机、湖水中的小船、雪地上的滑板划出这道弧线。

图 4-21　手机广告

2. 某保健品广告

文案：30 岁的人，60 岁的心脏；60 岁的人，30 岁的心脏，健康在于选择！

　　用篮球来喻示心脏，一个年轻人，拍着一个瘪了的篮球；一个老年人，拍着一个充满气的篮球，篮球无力与活力十足的跳动形成对比，很好地喻示了人的健康不在于年龄的大小而在于生活方式的选择。

　　3.特色卓然的广告标语如：

　　丰田车广告：车到山前必有路，有路就有丰田车

　　交通安全广告：欲速则不达，慢跑早还家

　　北京晚报广告：北京晚报，反对晚报

　　长城电扇广告：长城电扇，电扇长城

　　江铃汽车广告：千里江铃一日还

融贯精思

　　1.你如何理解广告再认与广告再现的区别？举例说明二者在广告中的作用和表现。

　　2.广告保持的变化趋势包括哪些方面？

　　3.学习理论包括哪些定律？对于制定广告策略分别具有哪些启示？

　　4.经典条件反射与操作性条件反射的实验和理论有哪些差异？对于指导广告的创意与表现有何意义？

　　5.结合实例总结增强广告的记忆广度可采用哪些方法？

　　6.广告识记数量的绝对和相对减少有何区别？应用要点是什么？

　　7.利用重复增强消费者记忆的方法是否适用所有的广告传播类型和情境？运用时应该注意什么问题？

心略操练

　　一、记忆测试实验——寻找广告记忆的原因。

　　1.在1个小时的电视节目里，选择每次广告时间为5分钟作为测试对象，(电视广告片包括5″、15″、30″等几种版本，平均5分钟里可播放15到20个广告片)。被测试者从第一个广告片开始就注视电视荧屏，处于一种主动注意状态，不允许做记录。5分钟后，结束放映，然后进行回忆，看记住了哪些广告片。

　　2.在一条繁华而又路牌广告林立的大街上，被测试者前行约百米后停下

回忆，看记住多少广告。

根据测试结果对比被记忆和遗忘的广告，讨论是什么能使广告记忆效果产生差异？它对记忆过程中的识记、保持、再认或回忆各环节究竟起到怎样的作用？

二、下面是"白猫漂水"的广告，分析其广告记忆效果及产生这种效果的原因。

两个主妇每天都在比谁能洗得更白，两个民居窗口间，每天对冲飞出的刚洗好的白色衣物，简直如武林高手对决的两道白色气功波！总是失败的主妇搞不懂为什么对手总能洗得比她白？！甚至拿出了军用望远镜来侦察一番，答案自然是用了白猫漂水！以致最后她在很难胜出时，拿起产品如获武林秘笈般高呼："明日再战！"……

答案提示

××漂水广告围绕产品设计广告，产品为整个广告的核心，"洗的白"是广告诉求的记忆点，与消费者利益紧密相关，广告夸张、幽默，颇受喜欢。

讨论分析

哈六药、脑白金与海王三大品牌广告记忆效果比较[①]

哈六药、脑白金和海王是目前少数几个广受关注的品牌，它们之间既有相似之处，又不尽相同。相同之处便是都有大手笔的广告投放，年广告费均达到数亿元之多，不同之处是其传播策略。哈六药通过猛砸广告、猛用名人广告，迅速建立了品牌的知名度；脑白金以软性传播为切入点，软硬结合，迅速启动市场，获得大笔收入；海王则通过对品牌的整合规划，使广告对品牌资产产生累积效应。

一、强行灌输哈六药

只要打开电视机，10分钟之内，准会有哈六药的广告，哈六药旗下的三四个主打产品轮番轰炸着人们的视听神经，这成了广告界一大景观。一时间，异军突起的哈六药成为最热门的话题，我们听到的、看到的大多是对这种强行灌输式广告的口诛笔伐，认定其将步三株、巨人、爱多、秦池之后尘。但是我们冷静地反思一下，哈六药的问题真有这么严重吗？

---

① 资料来源：《海王、哈六药与脑白金的品牌传播策略分析》. 点亮网. http：//www。dianliang。com/manage/ggy/200707/manage_145381_3。html，有调整。

　　广告以市场论成败。广告运动是否成功，最有发言权的是市场，哈六药在股市上的表现和 2001 年的业绩就是一个有力的证明。有数据显示，哈六药的销售额随着广告投入的增加而迅猛攀升。在市场依然疲软的环境中，你不得不承认哈六药这匹黑马够厉害！

　　哈六药广告的最大特点，第一是猛：铺天盖地，让你无处可逃；第二还是猛：猛用名人——哈六药启用的不仅仅是一个明星，而是一个明星大阵营。不计成本的明星广告包围战，终于把全国市场都做透了。由于中国市场仍处在市场经济的初级阶段，整体发育水平低，消费者对广告的容忍程度还比较高，虽然广告多了有点烦，但买东西时，还是觉得买广告中的产品较放心。

　　哈六药创造了一种新的广告模式，它不像绝大多数企业那样，事先买下固定的广告时段，按时播放，而是先与电视台谈好一个价钱，譬如一年 1 000 万元，但是什么时间播放，企业不管，而是由电视台见缝插针，只要有时间就往里插播广告。于是，哈六药的广告在强大的名人阵营助威呐喊下，遍地开花，消费者无处可逃。据有关统计，哈六药的主打产品"盖中盖"，认知率在 90% 以上。

　　哈六药的名人广告就销售而言是非常成功的。

二、软硬兼施脑白金

　　脑白金现象让广告界人士大跌眼镜，按照"常规"，脑白金是早就应该死了的。可是，脑白金非但没死，还活得挺滋润，三年多的时间，实现近 20 亿元的销售奇迹，并突破了中国保健品行业单品单月的销售记录。

　　仔细研究脑白金的广告策略，其成功之处可圈可点，其中最大的亮点便是软硬兼施，软性文章与硬性广告相互配合，互为呼应。

　　1. 在登文章之前先寄一轮书进行预热。大规模派送《席卷全球》一书，在消费者的脑海中造成脑白金体在全球畅销的印象。在登了一轮软文之后，再将《席卷全球》一书中的精华部分汇集，夹在当地有影响的报纸中派送。

　　2. 以软文为入市切入点。在企业尚未登场，消费者尚未产生戒备心理时，将脑白金体这一概念植入消费者脑海，为日后脑白金的推出打下基础。

　　如《人类可以长生不老吗？》《两颗生物原子弹》《本世纪两大震撼》等软文，无论从内容的猎奇性、权威性，还是可读性，都能激起人们强烈的兴趣，的确收到了吸引市场的效果。尤其是功效软文《女人 40，是花还是豆腐渣》等面市后，更是迎合了人们追求健康的心理。

　　脑白金的软性文章全无商业气息，尽量回避易让消费者认为文章是广告的一切词语、图片，在版面的位置安排上也是煞费苦心，使消费者认为是媒体的自发炒作。为了炒得热闹可信，脑白金还准备了"反面文章"，通过正面文章宣传功效，再通过反面文章在肯定功效的前提下攻击"人类已攻克长生不老"等一些不痛不痒的结论。

3.科普专题片。由于电视效果见效慢，在报纸炒作的前一周，脑白金便开始在当地最有影响的电视台播放科普专题片，并与第一轮寄书统一时间。前一个月播放四部新闻片：《生命领域的两大震撼》、《20亿美元的太空试验》、《白鼠立大功》、《美国人为什么疯狂》；后一个月播放四部功效性专题片，并与四部新闻片交叉炒作。

4.推拉张贴。做到有门就贴，门门必贴，对品牌起到良好的提示作用。

5.硬性广告。在软性广告炒作到一定的时候，就要让宣传落地，利用硬性广告告诉消费者哪儿有售。电视广告选收视率高的电视剧切播，在时间上保证了三个第一：电视剧切播前的第一个广告、电视剧开始前倒数第一个广告、电视剧断剧的倒数第一个广告，确保了广告的收视效果。

在软硬兼施的大政方针下，加上地面推广的密切配合，脑白金很快火了起来，不但取得了很好的销售业绩，其品牌也深入人心，尽人皆知。

三、广告成就海王

2001年央视春节联欢晚会后，海王的广告以密急的投放量，新颖的创意，在市场上一举成名。紧接着从3.15晚会开始，海王银得菲的系列广告开始批量投放中央电视台，6月份，海王金樽的广告开始与海王银得菲一起通过中央电视台高密度地敲击市场。每天300多次的投放量令人震撼。

总结其广告投放的成功经验如下：

1.不同产品广告产生累积效应。海王从一开始就对品牌进行了全面规划，提出了"健康成就未来"的核心价值主张。其广告策略是以主打产品银得菲、金樽、银杏叶片带动品牌形象，再以品牌效应带动其旗下30余种系列产品的销售。在海王不同产品的广告之后，都会有一个对海王这一整体品牌进行的5秒标版，这样，产品形象与品牌形象兼顾，使不同产品的广告效果都累积到海王品牌的大旗之下。

2.深入研究目标人群。海王金樽主要针对商务人士，对这些人士的研究发现，这些人因为事务繁忙，回来一般都很晚，如果在所谓的黄金时段发布广告，不仅费用昂贵，而且他们还看不到。因此，其广告发布时间选择在别的企业都不要的"垃圾时段"，即每天晚上的10点以后。

3.巧妙利用受众心理。海王的每一个广告，都准备了30秒、15秒、5秒三个版本。在发布时机上，先选择 30 秒比较长的版本发布，对市场进行强势渗透。在市场启动后，投入删减后的 15 秒版本，节省传播费用。因为人们已经对 30 秒的广告耳熟能详，因此在看 15 秒的广告时，会自动将删减的画面进行补充，消费者还会知晓。在广告的维持期，以 5 秒标牌广告进行品牌提示。

4. 广告创意的连续性。衡量一个广告是否是大创意的标准之一，便是其有没有连续性。海王银得菲以"关键时刻，怎能感冒"为创意主线，推出《生日篇》《求婚篇》《剃头篇》《彩票篇》等系列广告，使人们感受到海王企业的磅礴气势和创新精神，这远非是单支的广告片所能奏效的。

5. 中央台与地方卫视台联袂，迅速覆盖全国。海王广告在中央台和全国十大卫视台同时播放，达到了迅速启动市场的目的，海王知名度空前高涨，为后一步的招商预埋了伏笔。海王产品迅速铺进了全国近 50 000 家药店，金樽在广告投放的第二个月其销售量便增长了 300 倍。

6. 媒体组合分工明确。以电视广告树形象，以报纸广告配合促销活动，户外则起到品牌提示的作用，电台医药栏目则通过咨询谈话与受众产生互动。

7. 平面、电视广告的统一形象。平面选取电视广告片中的一个画面，这样，平面和电视产生互动，当人们看到平面时，会感到很熟悉。

讨论分析：

1. 哈六药、脑白金、海王三大品牌为提高传播记忆效果分别采用了什么不同的广告策略？比较三个品牌的记忆效果如何？

2. 不同的广告记忆策略与各自产品品牌的特点、宣传需要有何关系？有无相互借鉴吸取的可能和必要？

3. 哈六药、脑白金、海王三个品牌的目标消费者的消费行为和心理特点差异性对各自的广告记忆策略有何制约和影响？

4. 通过以上比较我们可总结出广告记忆策略方面的哪些启示？

Windows 视窗 95 推广策略记忆效果分析[①]

当比尔·盖茨决定用 2 亿美元来进行视窗 95 的全球推广时，许多人感到愕然，这是一个怎样的天文数字，简直可以把其他软件商的声音都压至无声！

---

① 资料来源：全球品牌网，http://www.globrand.com/2006/53864.shtml。

　　视窗 95 根据"新新人类"这一市场定位，将新奇、轻松、活泼定为推广活动的基调，全球宣传策略都在这个基础上进行。在美国，微软买下了流行的综合性刊物《今日美国》的大量版面做联版广告；在法国，为他们的"国车"雪铁龙轿车绘上视窗 95 的标志，以象征时尚、速度，并引发既是电脑迷又是爱车一族的新新人类的关注；在英国，微软以 60 万美元的天价在视窗 95 上市当天，买下登有广告的《泰晤士报》原发行量两倍的报纸，免费赠送给读者，创下该报百年未有的记录，此举除本身的宣传效应外，还引来世界各大新闻媒体的报道，又免费大做了广告；在中国台湾，推出歌星童安格演唱的广告歌《看未来有什么不一样》，歌很快流行，视窗 95 也成了新一代耳熟能详的新名词，另外还以便利店 7~11 店为主要销售店，象征这个软件不仅新潮、流行，还像日常用品一样必不可少。

　　除了这些常规的行销活动，比尔·盖茨还选择了许多独特的"市场接触点"，如利用电脑网络主画面向全球资讯网的用户推介视窗 95，这一接触点的运用把信息传给了软件产品最直接的用户。在促销方式上，有特价、赠送、免费 20 小时播接账号等，还进行了规模宏大的记者招待会、新闻研讨会、产品展示会、有奖回答、免费上机操作、咨询等公关活动。

　　例如，视窗 95 在台湾上市时，比尔·盖茨本人亲临台湾举行记者会。盖茨的亲自出马，引发了众多媒介的报道。同时，还在宝岛开始"全民电脑运动"，在岛上 45 个据点向两万余人次提供免费上机操作视窗 95，接着在 1996 年举办 1 000 人种子教师演习营，筹办了 200 场全省校园巡回讲座及数千人参加的视窗 95 先锋营。在台湾这弹丸之地，如此规模与深度，毫不夸张地具有"全民"意义。

　　视窗 95 的传播活动，以 2 亿美元的巨额投入在全球同步推出，电视、广播、资讯网、MTV、CD、录像带、印刷品、SP 活动、公关活动各种工具无所不用其极，无孔不入地钻进每一个能接触到目标对象的空间。

　　其实，从纯技术的角度看，视窗 95 并非最好的软件。有的电脑专家说：IBM 的 OS/Z 软件，比微软的视窗 95 性能好，何以在市场上黯然失色？症结在于 IBM 面对微软强大的宣传攻势，没有采取相应的对策，只能拱手将市场让给了微软。微软在传播上的成功，成就了伟大的销售神话，在北美，视窗 95 上市仅 4 天就卖出 100 万套，在全球，视窗 95 成为操作系统新的标准。

请分析:

1. 视窗95都采取了哪些加强记忆的推广策略? 在推广 Windows95 时为什么会取得如此好的效果, 甚至超过了技术性能更好的 IBM 的同类产品。

2. 现在微软推出新的视窗产品——Vista, 同样采取全球统一上市, 不同地区不同的推广策略, 请讨论研究此 Vista 产品在中国地区将如何推广能产生更好的记忆效果?

第五章 想象、联想与广告创意

压题图片

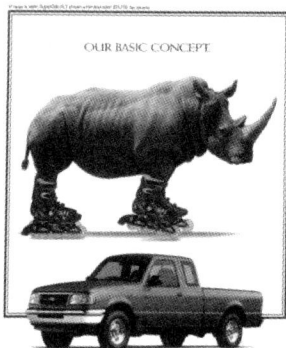

学习要求：通过本章学习，重点掌握广告创意中的创造想象的方法；掌握决定广告接受者的再造想象的因素；了解想象的心理过程和分类、决定创造想象的条件；掌握广告设计中的色彩通感的利用；了解通感的种类；重点掌握联想津在广告设计中的运用；掌握联想在广告中的意义；了解联想的种类。

关键概念

想象——是在外界刺激物的影响下，在人脑中对过去形成的若干表象进行加工改造建立新形象的心理过程。

通感——是指诸种感觉互相沟通的心理现象。

联想——由一种事物的经验想起另一种事物的经验，或由想起的一种事物又想起另一种事物，就叫做联想。

广告其实是一门艺术，艺术离不开想象，生发于创造想象的广告创意必独具艺术魅力，而任何独具艺术魅力的广告的艺术表现，都可以引发消费者心中的想象力，使其驰骋美好的想象和联想，从而产生积极的广告印象和情感体验。

第一节　想象与创意

一、想象的一般概念

(一)什么是想象

想象是在外界刺激物的影响下，在人脑中对过去形成的若干表象进行加工改造、建立新形象的心理过程。换句话说，想象是在人脑中利用原有表象创造的心理过程。

所谓表象，是当事物不在面前时，人们在头脑中出现的关于事物的形象。表象就其产生过程来说，可分为两类：回忆的表象——是我们大脑两半球所复呈的关于以往曾经知觉过的事物的形象——是我们的大脑两半球所创造的关于以往未知过的事物的形象，产生这样一种表象的过程就叫做想象。

任何最巧妙的与最荒诞的想象产物，都是由现实的成分所组成的。所有的神奇的民间想象的创造，比如人鱼(上半身女人，下半身鱼尾)(见图5-1所示)、古希腊的斯芬克斯(狮身、女面、鸟翼)(见图5-2所示)等都是如此。想象似乎给人一种超现实的感觉，其实，想象同其他心理现象一样，也是人脑对客观现实的反映，只不过是一种创造性的反映形式。进一步说，在心理过程中，感性材料是想象的基础，想象中的表象，不管它新颖、离奇到什么程度，都是在由感性材料所形成的感性经验(旧表象)的基础上产生的。

图5-1　美人鱼

图5-2　古希腊的斯芬克斯

（二）想象的心理过程

想象活动永远是对那些由知觉所给予的材料的加工和改造。那么，这一加工和改造是怎样进行的呢？

想象的加工和改造的心理过程可以分作两个方面：

（1）分析：即从完整的形象中划分出其个别的特征和属性。

（2）综合：即把个性特征和属性联合起来，创造出一个新的完整的形象。

这两种因素——分析和综合，就构成了创造形象和再造想象的必要组成部分，或者说是组成了想象活动的加工改造的过程。

（三）想象的种类

想象的种类有不同的划分情形，根据想象的有无目的性来看，想象分为无意想象和有意想象，也可叫做不随意想象和随意想象。根据想象内容的新颖程度来看，想象分为再造想象与创造想象。根据想象与现实的关系来看，想象又有幻想、理想、空想等类型。

1. 无意想象和有意想象

没有一定目的的，也不是自觉地产生的想象，叫做无意想象。也可以说，无意想象是人在外界刺激下，不由自主地想起某种事物形象的过程。梦是无意想象的最明显的现象。巴甫洛夫说：梦是头脑中保留的痕迹，它以最料想不到的方式结合并再现出来。

人自觉地提出想象任务，根据自己的意向，有目的、有意识的想象叫做有意想象。简言之，有意想象是有目的的、自觉产生的想象。例如，作家、画家构思的形象都属于有意想象。有意想象，又可以根据想象内容的独立性、新颖性、创造性程度的不同，分为创造想象和再造想象。

2. 创造想象和再造想象

创造想象是在刺激物的作用下，人脑独立地构成新表象的过程。创造想象具有创造性（首创性）、目的性、独立性、新颖性的特点。再造想象是依据词语描绘或图表描绘，在人脑中产生新表象的过程。再造想象的一个基本特点，就是想象的发生和进展都是以某种现成的描写、说明、图案为依据。

二、广告创意中的创造想象

（一）创造想象的条件

因为创造想象是不依据现成的描述，在头脑中独立地创造新形象的过程，所以，创造想象比再造想象更复杂、更困难。它需要在对原有的感性材料进行深入的分析和综合的基础上，从事创造性的积极思维，进而构思出具有独特性的新形象。创造想象的产生，需要具备以下几个条件：

1. 创造动机

在实践活动中，社会向人们提出创造新事物，以解决新问题的要求，社会要求一旦被人们接受，就会在人脑中变成创造性活动的需要和愿望。如果这种创造的愿望和现实需要结合，有实现的可能，就转化为创造活动的动机，从而推动人们的创造性思维和想象活动。

2. 原型激发

创造想象往往受到类似事物的启发，通过联想把旧有事物表象结合起来，或者是把旧有表象典型化从而产生新形象的过程。也可以说，它是从其他事物中得到解决问题的启示，从而找到解决问题的途径的过程。起到了启发作用的事物，叫做原型（见图 5-3）。任何事物都可能有启发作用，都可能成为原型。例如，我国古代的木匠鲁班，传说是因为被茅草割破了手而得到启示，发明了锯子；俄国莫扎伊斯基制造首架飞机，也是从观察鸟飞翔而受到的启示。一个事物能否有原型启发作用，不仅取决于这一事物本身的特点，也与创造者的主观状态有很大的关系。

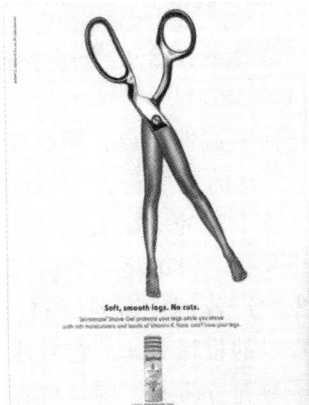

图 5-3　女士剃毛膏广告的新形象
原型取自剪刀与双腿

3. 积极思维

创造想象必须依赖于人的思维的积极活动。因为，它是一种严格的构思活动，受思维活动的控制、调节和支配。只有通过积极的思维活动，才能产生新颖的、独特的想象。可以想象，一个科学家、一个艺术家，如果缺乏积极的思维，可能只是大量地积累材料，却始终走不出已有事实的圈子，当然也就不可能有所突破，也就不可能产生创造想象，更不可能成为新事物的创造者。

4. 灵感顿悟

在创作过程中，经常出现"顿悟"的情形，新表象突然构思出来，某个问题突然迎刃而解，即人们所常说的灵感状态。灵感是一种最富创造性的高度紧张的精神力量和心理状态。灵感是在潜意识中酝酿而成，突然飞跃出现在意识状态中。它表现为：创造意识敏感而清晰；注意力高度集中和情绪高涨；已有的知识经验能积极地再现与改造。灵感具有突如其来、不由自主的特点，但它却是长期艰苦劳动的一个产物。

（二）广告创意中的创造想象的方法

创意，直接制约着广告作品的设计、表现和制作。而想象，又是广告创意中最重要的心理活动之一。所以只有独到的、天才的创造性想象才能产生最佳的广告创意，然后才能产生成功的广告作品。

在广告创意中，运用创造性的想象，使其广告具有创造性、新颖性和独立性等特点，可以采用如下方法。

1.创造性组合广告形象因素（见图5-4所示）

任何创造性想象，都是在拥有大量的、丰富的原始资料的基础上进行的，没有丰富的原始资料，便没有超人的想象，广告也是如此。基于创造性想象的广告创意需要资料，但它不是对资料的机械处理，它要求对所拥有的资料充分发掘，按其创作意图运用艺术手段创造出新形象来，"组合"是其重要的艺术手段之一。"组合"是对广告诸形象因素的组合，诸形象因素都有其自身的形象特征，将两种或

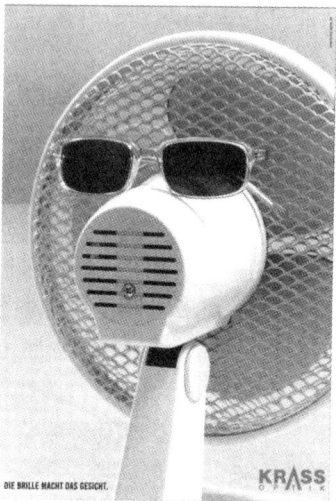

图5-4　创造性组合广告

Optik 眼镜+普通电扇＝
生机焕发的"新形象"

更多的带有自身特征的形象因素组合到一起，便会生成新的意义，广告创意就体现在这新生成的意义之中。广告是面向大众的艺术，是需要大众在瞬间接受的艺术，将大众熟知的形象因素巧妙地、创造性地组合到一起，会使大众迅速地领会这组合起来的新形象的内涵，进而理解广告意图。

要做到创造性地组合广告形象因素，除需要丰富的想象外，还需要对自己的广告设计目标和主题有充分的了解和丰富的形象因素的积累。创意人员对于他的创意主题的有关资料了解得越多，就越容易发现这些资料之间的潜在的可组合性，于是，妙手连成或者说是新颖组合的机会就越多，创意能力就越强。

有一则房地产广告，广告画面是新建筑的圆形立柱前，靠放着一把大提琴，将冷漠的钢筋混凝土的建筑物与充满艺术意味、浪漫气息的大提琴组合到一起，冷漠的建筑便具有新的意蕴：人住此处，你的生活将是温馨的、艺

术的、有情趣的。

2. 突出创作对象的理想特征

任何进行广告创意所运用的素材，都有能够代表自己的、属于自己的特征。对于这一特征，依据创作意图，突出地强调它的某个方面或者是强调它与其他对象之间的某种联系，从而使这一创作的对象成为理想化的新形象，这也是广告创意中的一个十分有效的创造性想象的方法。

"突出"的方法，可以运用夸张，可以运用比喻，也可以运用象征等修饰手法(见图 5-5，图 5-6 所示)。

图 5-5　头盔广告

生动地表现头盔的理想特征：超级保护，超级安全。

3. 提高激发灵感的机遇概率

一个新颖的广告创意，在很大程度上依赖于灵感。应该说，灵感是人类创造性认识活动中的一种最美妙的精神现象，一种最神奇的艺术创造。那么，怎样才能在广告创意之时，使灵感之花适时地盛开呢？当然要依据本身的性质。就灵感的表现形式来说，灵感是虚无缥缈、不能确定预期，难以人为寻觅的。就灵感的发生过程来说，它是在感性认识积累渐进的基础上的突发，是突如其来的情思或顿悟。就灵感的心理过程来说，它又完全是一种新颖性的创造，它彻底打破了人们的常规思路。所以，在广告创意时，要注意提高激发灵感的机遇概率。要做到这一点，首先，要搜集积累大量的相关资料，并在此基础上反复地酝酿构思，以开辟新的时空领域，也就是说，在掌握大量相关资料的前提下，要使自己的构思领域在空间方面向宏观和微观两

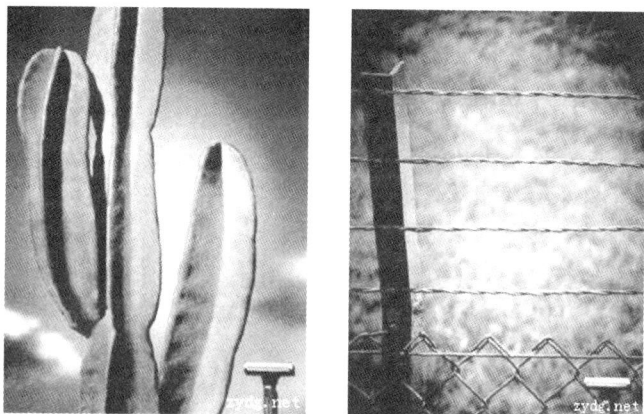

图 5-6　剃须刀广告

夸张地突出剃须刀的理想特征：刮得真干净！

极开展，在时间方面向高速和瞬时延伸。这样，就可以期望在自己构思的时空领域内出现种种不可预测的新现象、新想法。其次，在创意的思维过程中，应该努力突破常规的思路，充分利用各种反常方法去另辟蹊径。

例如，美国福特汽车公司要求创造一则宣传自己品牌汽车低噪音的广告，创作人员冥思苦想，参照已有的把汽车噪音同母亲对婴儿的低语声比较，同钟表的嘀答声比较的诸种例子，都不尽如人意。于是，他绝望了，把笔扔了，把纸撕了。突然，撕纸的声音使灵感突现，于是，一则杰出的广告创意制作出来了。画面是：上下各有一辆从前后角度拍摄的福特汽车，之间有一道虚线，象征着画面被撕开。广告词是："将这页广告一撕两半，你会听见噪音，但是这比一部 71 年静悄悄的福特汽车，以每小时 40 里速度前进时，你在车中听见的声音高。测音器可以证明这一点。LTD 型轿车时速 40 里的噪音为 64 分贝，撕报纸为 74 分贝。"

4. 利用空白拓展广告内涵

在艺术表现中，留有空白是使欣赏者展开想象的艺术方法。中国传统绘画与西洋绘画的重要区别，就在于中国绘画讲究留"白"。空白并非"无"，而是"无画处皆成妙境"。在广告创意中，画面上留有空间，一是能够突出广告主体，使消费者对其广告形成注意；二是它能够使消费者依据广告画面中的形象去驰骋自己的想象，从而感受到广告画面空白里所没有直接表现出来的东西。

有关"留白"的艺术小典故：蛙声十里出山泉

图5-7　齐白石的画

著名画家齐白石老人91岁时，作家老舍以"蛙声十里出山泉"这句诗为题，请白石老人画一幅画。白石老人把诗句挂在画室里，思考了好几天，待胸有成竹之后，拿起笔来一挥而就：画面上淡淡地抹了几座远山，一股急流从山间乱石中泻出，流水中浮动着几只蝌蚪。画面上根本没有蛙，但从浮游在急流中的几只蝌蚪，人们自然地联想到十里以外的蛙声…

在苏珊·朗格的符号美学理论中，有一个"基本想象"或叫做"生命的形式"的观点。她说："绘画中一切运动无不是'生长'——不是所画之物如何的生长，而是线条和空间的'生长'。"在她看来，任何画面或图案，都可以刺激观众的感觉，产生艺术知觉的虚幻对象即创造的幻象。例如，一个饰边图案，它只是抽象连续、趋向和运动力的一种符号形式，只传达那些抽象化特点的概念。但我们却总感觉到它的线条在延伸、在运动，它的空间总还蕴藉着比许多线条更为复杂的东西。这种幻想的或者说是"基本的艺术幻象"的产生，就是人类感知的一种"生命的形式"，也是幻想或幻想本身所具有的能动形式。当人们面对许多固定的线条或界定的空间时，他们的感性知觉或情感形式都勃发出一种"生命的感觉"，即感受到其中的永不停息的变化，或者是持续不断的进程。

许多广告制作者主张在广告画面中留出空白，他们采用小岛式、半岛式的广告设计，目的就是通过留有空白，引起消费者的注意。1996年法国戛纳国际广告节获平面广告金奖及全场大奖的"沃尔沃"（VOLVO）汽车（安全别针篇），创意别出心裁，整幅画面采用小岛式构图，大面积的白色背

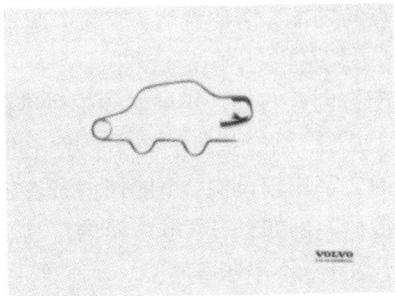

图5-8　VOLVO汽车广告

景上，一只弯曲成汽车轮廓的安全别针，居于视觉中央，画面右下角印有
"VOLVO"字样。这篇创意精妙的广告以最简洁的构图，直击"安全"这一利
益诉求核心，达到最强的表现力；以最直观的形象，启发受众的想象，从而
传播出这种车是最安全的轿车的信息（见图5-8）。

三、广告接受者的再造想象

对于广告接受者来说，再造想象，就是依据广告作品中的文字或图示，
在头脑中再造设计者所构思的形象。显然，接受者此时再造想象如何，直接
影响着对于广告信息的把握和接受。消费者凭借着广告所提供的文字和图
示，能够正确认识理解广告设计者的意图的关键，一方面，取决于广告设计
者的创造想象的水平，另一方面，也取决消费者的再造想象的程度。那么，
广告设计者如何创意，能更有效地激发接受者的再造想象呢？具体说，应注
意如下几点。

（一）画面形象的鲜明性

广告创意时的创造想象的形象性直接影响着消费者的再造想象的想象
性。如果广告的形象鲜明，具有较强的创造性、新颖性，甚至幻想性，就可
以让消费者产生丰富的再造想象。面对儿童的商品广告设计，在色彩、造
型、图案等方面都表现出鲜明的形象性、直观性，就能使儿童在接受直接刺
激的基础上展开具体形象思维的再造想象；而面对青年和妇女的广告创意的
形象就应该表现出鲜明的时尚和美感，以适应他们在情感体验的基础上展开
再造想象。如某三层结构花园洋房所做的广告突破了常规的创意思路。广告
由三幅相似的画组成，画面为绿色基调，突出生态社区环境，然后以三片错
落有致的荷花叶表现三层空间，一只青蛙停在荷叶上，分别表示在餐厅、在
客厅、在卧室。整个画面没有房子的痕迹，却以鲜明的画面形象表现了房子
的特点与功能，情趣盎然，容易引起消费者的丰富想象。①

（二）文字说明的准确性

广告创意的创造想象必须提供准确的说明性文字，才能使消费者依据其
描写、说明，结合提供的图案，展开准确的再造想象。如果广告创造想象所
提供的文字比较模糊，不能使消费者很快地得以理解，自然影响广告信息的
准确传达。例如，一家电冰箱的广告，它为了宣传此冰箱的无霜、速冻、省
电、不风干、不串味等特点，在画面上画了一棵树，左边挂着苹果，右边接着

---

① 张家平.说服的艺术——广告心理解析.上海辞书出版社，2003年版，第42页。

梨。标题是："苹果和梨能长在一棵树上吗?"似乎广告设计的想象很有创造性,却让消费者一时很难理解其创意的主题何在。

标题:消瘦女孩

文案:喝百事可乐绝对不用担心热量多而发胖

百事可乐的广告充满想象力,精炼准确的广告语如画龙点睛,一语道破其 USP。

(三)表象诱发的条件性

想象都必须以回忆的表象作为题材,如果缺乏必要的回忆的表象,那么,我们的大脑两半球就绝不可能无中生有地进行再造的想象,当然更不可能合乎现实地形成想象的表象。表象诱发的条件性,即是指广告创意所提供的供消费者再造性想象的形象因素,必须以消费者回忆表象的累积为基础。

如果当广告的创意想象提供的形象因素,是消费者从来没有看见过没有体验过的东西,消费者的再造想象就很可能偏离设计者的主观意图。例如,从来没有见过兵马俑的儿童,只凭言语的说明,创造出来的再造想象就很可能像京剧中的武生或背着刺刀和水壶的士兵。

受众如果对"嫦娥奔月"神话故事毫无了解,不具备表象诱发的基本条件,面对构思精巧的哈根达斯冰淇淋月饼系列广告(《嫦娥篇》、《玉兔篇》、《吴刚篇》),很难引发令人神往的再造想象。

广告所诱发的消费者的回忆表象,应是消费者熟悉的,能引起愉悦的情感体验的生活经历、生活情形。愉悦的生活经历、情形被唤起,可能使消费者对广告内容认同;反之,被诱发的是充满厌恶情感的回忆表象,则影响对广告内容的接受,甚至对广告内容反感、抵制。例如,上海一家房地产开发商在广告中大肆宣扬所谓"法租界区",他们在售房广告的显要位置刊出"最闪亮的五星级住宅!上海市中心法租界区⋯⋯"、"依然保持法租界的昔日浪漫风情⋯⋯"等宣传语,还在设计、印刷广告时以红底白字突出处理"法租界区"一词,遭到了当地市民的强烈指责。一位 74 岁的老人在现场气愤地对记者说:"我从出生起就一直住在法华镇路,也亲身经历解放前旧上海的苦日子。外国人在上海设租界、架铁网、军炮,不许中国人随便进出,这一切,我现在想起来都觉得心酸。可是现在,房地产开发公司居然用'租界'这个词来拉生意,简直就是拿历史开玩笑!"这一广告的失败在于它唤起的是消费者痛苦的回忆表象。

一、以下广告创意采取了何种创造性想象的办法？揣测其构思过程并分析其广告效果(见图5–9~图5–11)。

1.××快餐店——火柴篇　　文案：Fiery Fries

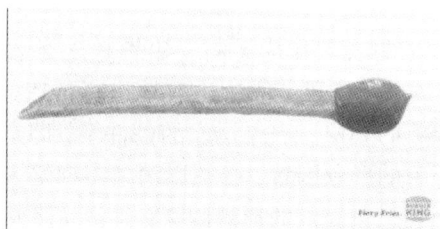

图5–9　快餐店广告

2.×××灯泡——花篇系列　　文案：品味生活 持久绽放

图5–10　灯泡广告

3.××汽车频道

文案：auto.163.com

网易汽车，买车第一站

二、分析图5–12，图5–13两则广告采用的是哪一种创造性想象的办法，效果怎么样？并思考创意过程中的创造性想象应注意哪些问题？①

提示：

考虑消费者的接受程度，夸张过度。

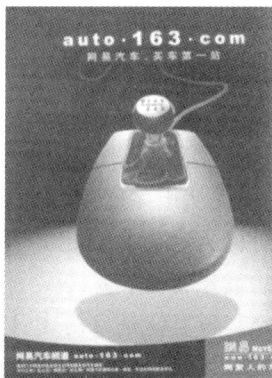

图5–11　汽车频道广告

---

① 资料来源：《夸张需有度》.《国际广告》.2005年第6期。

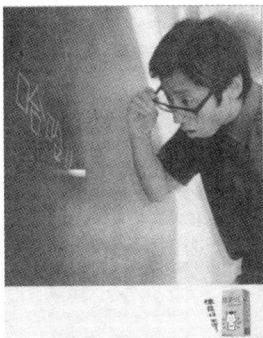

图 5-12 可护儿穿透黑板　　　　图 5-13 统一奶击穿杯子

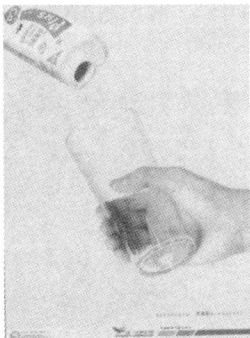

第二节 通感和广告表现

一、通感的一般概念

(一)什么是通感

通感,是指诸种感觉互相沟通的心理想象。即一种已经产生的感觉引起另一种感觉兴奋,或是一种感觉的作用借用另一种感觉的同时兴奋而得到加强的心理现象。其表现是各种不同感觉的相互代替。比如,看见红色引起暖的感觉,看见蓝色引起冷的感觉,这就是视觉与肤觉的通感。

从引起感觉互相沟通这一点来说,通感亦即普通心理学中的联觉,但它们也略有区别。联觉主要是诸感觉、知觉的沟通、复合,属感性认识;通感是联想、想象、判断的结果,具有理性的内容,是审美和艺术创作中的心理现象。因广告表现常体现为一种艺术追求,因而,在这里我们用"通感"这一术语来说明"联想"现象。

通感的客观基础,是在当前感知的事物与以往感知的事物在性质、形态上所具有的相似性、共同性。

通感的心理基础,是人在生活实践、审美实践中积累的经验和储存的信息,在当前事物的审美特质的刺激下,既引起同一感受器和大脑相关区域的兴奋,又引起其他感受器和大脑其他区域的兴奋。

(二)通感的种类

一般来说,通感可分为三种:

1.感觉通感

即不同感受的相互转换。有视觉转化为触觉的:"泉清入目凉";也有视觉转化为听觉的："声喧乱石中"，等等如图 5-14 所示。

图 5-14   "泉清入目凉"——矿泉水的广告

图 5-15   先锋音响

　　美国与加拿大边界世界著名的尼加拉大瀑布，从美国纽约的摩天大楼楼群顶上倾泻而下，声势浩大如宇宙创生，人们仿佛可以从默然无声的画面中感受到雷霆万钧般的巨大的声波，强烈的视觉冲击转化成了使人产生梦境般的震撼力。

2.表象通感

即表象的相互转化。如白居易《琵琶行》："大弦嘈嘈如急雨，小弦切切如私语。嘈嘈切切错杂弹，大珠小珠落玉盘。"这里出现的全是由听觉而产生的表象，是此类表象之间的通感。

3.双重通感

指在第一次通感之后，再加上一次通感。如："红杏枝头春意闹"，第一次通感是"红杏树头繁花香"，第二次通感才是"春意闹"。

二、广告设计中的色彩通感的利用

通感的现象本身表明，通过一种感觉道产生的感觉可能引起另一种感觉道的兴奋，这种特征对广告的设计有着重要的意义。

由于通感在形式上表现为感觉的挪移、沟通，具有较强的感性的特质，同时又是借助联想、想象而产生的综合性的感觉，既是人的审美感觉的创造性的发挥，又具有较强的理性的因素，因此是感性与理性的统一。所以，在广告设计中，充分地发挥通感的特质，就可以使广告作品超越对审美对象的单一的感受。这样，既提高了广告作品自身的创造力，丰富和强化了其自身的美感、魅力，又使其在感性和理性、直觉和现实诸多方面增强了对消费者的刺激力和感染力。

例如，就广告媒体而言，印刷广告主要诉诸视觉，广播广告主要是诉诸听觉，电视广告则是两者兼而有之。但是，无论哪一种广告媒体，都有其局限性。怎样对此进行深入的开掘，使其充分地显示出感觉的挪移和沟通的魅力，如怎样能够从视觉的画面上"听到"、"闻到"、"尝到"甚至"触摸到"更多的东西，这便是在广告设计中怎样开掘通感现象的一个课题。

我们以色彩为例，作一个探讨。

色彩通过人的自身体验，产生心理联觉，即通感，就使色彩的表现性大大地增强了。在广告设计中，巧妙地运用色彩的规律，充分发挥色彩的心理作用，就能唤起人们的情感，引起人们的兴趣，影响人们选择。因此，对色彩的通感效果的研究与运用，也是促进广告成功的有效途径。一般来说，色彩的通感效果经常体现在如下几种情形中。

（一）华丽感

利用色彩可以制造华丽感，提高商品的身价和档次。有些色彩可以使人们产生一种华丽的感觉，就可以用此来表现商品的高档次形象，特别是对于那些金银首饰、高档化妆品、高级名表、礼品等广告，更需用色彩来烘托其商品的高质量。

通常红色系列、金色系列、银色系列等彩度高、明度高的颜色以及对比强烈的颜色都能产生华丽的感觉。

(二)温度感

色彩可以产生温度感的通感效果。红、橙、黄等色，类似于太阳和烈火的颜色，往往引起温暖的感觉，称之为暖色；蓝、青、紫等色，类似碧空和寒水那样的颜色，往往引起凉爽寒冷的感觉，称之为冷色，这是颜色视觉引起的肤觉现象。

利用色彩所造成的温度感可以表现不同商品的特征。如电扇、空调、啤酒、冷饮料等商品，广告设计可采用冷色调的色彩，以突出这些商品给人以凉爽的特色。例如，东芝电扇广告，画面中的身着泳装，秀发飘拂的人物形象和商品，共同置身于深蓝色的天空与浅蓝色的大海与白色的座椅所造成的大面积的冷色调的气氛之中，使人顿生清新凉爽之感。冬日用的床上用品、取暖用具、热咖啡、热饮料等可用暖色调色彩，也可以使消费者很快把握商品特点，并积极购买。

(三)明快感

面对一幅色彩明快的广告，会使人产生清爽、愉快的感觉，也就容易让人喜欢。相反，广告画面的色彩暗淡，会让人产生阴暗、抑郁的心情，导致反感。一般说来，暖色、纯色以及对比强烈并富于调和感的色调，都具有明快、活泼、愉悦的感觉。

例如，日本的富士胶卷广告，画面采用彩度和明度都较高的颜色，突出了色彩的强烈对比，使画面产生一种明快的美感，致使消费者容易愉快地接受该广告。

(四)兴奋感

运用色彩所产生兴奋感去刺激消费者的注意，激发消费者的兴趣，也是广告设计的一个有效办法。

不同的色彩可以产生或兴奋或沉静的感觉。通常，红、橙、黄等暖色以及明度高、彩度高或对比强烈的色彩都能给人以兴奋感。相反，蓝、蓝绿等冷色以及明度低、彩度低或对比柔弱的色彩都能给人以沉静感。灰色也富有沉静、舒适的感觉，黑色则具有紧张感。

例如，日本神户新交通株式会社的开业广告，就运用了强烈的对比色彩，在蓝色的天空和海洋的背景之中，远处是以金黄和橘红为主调的现代都市和旭日，在抽象化的现代都市的图形中，红中点缀着几点绿，近景是一辆列车和其他由黑和白、浅黄和银灰构成的写实的具象。整个画面在蓝和红的两个主调的对比中，揉进了红和绿、蓝和白、黑和白、浅黄和银灰等的对比色，造成了远和近、现代和未来、真实和梦幻的诸种对比，确实给人一种时代列车的兴奋感。

蓝、绿等冷色，虽不容易引起人们的兴奋，却能使人产生冷静的感觉。许多高科技的产品，如照相机、音响设备、电子手表等商品广告，几乎都采用冷色系统的色彩。冷静的色彩体现出科学的严密、可靠的性能。如，116SAS10多功能手表广告，就以银灰色为主色调，给人以高质量商品的感觉。IBM牌计算机广告，是以灰蓝的色调表现商品的高科技特性。

（五）味道感

人们平时使用的食品，本身都有颜色。各种颜色的食品长期作用于人们的视觉，就使人们产生味觉的联觉、通感。例如，甜：多用粉红、红、橘黄等颜色；酸：多用带黄味的绿、和有点绿味的黄颜色；苦：多用灰褐色、橄榄绿、紫颜色来表现；辣：常用鲜红来表现。一般说来，红、橘黄、柠檬黄都是美味的象征。通过的色彩所产生的关于味道的通感来烘托广告的效果，可以使食品广告产生更加诱人的魅力。

案例点拨

箭牌口香糖的色彩通感[①]

箭牌口香糖有4种口味，即薄荷香型的青箭、兰花香型的白箭、鲜果香型的黄箭和玉桂香型的红箭。每一型号的箭牌口香糖都有自己独特的包装颜色和口味，在广告语中又被赋予颇有创意的附加功能。青箭是"清新的箭"，以清新香醇的口味，令人从里到外，清新舒畅；红箭是"热情的箭"，以独特的口味，使人散发持久的热情；黄箭则是"友谊的箭"，可以缩短距离，打开友谊的门扉……

箭牌口香糖将白箭定位于"健康"二字，它的广告词写道："运动有益身心健康，如何帮助脸部做运动呢？每天嚼白箭口香糖，运动你的脸。"

---

① 柏生、张伟，多维广告战：108个成功策略及经典案例.中国经济出版社，2004年1月版，第321页。

第三节　联想和广告设计

一、联想和联想的种类

（一）什么是联想

由一种事物的经验想起另一种事物的经验，或由想起的一种事物又想起另一种事物，就叫做联想。简而言之，就是主观个体感知或回忆某一事物时连带想起其他有关事物的心理过程。它是一种积极的、能动的具有拓延性的心理活动。

联想的客观基础，主要是源于感知对象的特质对于人们的刺激的强度、次数等时空上的邻近性，源于当前事物与记忆中的事物的固有的联系。

联想的生理机制，是大脑皮层暂时神经联系的复苏，是以往的兴奋痕迹在新的对象的刺激下的重新呈现和沟通。

联想的心理条件，是主观世界以往的感觉印象、记忆材料和信息储存的丰富性、关联性，是主体对事物之间的必然联系的认识程度、理解程度，以及特定的审美目的和情绪状态等等。它是记忆的复合、回忆的表现和结果。它以丰富的经验积累和较高的思维能力为前提，以特定需要、特定情感为动力，是表象与观念、理智与情感、客观制约性与主观能动性的统一。

（二）联想的种类

古希腊哲学家亚里士多德提出了联想的三大定律，即相似律、对比律、接近律。后来，人们又补充了因果律，形成了现在的四大联想律，联想也由此分为四种类型。

1. 接近联想

在空间或时间上接近的事物，在经验上容易形成联系，因而容易由一种事物想到另一种事物，这称为接近联想（接近律）。接近联想可分为时间上的接近联想和空间上的接近联想。由武昌想到汉口，是空间上的接近联想；"冬天到了，春天还会远吗？"是时间上的接近联想。

2. 相似联想

由一件事物的感知或回忆所引起的对于和它在性质上或形象上相接近、相类似的事物的回忆，称为相似联想（相似律）。相似联想反映事物间的相似性和共性。一般比喻都是借助相似联想。例如，由春天很容易想到生机、勃发、繁荣。相似联想是暂时联系的泛化和概括化的表现。泛化是对相似事物还没有完全分辨清楚时所作出的相同的反应，概括化是对不同事物的共同性质所作的反映。

3. 对比联想

由一件事物的感知或回忆所引起的和它具有相反的特点的事物的回忆，叫做对比联想(对比律)。对比联想使人容易想到看到事物的对立面，因而，对比联想既反映事物的共性，又反映事物互相对立的个性。例如，由黑暗容易想到光明，黑暗和光明都有反映亮度的共性，又有互相对立的个性，即前者亮度小，后者亮度大。

4. 因果联想

在逻辑上有因果关系的事物容易发生联想，这种联想叫做因果联想(因果律)。例如由寒冷容易想到冰雪，由冰雪容易想到寒冷。

联想的种类划分有多种形态，以上诸种联想是就联想与所反映的事物之间的关系而言。如果就反映事物时的不同心理形式而言，又可分为表象联想、概念联想、语义联想、情绪联想等；如果就联想所表现的事物的形式而言，又可分为直接联想、间接联想、清晰联想、模糊联想等；就联想时的主观能动性发挥的程度而言，又可分为自由联想、控制联想、奇幻联想等。

这些联想的形式虽然各不相同，但又互相渗透、交叉、重叠、转化，互相推动。

二、联想在广告中的意义

在广告创意的活动中，联想，特别是审美联想是一种具有可塑性、能动性的心理活动。无论是广告创意者所进行的能动的创造性想象，还是广告接受者在审美体验中所表现的认识、理解对象的过程，联想都是不可缺少的心理形式和重要环节。

无论是就广告媒体自身所受的时间和空间的限制而言，还是就广告信息所涉及的广泛庞杂的范围而论，都有其自身的局限性。如果在广告创意中充分利用联想，就能在心理功能上提供出解决上述局限的某种可能性，使广告在时间和空间上得以扩大和延伸。

联想在广告中的意义主要表现为：

(一)延伸心理的时间和空间

在广告创意中充分利用联想，可以将许多分散而又有联系的信息加以集中、组合，组成符合某种特定规律的整体感知，变成一个完整的感知对象或审美对象。这样一来，就可以使广告创意所创造的时间和空间在心理上最大限度地得以扩大和延伸，可以由表及里，由点到面，由此及彼，举一反三，联想无穷。从而突破感知对象在时空固有形态上的局限，自由扩展到其他事物，从知觉到思维，从具体到泛化，从现实到理想，以便极大地充实、丰富广告创意的主题。

例如，前西德一家水果公司的一则张贴广告，广告画面是一个硕大的苹果，这苹果同时又是一位姑娘红润健康的脸。苹果的清香与姑娘的芳容融为一体，引来一只蜜蜂留恋其上。广告语是："一天一个，健康快乐"。此广告将苹果、姑娘、健美三者有机地合为一体，可令消费者由物及人、由人及物地产生相似联想：吃苹果利于健康，这是时间的延长；由姑娘青春健美的脸庞想到苹果的好处，或由苹果想到姑娘的健美，这是空间的扩大。如此的联想，自然会加深对广告主题的理解。

图 5-16   某知名休闲鞋广告

纯美式风格的 Timberland 是美国知名休闲鞋品牌，这则标题为"世界在你的脚下"的广告突破时空局限，将休闲鞋游历之地尽收履底，令人神游世界、浮想联翩，可谓"笼天地于形内，挫万物于笔端"。

（二）强化刺激的深度和广度

在广告创意中充分利用联想，又可以强化广告的刺激效果，使广告接受者在联想中强化认识，拓展记忆，增进心理体验，丰富审美感受。这样一来，就可以使广告创意这一对象与消费者的自我的心理体验进一步沟通，进一步计划自我意识，从而最大限度地深化、强化消费者的情感需求和审美感受。

Volvo 汽车营造的想象空间，强化了表现安全性能的深广度。

图 5-17   Volvo 汽车广告

再如，国外一则"奥多尔口气清新剂"的广告，该广告图画运用组合的方法，将马桶盖、塞满烟蒂的烟灰缸、臭鱼罐头置换于人嘴的位置上，广告语是"要么闭嘴，要么喷奥多尔"。此广告可唤起消费者的因果联想，人们在厌恶、担忧自己张嘴传播出臭味、腥味、异味的同时，想到用"奥多尔口气清新剂"解决此问题。此广告的好处就在于它引起你对口臭这一问题的警觉，并通过联想使你认识到这一问题的危害，在此基础上加深你对"奥多尔口气清新剂"的认识，唤起你对该产品的需求。

三、联想律在广告设计中的运用

在现代广告设计中，人们很容易发现四大联想律的利用。例如，比喻、象征、衬托、对照、拟人等修辞方法和表现手段，它们的心理基础都是联想。

（一）相似律与比喻象征的艺术表现

运用相似联想设计广告，表现出来的艺术形式就是比喻象征。

在广告设计中恰当地使用比喻、象征的方法，既可使抽象、复杂的广告主题变得生动、简明，又可以提高广告作品的情感效果。

比喻、象征都是用一事物表现另一事物，但它们又不完全相同。

比喻，是用一种事物去比有相似特点的另一种事物，喻体与被喻体都是具象；象征则是用具体事物去比有相似特点的思想和感情，喻体是具象，被喻体是抽象。例如，前者是用狮子去比一个英武有力的人，后者用狮子去比力量，用鸽子去比和平。象征是用某种具体的事物当作标记或符号，去表现某种抽象的思想内容，所以形象往往具有多义性和模糊性的特点。广告设计生动新颖、恰到好处地运用比喻、象征，可唤起人们的相似联想，增强其感染力和说服力。

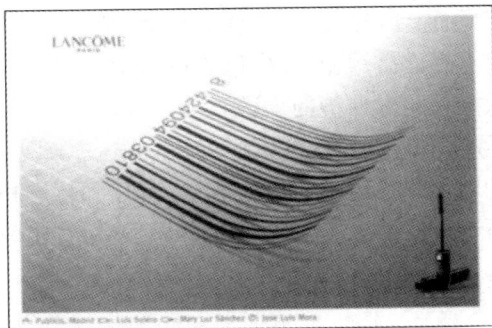

图 5-18　兰蔻睫毛膏广告

兰蔻睫毛膏广告运用相似联想，以翘起的条形码拟喻涂过睫毛膏的眼睫毛，纤长、卷翘、神采丰盈。

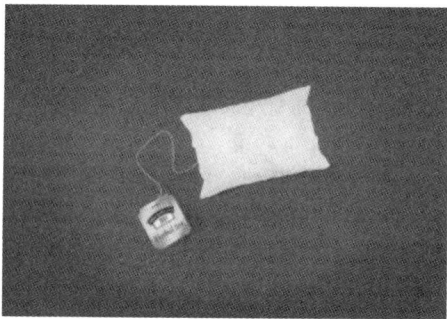

图 5-19　某植物茶广告

植物茶广告以枕头为喻体，生动传达了代茶饮令人放松、宜于安眠的功能诉求。

例如，为雪糕、冰棒取名为北冰洋，就是比喻在广告设计中的相似联想的运用。人们会将北冰洋与雪糕、冰棒联系起来，从而理解雪糕、冰棒的品质。再如，一家《参加保险》的电视劳务广告，把"参加保险，化险为夷"的抽象概念，用象征的手法形象地表现出来。镜头画面首先是两条金鱼在水中悠闲地游来游去，一只鱼缸安稳地放在架子上。突然，鱼缸跌落，水、金鱼、玻璃碎片四处飞溅，金鱼在地上翻腾，奄奄一息。然后，水、金鱼、玻璃碎片又都顺着跌落的轨迹还原到原来的位置，玻璃碎片合龙成鱼缸，金鱼又像起初一样畅游。这时，画面上出现字幕："参加保险，化险为夷"，接着是拾元的人民币迅速一圈排开，最后写出："中国人民保险公司，某分公司。"化险为夷的金鱼象征着保险公司对保护的承诺。

（二）对比律与对照衬托方法的实施

联想理论中的对比律的运用，主要是指对性质和特点相反的事物或互相排斥的事物之间所形成的联想。在广告设计中，使用对比联想或对比律时比较常见的方法主要有两种，一种是对照或叫做对比，另一种是衬托或叫做烘托。

对比，是对立统一的辩证规律在广告设计制作实践中的具体运用。在广告设计中，把互相对立的商品或劳务按照对比律联系在一起，突出矛盾双方最本质的特征，用以构成强烈的对比，就可以使广告形象更鲜明。使商品或劳务的特征更突出，也就使广告的主题更深刻，更有说服力。

　　对比的范畴十分广泛，它可以涉及从内容到形式的一系列的宽广范围，如：动与静、浓与淡、虚与实、强与弱、多与少、远与进、高与低、刚与柔、善与恶、庄严与狡猾等的对比，都有助于鲜明醒目地表现事物的特点，显示和突出事物的本质特征。如在广告画面制作中，可以充分利用绘画艺术中的形、线、量、质、方向、空间、色彩等对比关系，去形成明与暗、浓与淡、藏与露、隐与显等对比效果；在广告音乐制作中，也可以充分利用旋律、节奏、音色、力度等方面的对比，用以表现强与弱、高与低、缓与急等对比效果。

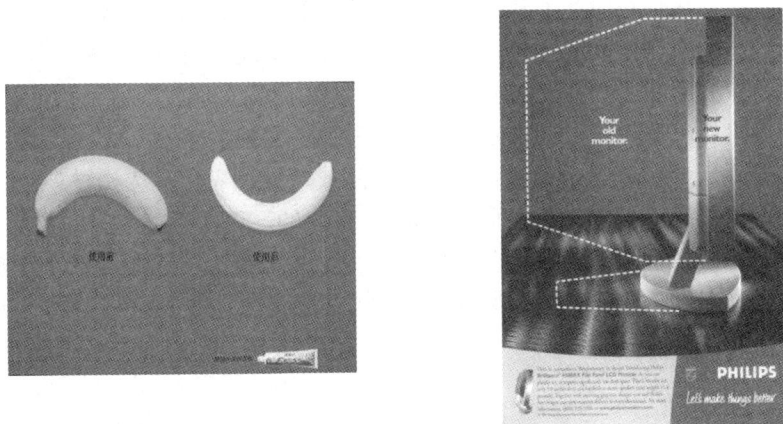

图 5-20　PHILIPS 新款液晶广告

　　广告画面上白色的虚线描绘出 PHILIPS 新款液晶显示器与旧款相比更为精薄轻便。

　　再如有这样一则《书与酒价格相同价值不同》的广告：一套书的价格只相当于一瓶酒，但其价值，效果却大为不同。花一瓶酒的价格买一套最新的管理知识和有效的技巧管理丛书，使您的企业提高效率，增加利润，快速成长，无论如何都是值得的。酒香，固然令人陶醉，但不过是暂时的，是刹那间的美妙。书香，却能咀嚼品位，历久弥新，源远流长。一本好书，可以给您带来智慧与启示，让您解惑去忧，触类旁通，左右逢源……"这里书与酒的比较十分巧妙。首先，异中求同，在价格上进行比较，以显书价的低廉。然后，在价值上进行比较，突出书籍的价值无穷，这种瞬间的享受与源远流长的价值的比较结果，不仅极有说服力，而且给了消费者一种新的商品观念。

衬托，或称烘托，也是一种与对比相类似的表现手法。它主要的是指在艺术创作中，在正面刻画被表现对象的同时，以侧面的渲染和描写使表现对象在一定的衬托比照下更为鲜明和突出。衬托，原是中国传统绘画中常见的技法，大多是用水墨和淡彩把主题的轮廓加以渲染，使其更为突出。因而便有了绿叶衬红花，浮云衬明月的表现手法。广告运用衬托，最常见的方法是，将欲宣传的商品与名牌商品并列宣传，借用名牌商品既有的品牌效应提高自己的商品的知名度，或用名人做广告，以实现晕轮效应。

（三）接近律与暗示隐喻的效果

由于接近律是在时间上和空间上彼此接近的事物之间所形成的联想，而广告所涉及的产品也大都同一定的对象在时间和空间上有联系，所以接近律在广告设计的应用中大有其驰骋的广阔天地。

接近律在广告设计中的音乐主要表现为暗示和隐喻。

广告设计者在设计表达主题，描写商品或劳务的特征，选择材料，运用语言，安排画面等方面，可以不作直接的、正面的、和盘托出的表达与描绘，而是借助事物在时间上和空间上的接近，以他山之石，攻己之玉，间接侧面地表现广告主旨，以便给消费者创造一个能够展开想象和联系的空间，从而更好地达到促销的目的。

来自新西兰的卡洛塔妮羊奶粉优点在于纯净无污染的品质保证，广告运用了羊奶→口罩→卫生保护的接近联想，隐喻传达了这一诉求中心。

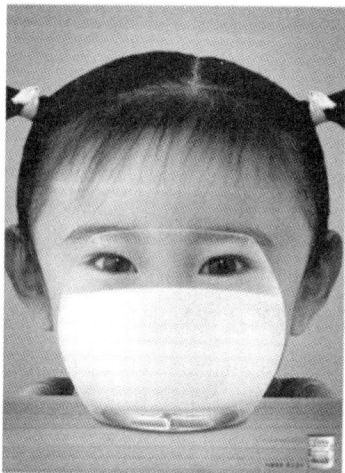

图5-21　卡洛塔妮羊奶粉广告

例如，香港富利华酒店的张贴广告，该广告画面不是用近景、特写展示酒店的豪华，而是用远景处理，将酒店置于蔚蓝的大海，苍蒙的远山，幽怨的碧空之中，利用酒店与大海、远山空间的接近，造成一种优美、闲适的意境，以突出广告宣传主旨，即强调酒店的："顶级艺术，至高品位"。这种效果的实现，便是将接受者对大海、远山所现成的审美感受，通过接近联想移植到对酒店的感受与体验之中，画面虽然更多地大海、远山的形象，但确暗示隐喻了富丽华酒店的品格。

（四）因果律与关系联想的应用

由于事物的有关联系而形成的联想是关系的联想，而其中由于在逻辑上有因果关系而发生的联想是因果联想。在现实的社会中，一件事物总是和其他许多事物相联系的，因而，可能引起关系联想或者因果联想的机会是很多的。在广告设计中，运用关系联想及因果联想来引起消费者的回忆的手法也比较常见。

关系联想运用得比较突出的是企业赞助体育比赛的广告，他们还承担了国际性足球赛的大部分费用。毫无疑问，任何有头脑的人都知道，这都不是纯粹的慈善事业。在赞助的背后，自然存在着明确的功利目的。他们的最终目的当然是为产品销售，他们的直接目的就是要在体育比赛与自身产品之间建立起某种联系、某种人为的甚至有些牵强的但确是固定的联系。这样，消费者一看见体育比赛就会自然联想到某种产品，从而使该产品的印象牢固地储存在消费者的记忆之中，从而有效提升品牌的知名度与美誉度。

因果联想常常被用到药品、营养品、化妆品、美容一类的广告中。因为把这些商品的效用放在使用该商品前后的身体变化的因果关系之中，容易产生真实、有利的说服效果。比如药物广告，先展现体弱患病的人物形象，然后有出现该人健康的身姿，这种解决问题的广告模式，唤起消费者因果联想的效果是极其明显的。

图 5-22　益达木糖醇口香糖广告

为什么餐勺居然会被"咬伤"？因果联想会让广告受众领悟到益达木糖醇口香糖强大的健齿功能。

一、以下广告采用何种联想策略？其成功之处有哪些？（图5-23）

1. 奔驰汽车广告——刹车印痕

图 5-23　奔驰汽车广告

2. 某洗发水情人节篇——两只枕头 文案：没头屑，亲密更尽情，情人节快乐！（图5-24）

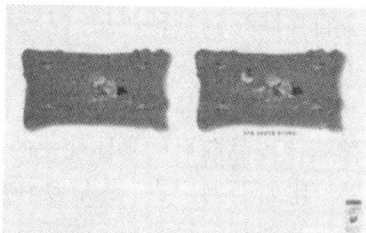

图 5-24　某洗发水广告

3. 某饮用水过滤器篇。（图5-25）

图 5-25　某饮用水过滤器广告

4.某洗衣粉挣脱家务束缚篇

　　文案：为您解开手洗束缚，碧浪特有洁渍因子，为您带来一如手洗的洁净效果，从此不再做手洗奴隶。

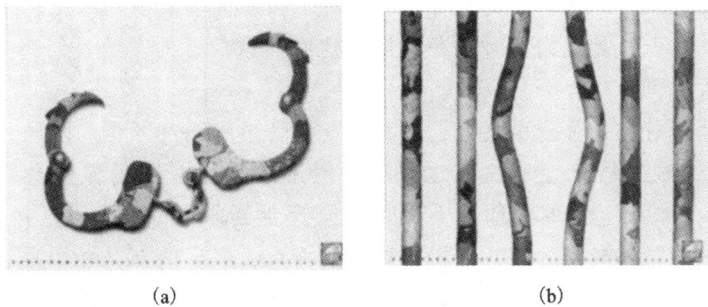

(a)　　　　　　　　　　　　　　　　　(b)

图 5-26　某洗衣粉广告

5.××都市报——大而不辣 浓缩精华

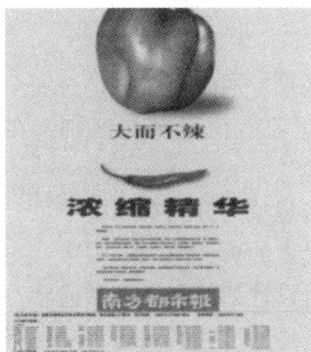

图 5-27　某城市报广告

6.某补钙产品广告"油条骨头篇"——假如它支撑你的身体

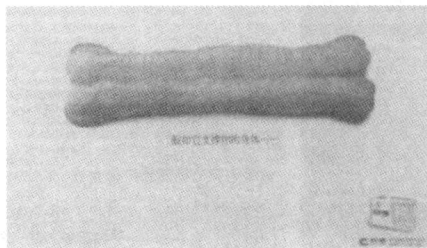

图 5-28　某补钙产品广告

二、阅读下面文字回答问题

某电池广告意在强调其电池耐力强劲、电力持久，做了这样一则广告：其创意是借助电动玩具猫抓老鼠来表现。当猫发现老鼠后，老鼠拼命地跑，猫想方设法地抓，跑了很长时间……这则广告吸引了很多人的注意。

这个广告引起我们何种联想？能否达到其预期目的？给我们哪些启示？

提示：

有时一则广告可能引发我们多种联想，联想的强度不同，强联想会掩盖弱联想，造成广告产生歧义。这则广告的用意是指望通过猫抓老鼠很长时间，也没有抓到老鼠的逻辑关系促使观众产生因果联想，表明电池电力足，可观众都被猫抓老鼠的游戏吸引，觉得很好玩，产生的却是相似联想，而且相似联想的强度要远远大于因果联想，即观众都把该广告当成是电动玩具的广告，因此产生歧义，从而广告失去效果。

融贯精思

1. 想象与联想有何区别？通感与联觉是否完全相同？

2. 创造想象与再造想象有何联系与区别？在广告中的作用表现有何差异？

3. 广告创意中的创造想象的方法有哪些？

4. 简述决定广告接受者的再造想象的因素？

5. 结合实例总结广告设计如何利用色彩通感？

6. 联想有哪些种类？运用这些联想对于广告有什么意义？

7. 联想律包括哪几种？它们在广告设计中怎样加以运用？你所接触的实例中有哪些成败的典型个案？

心略操练

一、某手机是一款专为热爱音乐、活力十足的年轻人设计的音乐手机，其音质超常，具备数字音乐播放器、数字录音器、收音机、原声铃音等多种功能。请分别用组合、突出、留白法进行广告创意。

二、在抗击非典过程中，有人创造了一些公益广告来鼓舞民众士气。在这次5·12汶川大地震同样涌现了很多感人事件，请你以抗震救灾为主题，运用联想策略，仿照非典广告创意，进行广告创作。

三、分别用联想的四大定律为下面产品设计广告(平面、影视不限)

产品名称：小鸭纳米洗衣机

生产企业：山东小鸭电器股份公司

产品特点：核心定位：纳米技术——净水洗

　　小鸭集团与中科院固体物理研究所共同开发出一种纳米复合银抗菌材料，将其用在洗衣机外桶上，可释放银离子杀灭洗衣机内外桶之间滋生的大量细菌，达到抗菌抑菌的效果，有效进行洗衣机的自行清洁，并防止衣物的污染。

　　从消费者接受的角度延伸，由于污染的洗衣桶内放进清水也会变成脏水，而用脏水难以将衣物洗干净，最终导出利益点：纳米技术——净水洗

　　目标消费者：注重生活品质的中高收入阶层都市女性

　　广告目标：向消费者推广"纳米技术——净水洗"概念，以概念树立品牌形象，区隔竞争产品，达到产品的有效销售。

讨论分析

三全整合传播策划纪实(选摘)[①]

(一)信息内容之品牌核心价值

　　在目标清晰的同时，我们的压力油然而生，怎样让三全速冻食品从产品力的竞争上升为品牌力的竞争，建立三全的品牌竞争优势。品牌核心定位将起决定因素，而且品牌核心定位的提炼是非常谨慎的行为，决定了整个营销策划是事半功倍，还是事倍功半。因为在我们心目中有效的品牌是最能够影响消费者的，是最能够有助于产品销售与服务的。在叶茂中营销策划公司进行品牌核心价值提炼要经历4个过程：诊脉、消费者心声、品牌核心、品牌写真。

　　1.诊脉

　　是对消费者的调查与研究，目的在于更透彻了解消费者对相关事物的想法、感受及反应。从而为我们能提供渗透到他们价值观及原动力的真实发现。通过诊脉我们需要了解我们的目标消费者对速冻食品的真正看法及想法。

　　2.消费者心声

　　通过对速冻消费群的诊脉，了解他们的心声：

---

①　叶茂中，黄海东.把轻松还给生活——三全食品整合传播策划纪实.中国广告 2003 年 7 期。

"事业的建立者"：每天吃什么东西已成为我们目标消费群的一大问题，白天的工作紧张并充满压力，一大堆问题等着他们去解决。吃饭已渐渐成为其生活负担，天天吃餐厅，经济压力太大，天天吃方便面，对身体不好。如果天天自己做饭，又太累了。

"家庭的建立者"：白天要工作，晚上还要照顾家庭，厨房生活占据了其大部分空闲时间，很希望解脱。

3. 品牌核心

在调查与研究过程中，我们需要去挖掘什么是目标消费群最关切的渴望、需要、希望，而且是三全可以帮助他们实现的。从消费者心声中，我们发现吃饭已成为他们的一种生活负担，而他们最核心的希望是：即能轻轻松松，又能享受营养美味！

这时候，我们仿佛已经发现了目标消费者的核心希望，但三全如何去满足消费者的核心希望，需从企业追求，产品角度等多方验证，只有这样推敲出来的品牌核心价值才能长远发展。

经过对三全企业的全面论证，我们发现从理性的角度考量，三全完全能满足消费者的核心希望：

速冻食品的快捷，方便性带给消费者轻松的感觉；

产品本身的高品质带给消费者美味的体验。

支持点：

用料讲究、严格的生产工艺→品质保证

配方由特级厨师精心调制→口味出众

中国领先的速冻企业→历史悠久、专业

三全的实力足以证明，消费者对它的信赖是正确的，但信赖如果仅仅停留在产品力的层面上，企业的后期发展与传播是会受到很大局限的，如今早已不是"酒香不怕巷子深"的时代，只有在产品的基础上，同消费者进行心理沟通，与消费者形成共鸣，建立清晰的三全品牌定位，只有这样的品牌才能真正打动消费者及让消费者保持较高的品牌忠诚度。

当我们分析这一层面的时候，我们发现三全的企业经营理念正是希望消费者从烦琐的厨房生活解脱，从另一角度讲，正是希望消费者有更多的时间去享受生活，因为在消费者心目中生活本该是轻松，快乐的。至此经过一个多月时间的研究，三全的品牌核心价值终于浮出水面，推崇轻松、快乐的生活态度，它不仅仅表现出三全企业的宗旨，更深深触动了目标消费者的内心真实想法。

4.品牌写真

品牌写真是对品牌定位的全面描述，主要有以下几个方面：

品牌承诺：包括了具体与无形的承诺，是超越了实际使用的体验。

品牌经验：是使用一个品牌所独有的主观感受，包括对品牌的情感。

品牌个性：从品牌经验中映射出品牌个性，它造成了品牌清晰的差异性。

社交性品牌价值：消费者与品牌的关系，不单是由消费者自身的理念或经验形成，同时也有消费者想象别的相关的人对此有何看法。

品牌口号：把品牌核心价值清晰地传达给目标消费者。

在写真的过程中，品牌口号的创意是最关键的部分，它是与消费者直接沟通的桥梁，经过几天的冥思苦想，我们罗列了 100 多条三全品牌口号，然后一一进行测试。因为口号是惟一的，很多好的创意口号，在痛苦的表决中都被否定了。最终"把轻松还给生活！"从众多口号中脱颖而出。"把轻松还给生活！"是三全企业生产速冻食品的初衷与追求，"把轻松还给生活！"是消费者在生活日趋紧张与激烈的内心真实写照。

事实证明，在后期的整合传播中，"把轻松还给生活！"不仅得到三全企业认可，更可贵的是建立了三全独特的品牌定位，被消费者所接受。

(二)信息内容之广告创意

"把轻松还给生活！"作为三全的品牌口号，在后期的整合传播中将以此为中心，与消费者进行沟通。因此在进行广告创意时，如何表达轻松，快乐的感觉，将是创意首先要解决的问题。

1.水饺篇——天上下饺子了

在进行三全水饺 TVC 创意时，我们回顾了前面我们所有研究的内容，我们发现两点对水饺广告创意非常有帮助：

目前速冻行业正处在产品力竞争时代向品牌力发展的过程中，品牌知名度是决定消费者购买的重要因素。

速冻产品同质程度相当高，比如宁波汤圆、烧卖等地方特产，每个品牌都有生产，这些现象证明产品特点是很容易受到其他产品攻击，不能形成竞争优势，产品广告创意如果重点表现产品特点，将存在较大的风险。

结合以上两点，再加上我们对三全的印象分析，我们认为三全水饺 TVC的主要目标为提升品牌及产品知名度，并不需要重点表现产品利益点。

有了方向，下面的工作就是进行 TVC 创意，"轻松"、"知名度"、"水饺"这三个名词随时环绕在我们的大脑中，怎样用最少的资源让消费者在最短时间内认识三全水饺。"悬疑式"、"夸张"等等加深消费者印象的方式我们都进行了尝试。突然，有一天公司一位同事想，轻松，什么最轻松，天上掉馅饼，天上下饺子。创意在不经意间产生了，"天上下饺子了"谁会想到天上不仅会掉馅饼，还会下饺子。"哇，绝!"我们同时为这个创意感到惊喜。我们迅速地对这个创意进行了完善，我们设想了很多生活场景，去表现天上下饺子，我们筛选了三个最富有戏剧色彩的场面：

(1)一个时尚的年轻人，正在公园的躺椅上休憩，暖暖的阳光照在身上，年轻人不知不觉睡着了，嘴随着轻轻的鼾声一启一合，正在这时，年轻人突然感觉嘴里面掉进什么东西，而且有很香的味道，睁开眼一看，"哇! 饺子!""天上下饺子了!"

(2)一对情侣在阳光和煦的下午，出外踏青，在大自然的感悟下，情侣正沉浸在爱情的甜蜜中，当两人正准备接吻时，突然一个饺子掉在两人的嘴间，受水饺香味的诱惑，两人忍不住同时咬向水饺，抬头一看"天上下饺子了!"。

(3)一个年轻的歌唱家，在为了歌唱比赛正在积极地准备，为了不影响别人，歌唱家选择了一栋大厦的天台练嗓子，在练的过程中，他对自己的状态越来越满意，笑容自信地溢在脸上，他准备进行最后一次冲刺，"啊……"双眼微闭，突然歌唱家感觉自己嘴里掉进什么东西，"饺子!"抬头一看，漫天的饺子正撒向大地，"天上下饺子了"歌唱家用他那洪亮的嗓音呼喊。

当3个生活场景表现完后，旁外音"美味如此轻松!"，出现三全企业标版及三全水饺包装。

在整个创意过程中，都没有出现三全企业的品牌与三全水饺，在TVC投放前，这一点受到很多人的质疑，你这不是帮水饺打广告吗？其实这是我们的一种广告策略，首先我们承认消费者前期看了三全水饺TVC，印象最深的肯定是"天上下饺子了!"这句广告语及对情节的迷惑与不解，随着消费者接触频次的增加，短时间内"天上下饺子!"已从众多的资讯中得到消费者的注目，TVC结尾的三全包装及三全品牌标版顺带让消费者记住了三全品牌，而且消费者是自然地接受与辩解，且整个过程只需要花费一般广告片达到如此效果的一半接触频次。

2. 汤圆篇—三全凌汤圆，味美香甜甜!

三全凌汤圆是三全品牌的主力产品，在市场已销售了10年，汤圆TVC"三全凌汤圆，味美香甜甜!"也整整传播了7年，以前的消费群体随着三全的成长也渐渐地步入了中老年，消费者趋向老化，已成为"家庭的建立者"，面对如此市场状况，正好借助新的三全品牌定位"把轻松还给生活！"，重新诉求，迎合"事业的建立者"。

我们针对三全凌汤圆以前的 TVC 的效果进行了测试，发现调性刚好与新的品牌定位符合，也是轻松、快乐的，而且整个 TVC 具有很强的亲和力，消费者已有很深刻的印象，因此我们决定新的 TVC 延续"三全凌汤圆，味美香甜甜！"的风格，仍以三口之家进行演绎，同时注入现代的气息。

有了基本的调性后，开始设计三口之家的表演，旧的 TVC 是根据汤圆的寓意和家团圆的背景，演绎一种传统的和睦的气氛，在当时来讲策略是非常正确的，因为汤圆在消费者心目中只是在过年过节才吃的食品，然而随着生活水平的提高及速冻业的发展，汤圆已渐渐演变为一种常规食品，更多的人已把汤圆当作早餐或点心，消费习性已改变，针对这种情况，如何去表现现代人对汤圆的认识及对三全新的品牌定位的认识，是汤圆新 TVC 创意需解决的问题。

现代人追求轻松，追求快乐，还追求什么呢？我们努力地寻找切入点，"时尚"、"绿色"、"网络"、"健康"、"稳定"……我们把所有与目标消费者息息相关的话题一一罗列出来，最后"健康"成为我们的首选，正如我们前面描述的目标消费群，无论是"事业的建立者"，还是"家庭的建立者"，他们对健康的追求都是一致的，于是三口之家的跳舞篇 TVC 产生了，为了加深消费者记忆度，我们同时还借鉴了范晓萱演唱的"健康歌"，但词曲全部重新来做。

整个 TVC 不仅继承了以前 TVC 的优点，更溶入现代的感觉，使我们的消费者顺理成章地从以前的 TVC 过渡到新的 TVC，三全"把轻松还给生活！"的品牌个性又一次得到完美表现。

讨论问题：

1. "天上下饺子了！"这个创意是否纯属"异想天开"，还是基于对目标消费者具体情况的缜密考量？这一创意阶段与品牌核心价值提炼阶段之间有何内在联系？

2. "把轻松还给生活！"是三全的品牌口号，它与创意表现的想象、联想手法运用有何关系？

3. 三全速冻食品的广告创意运用了哪些创造想象的方法？能够引发广告受众的哪些联想？

4. 如果有人认为该创意过于夸张荒诞，你是否同意这种说法，为什么？

5. 你从此案例中在广告想象与联想的运用方面获得了哪些启示？

第六章 态度、情感与广告心理

压题图片

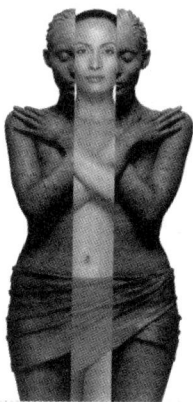

学习要求：通过本章学习，了解态度的构成、功能、态度变化的阶段；了解广告说服所要遵循的原则；重点掌握从信息来源的角度来认识增强广告说服效果的条件、从信息接受的角度来认知广告的说服效果；掌握广告诉求与 ELM 理论的联系、广告的知觉诉求、理性诉求、情感诉求等基本诉求方法；了解情绪与情感的区别、高级情感的分类、情感的两极性；掌握广告影响的情感表现、广告宣传利用受众的逆反心理的方式；了解广告元素中的情感线索、广告播放的心境。

关键概念

ELM 理论——ELM 理论把态度改变归纳为两个基本的路径即中枢路径和边缘路径，精细加工可能性水平高低决定了两路径的相对强度，并进而决定了能够令受众态度改变的诉求方式类型。

广告说服——主要是通过传播媒体，促使消费者对特定商品产生积极态度和购买行为。

首因效应——是指那些先行出现的信息，它往往对人的认知和态度具有强烈的作用，它影响着人们对后来掌握其他信息的处理方式。

近因效应——是指最后出现的信息或印象对人的认知和态度改变的作用。这时，往往是两个或两个以上的信息依次呈现时，最后一个信息成了最新刺激而易被接受者认知和接受。

晕轮效应——指的是从对象的某种特征推及对象的总体特征，从而产生美化或丑化对象的印象。

知觉诉求——是用直接或间接的事物形态来诉求。

情感诉求——是指广告所传播的信息说服，是通过富有人情味的方式，去激发消费者的情绪、情感，进而使之萌发购买动机，实现购买行为。

理性诉求——是偏重于说理的形式，陈述商品的好处的诉求。

　　任何广告诉求的最终目的，都是要促使消费者接受或共享广告所传播的信息，即体现为态度、情感和行为等方面的接受或改变。因而，研究态度的特质、说明了功能及说服与态度之间的关系，研究情感在广告接受中的作用及广告如何利用情感进行传播，是本章的要旨。

第一节　态度和说服的心理

一、说服和态度

（一）什么是说服

说服是通过给予接受者一定的诉求，劝说和引导接受者的态度和行为倾向于说服者预定的方向。说服是一种传播或沟通的过程。信息传播者有意地向信息接受者传递经过考虑、设计的信息，以求改变接受者的态度、信念或行为，即说服的过程。

广告是说服，主要是通过传播媒体，促使消费者对待定商品产生积极态度和购买行为。就广告的说服心理来讲，广告是诉求是一种外界的手段，或者说是广告所提供的刺激，而消费者的态度和行为朝着预定方向的转变，才是说服的心理实质。

（二）态度的特征与功能

1. 什么是态度

态度是人们对客观对象所持的一种主观上的意向。换句话说，态度就是一个人对某人、某事、某物、某种社会组织和事业、某种活动或自己的实践行为所持的一种接近的或背离的、拥护的或反对的诸种倾向性。

态度是个体以特定方式对待人、物、思想观念的一种倾向性，这种倾向性以语言、文字表达出来就是意见。除意见之外，态度也可以通过行为加以表现。

2. 态度的构成

态度是一种综合性心理过程，它是在其他心理过程基础上综合而成。

态度主要由认知、情感、行为习惯三方面的因素构成。

态度是一种认知反映。态度是对态度对象的知觉、理解、信念和评价，它建立在认识的基础之上，本身又是一种认识。也就是说，当认识作为一种态度出现的时候，产生态度的各种认识因素都成为了次要的因素，态度本身的认识的重要性就压倒了产生这种认识的各种因素的重要性。

态度是一种情感反映。积极肯定的态度反映一种喜欢情感；消极否定的态度反映一种不喜欢的情感。态度作为情感反映有时甚至比它作为认识反映更为重要。一方面因为情感往往更能左右人的意向，另一方面因为情感往往比认识的作用更持久。这样一来，常常由于情感的作用，即使在态度的认识因素发生变化之后，态度的意向还保持着原来的状态。

态度是一种行为习惯的反映。态度影响行为，行为影响态度，各种态度和行为的联系便形成行为习惯和态度习惯。因此，当我们考察一种具体的态度的时候，其实它就是一种受习惯态度和习惯行为驱使的态度。

另外，由于态度是内隐的，它要通过行为显示出来。所以，态度也就是行为习惯的反映，它也必须要以行为来反映。

3. 态度的特征

由于态度是由认识、情感、行为习惯等方面的因素所构成，所以态度是一种复合状态，它具有多方面的、较为复杂的特征。

态度具有习得性。态度是社会现实的反映，一方面态度是在社会现实中产生的，不是生来俱有的；另一方面作为人的态度，它体现人在社会生活中的主观能动作用。

态度具有一定的指向性。态度是社会生活中主体和客体之间的关系的反映，因而它总是指向一定的对象，总有一定的针对性。态度指向的可能是具体的人、物、事，也可能是抽象的思维、理论、观念等。

态度具有稳定性。某种态度一经形成，就将持续相当长的时间。因为，态度和态度之间互相联系、互相影响，使其具有内在的统一性，态度内在的认识、情感和行为习惯之间的相互联系和影响，又使其具有某种定势，因而，态度常常是稳定的持久的，不易轻易改变。

态度具有内隐性。态度和行为是有区别的，态度是内隐的，行为是外显的，态度只能通过行为来反映。态度和行为也不一定常常一致，所以，当人们的态度和行为出现矛盾的时候，人们的行为也就常常表现为自相矛盾的情景。

态度具有协调性。态度虽然具有稳定性，但并非一成不变，当行为与态度发生矛盾时，可以通过态度的改变使行为与态度协调一致。

4. 态度的功能

认识态度的心理功能，就可以更好地理解为什么人们会保持一定的态度，就可以预测态度会在什么时候变化，如何变化。从而，也就可以积极地进行态度的引导。

态度具有调节功能。它可以协调人的情感意向，积极的态度能够使情感获得明确的意向，从而提高行为的效果。反之，消极的、错误的态度只会削弱行为和工作的效果。或者说，态度以其情感影响主观意向，而意向越明确，则行为越自觉、越主动，最后的效果影响也就越大。在消费行为中，人们的态度形成与发展直接依赖于人们对得益、受损的消费行为的体验。正是由于这种情感意向，使得消费者对某种特定商标、商品乃至商店的态度表现出积极的热情、喜爱，或消极的冷漠、厌恶，这当然也就直接影响消费者的决策行为。

态度具有自我防卫的功能。自我防卫是人在面临外界威胁的情况下，由于心理的紧张、冲突和不安而引起的，是力图抵抗威胁，保护自我的心理状态。这种心理状态总是基于一定的态度而发生。在现实生活中，消费者因为某种原因难以得到一些产品，或者一些产品对他并不适用，在这种情况下，他便会对这种产品形成一种消极的态度。这种消极态度的形成，反过来使之免受精神的困扰。例如，贫困地区的居民对高档别墅、豪华家具之类的商品所持的冷淡的消极态度，就会使他免除由于心理不平衡而带来的苦恼。

态度具有价值表现的功能。在态度中表现着人的价值观，人们会努力地把自己的价值观转化为或表现为对他人、他事的态度与行为之中。态度所以能表现人的价值观是因为态度是内隐的，是以主体的需求、人格及现实认识为依据的，并且，它又总要在行为中表现出来。所以，态度是心理向行为过渡的"临界点"，它预示着人的行为，表现着人的价值，象征着人的自我形象。在消费行为中，很多人也常常把自我形象寄托在某种象征性的东西之中。例如，有人把美国西部牛仔的雄浑粗犷作为生活态度的追求，他便把穿牛仔服作为自我形象的表现。

案例点拨

哈根达斯冰淇淋的广告风格正如其"简单的奢华"的定位，从容自然中流露着清新高雅，很符合目标消费者的价值倾向。

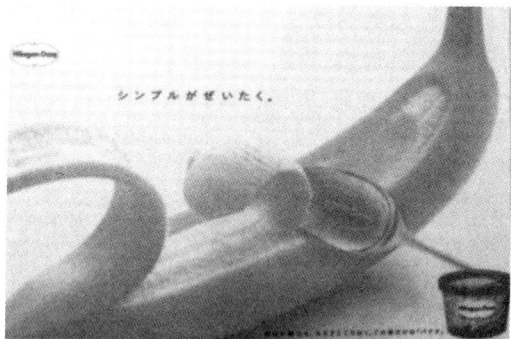

图6-1　哈根达斯冰淇淋广告

广告定位，一般就包含了对特定消费者的态度的定位。即广告制作者常需预先对定位消费者所可能具有的态度做出预测，然后按照预定目的，通过广告手段进行态度导引。在引导中综合考虑定位消费者的行为及价值特征，从而达到预期目的。

态度具有知识的功能。人们是根据态度的倾向去接受和存储知识的，现实生活中，人们不可能接受呈现在他们面前的所有知识，他们会有所选择，这种选择则取决于态度反过来，选取的知识作为一种价值判断的依据，又会促成和改变人的态度。在消费行为中，态度的这种功能主要表现在消费者关心的只是他愿意了解的那些商品信息。

二、态度变化的阶段

态度形成之后并非一成不变，而是不断变化的。对某一事物或某一个人的肯定态度会变成否定的态度，原来的否定态度也可以变成肯定的态度。而广告要说服接受者，首先就应该从改变态度入手。美国社会心理学家凯尔曼提出，态度的变化可分为服从、同化和内化三个阶段。

1. 服从阶段

这是从表面上转变自己的看法和态度的时期，也是态度转变的第一个阶段。处在此阶段的人们只是被迫表现出一些顺从的行为，内心并非心甘情愿。比如，一个刚加入某群体的人，只是慑于压力，害怕受到处罚才对群体规范表现出服从。

2. 同化阶段

在此阶段，人们不是被迫地而是自愿地接受他人的观点、信念、态度和行为，使自己的态度与别人相接近。如加入某群体的人，经过一段时间后，认识到作为群体成员，必须要遵守群体的规范，才能保证群体的存在和发展。于是他便能够自觉地执行各种规章制度，并以此作为一种信念和态度。

3. 内化阶段

真正从内心深处相信和接受他人的观点，从而彻底转变了自己的态度。在此阶段中，真正使一个人相信了新的观点和新的思想，从而把这些新的思想和新的观点纳入了自己的价值体系之中，成为自己态度体系中的一个有机组成部分。

就产品广告而言，态度的服从基本上没有意义，因为是否接受广告完全是消费者自愿的事。因此，广告制作者要解决的主要问题是如何使接受者尽快地或直接地进入态度的同化阶段或内化阶段。这样，才能让消费者发自内心地接受广告，喜欢广告，才能达到宣传的效果。

三、态度改变的途径

态度既然是一种倾向性的心理，它必须涉及肯定和否定两个方面。态度的肯定与否定作为两个极性，中间会有各种程度。这样，态度可以看作是一个量的连续体。

所谓态度的改变，包括性质的改变和程度的改变，性质的改变即是由肯定向否定转变，或从否定向肯定的转变。如，某消费者一直对某种商品不喜欢，持一种消极或否定态度，后来通过广告的渲染，变的喜欢了，态度发生了质的变化。程度上的变化，是从肯定到更肯定，从部分否定到全部否定，或从全部肯定到部分肯定，从全部否定到部分否定。又如，某人对某种品牌的商品的态度不太积极，也不讨厌。如芳草牙膏，偶尔买一买。经过广告的强大攻势和自己的使用经验，变的非芳草牌牙膏不用，即发生了态度的程度上的变化。

广告的说服就在于通过有效的诉求，使消费者对所宣传的商品发生性质或程度上的态度转变，即使消费者对该商品从原有的否定或消极态度转变为肯定或积极态度，或者从原来的少许肯定的态度发展成更肯定的态度，最后实现购买行为。

学思致用 ▬▬▬▬▬▬▬▬▬▬▬▬▬▬▬▬▬▬▬▬▬▬▬▬▬▬▬

阅读下面文字回答问题：

万宝路的广告最早定位为女士香烟，其广告语："像五月的天气一样柔和"，消费者并不看好，男人没兴趣，女人不喜欢，甚至企业濒临倒闭。后来李奥贝纳大胆求变，用剽悍粗犷的牛仔代言，"永远和男子汉同在"为其广告主题，使万宝路香烟一跃而成为世界第一品牌。当年大众金龟车在美国市场也遇到了极大的销售障碍。不单其简单低档、外形丑陋(像只甲壳虫)，更因为它曾受到希特勒的推崇而引起美国新一代有着强烈反战情绪的青年人内心排斥，后来伯恩巴克利用"想想小的好处"等一系列广告，才一改颓势。至今"想想小的好处"仍在沿用，并屡有创新。

请收集相关资料，整理回顾万宝路和大众金龟车说服受众的过程，思考究竟是哪些因素促成消费者态度改变？

提示：从认知反映、情感反映、行为习惯反映三方面归纳。

第二节　态度改变与广告说服

一、信息来源与说服

广告作为信息的传播者，或者说是作为说服者，它自身的条件直接决定着接受者或者说是消费者的态度的转变。如信息传播者的威望、动机和意图、个人魅力等都直接影响着消费者态度的转变。

（一）传播者的威望

在广告的信息传播中，信息传播者的威望极大地影响着信息接受者改变态度的程度。一般地说，传播者的威望越高，信息接受者的人群中改变自己态度的人就越多。在这里，导致威望变量的一个重要因素就是信息传播者自身的"可靠性"。具体地说，这一"可靠性"又包括两方面因素。其一是信息传播者自身的可信性。通常，信息传播者自身的可信度又往往与信息传播者自身的社会影响、人格特征、仪表风度以及传播时所呈现的态度、表情密切相关。其二是信息传播者的专业性。可以说，传播者的专业水平和社会地位越高，职业资格越老，那么其广告信息的宣传效果就越好。

正是因为人们的态度和观点很容易受社会名流或具有专家身份的人的影响，所以现在很多广告设计者千方百计地寻找各种机会请名人和专家作广告。为此国外有专家曾专门做过实验研究名人与商品间的关系对广告效果的影响。实验中广告所选的代言名人为政治家、体育明星，广告中使用的商品为时事杂志、运动鞋。

实验中被试名人与商品匹配的分组情况如下：

第一组：政治家/时事杂志

第二组：政治家/运动鞋

第三组：体育明星/时事杂志

第四组：体育明星/运动鞋

第五组：时事杂志(无名人匹配)

第六组：运动鞋(无名人匹配)

实验结果如图6-2所示：

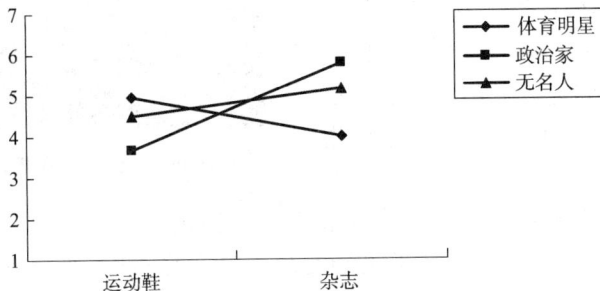

图6-2　名人与商品间的关系实验研究结果

实验表明，广告中名人与商品间的关系越密切，使用名人代言的广告效果就越好，否则效果可能并不理想。

学思致用

"劳力士"手表结缘世界登山健将①

"劳力士"手表是瑞士生产的一种高档名表，专供富有上层社会人士佩戴。企业选择了全世界公认的最优秀的登山健将莱因霍尔德·梅斯纳来作广告。1978年，梅斯纳令人难以置信地不用氧气筒登上了海拔8 848米的世界最高峰——珠穆朗玛峰。梅斯纳的广告中向世界宣称：尽管我不带氧气筒，

---

① 柏生、张伟.多维广告战：108个成功策略及经典案例.中国经济出版社，2004年1月版，第50页。

但我绝不会不戴上我的"劳力士"表
去登山。登山者不戴一块可以信赖
的、走时准确的表，简直不可思议。
梅斯纳曾经成功登上六座海拔 8 000
米高的山峰，选用他佩戴"劳力士"
手表登山的照片作广告可以令人信
赖地展示"劳力士"手表的优良性能。

图6-3　劳力士手表广告

(二)传播者的动机

在广告的信息传播中，信息传播
者的意图和动机也会直接影响到说
服的效果，直接影响到消费者的态度
的转变。社会心理学家 W·巴克指
出："如果有一种产品经过一位颇有
魅力的人物宣传，那么这是否意味着人人都会跑来购买它呢？事实并非如
此，……如果人们看到，某人的劝导是出于自己的私利，那么这一信息的说
服力就减弱了。"①可以设想，如果一则广告经过一位颇受广大人民群众崇敬
和仰慕的社会名流来宣传，并非意味着人人都欢迎他所宣传的商品，其中一
个很重要的原因就是，消费者可能察觉或发现出广告宣传者是出于某种"隐
蔽的动机"。也就是说，人们可能怀疑这一广告宣传者是受人之托或出于某
种自己的私利而进行说服或劝导的，即一旦说服成功，广告传播者将从中获
得好处，那么，广告信息说服的效果自然就会减弱。

显然，信息传播者的动机对于其说服力和影响力起着一定的作用。实践
证明，一个广告的信息传播者所宣传的主张、观点和信息与其自身利益相一
致时，往往就会减弱其说服效果；相反，如果一个广告的信息传播者所宣传
的主张、观点以信息与其自身利益相矛盾时，往往就会增强其说服力，而此
时，这一说服效果往往不因说服者自身的价值和威望而受影响。或者说，当
一个人为能够伤害自己，或不利于自己的观点、见解作宣传作辩护时，即使
其威望很低，声誉较差，也能产生很大的说服力和影响。

(三)传播者的魅力

在广告的信息传播中，传播者自身的魅力也能够对受众产生影响。因

---

① ［美］W·巴克主编. 社会心理学. 南开大学出版社，1984 年版第 287 页。

为，具有吸引力的个人所以能够影响受众，是因为受众希望自己与他们相似，或希望与他们认同。

具有吸引力的传播者特别容易集中受众的注意力。具有吸引力的传播者不仅可以改变人的购买态度，也可在政治、经济、文化、教育等方面产生影响。

吸引力可以是性别方面的因素，也可以是形象方面的因素，当然还可以是来自其他各方面的因素，如人的风度、知识水平，以及各种独特的价值取向和审美情趣等等。

据国外有关部门测定，传播者自身魅力在广告接受效果中占 27%～40% 的影响力，在同样创作与制作的情况下，传播者的魅力则更为突出。这便是为什么国外广告对选择模特极为看重的原因。

二、信息传播与说服

(一)信息的组织

实验证明，信息传递的组织形式、信息呈现的先后次序以及信息的接受对象等等，都在信息传播的影响力方面起着重要的作用。

1.信息组织的结构形式

假定你的广告信息要说服观众接受你的商品，为了可论证起见，你可以提出正面的论据。这时，你将面临着把你两方面的论据都提出来好呢，还是只提出一方面论据的问题。如果你决定两方面的论据都提出来，那么，又面临着先提出正面的论据好呢，还是先提出反面的论据的问题。

也可以说，在促使信息的传播行使说服诱导的作用时，传播者总要有论证信息的立场和观点。一般说来，论证的方法有两种：一种是只提出有利于自己的正面论据，叫做单方面的论据，也叫一面法；另一种是既提出正面的论据，也提出反面的论据，甚至同时承认反面论据的某些不可取之处，这叫做双方面的论据，也称作两面法。

单方面论据法，可以避免相反信息干扰，特别是当接受对于此信息不甚熟悉和了解时，单方面地提出论据，可以增加其可信度，促使其最后决策。但是，如果用得不好，反而容易影响其可信度，招致接受者对信息传播者的动机、人格等方面的怀疑，导致反感。

双方面论据法，是从正、反两方面进行论证。这时，当信息的接受者同时面对正、反两方面的论据时，容易感到这是公平的、客观的，从而增强其对广告信息的信任程度。但是，从另一个角度看，同时提出两个互相矛盾对立的观点，也容易引起接受者的思想混乱。特别是，如果两方面的论据都表达得较为充分和圆满，更容易使接受者产生迷惑，导致犹豫不决，举棋不定的效果。这样一来，反而增加了相反信息的说服力，促使接受者接受对立的立场和观点。

实验证明，在信息传播过程中的单方面的论据与双方面的论据的具体运用，应该主要参照信息接受者的受教育程度、接受者的原初态度以及对客观形式的预测等。

2. 信息呈现的先后次序

在信息传播的过程中，会出现一种"顺序位置效应"，即信息呈现的先后次序所造成的影响，最先呈现的材料较易回忆，可称为首因效应，最后呈现的材料易记忆，称近因效应。

首因效应，是指那些先行出现的信息，它往往对人的认知和态度具有强烈的作用，它影响着人们对后来掌握其他信息的处理方式。

当消费者第一次认识某一个广告，第一次购买使用某一个商品，往往会留下深刻的印象，形成一种心理定势而难以改变。第一印象实际上已经构成了先入为主的"有色眼镜"，这时，人们要常常有意无意地把以后的印象与第一印象相联系，并把以后的印象当作第一印象的补充。如果第一印象良好，以后的印象即使不好，相对来说也不那么令人反感；如果第一印象不好，即使以后的印象比较好，也会相形失色。

近因效应，即是指最后出现的信息或印象对人的认知和态度改变的作用。这时，往往是两个或两个以上的信息依次呈现时，最后一个信息成了最新刺激而易被接受者认知和接受。

首因效应和近因效应，看起来是矛盾的、对立的。其实，它们都在人的认知过程和态度改变过程中起着重要的作用，只是起作用的条件不同罢了。那么，究竟哪一个在信息传播过程中的说服作用更有效，还要取决于信息接受者这一认知主体的价值评价和价值选择。一般说来，认知结构较为复杂的信息接受者容易接受首因效应。因为，认知结构较为复杂的人，容易对信息进行多元的选择，能够在较高的层次上综合、分析信息，对未来也习惯于预测和判断。反之，认知结构比较简单的信息接受者容易接受近因效应。这类信息的接受者由于知识结构比较单一，接受信息后通常采用一元的认知方式处理信息，常用简单的好与坏、美与丑，肯定与否定来作出判断和决策，所以容易受近因效应的左右。同样道理，信息接受者在与较为熟悉的信息对象打交道时，近因效应也往往有较大的作用。

首因效应与近因效应，在广告定位与广告创意中是需要认真考虑的。广告中应把最重要的信息放在开头或结尾，如果一则广告能够首尾呼应地突出同一重点信息，则更容易使消费者记住有效的信息。目前，两个效应兼顾的广告是比较普遍的，在创意中力求使两个效应产生互补作用。如广告的开始部分，造成鲜明的形象效果，使接受者对此印象深刻，结尾处，推出品牌品名，运用语言文字的力量去形成记忆。

所以，广告的制作宣传者要想得到消费者的信任，要说服消费者，方法之一就是要使广告传播者所传递的内容的组织形式适合消费者自身的接受水平，此时才能提高广告的说服力，转变消费者的态度。

(二)信息的差异

很多广告设计者，往往倾注全力去注意增加信息有效性的各种因素，而不去注意信息本身的一些变量往往能对接受者的态度改变起到较为重要的作用。

1.什么是信息的差异

所谓信息的差异，是指广告传播的信息所提倡的立场、态度、观点与广告接受者的立场、态度和观点之间存在着差异，换句话说，就是传播者的信息与说服对象的原初态度之间存在着差异。这种差异越大，接受者的心理压力就越大。因而，也正是这种压力，导致了接受者的态度的变化。而且，在这种差异的压力下，改变态度的人也必须随着差异的变化量，相应地改变他的态度。

有人把这种差异信息的作用叫做信息的恐怖、紧张或是不平衡的态度。然后，接受者为了消除这种恐怖心理，就要改变自己的态度，以缓解紧张，平衡心态。于是，也就达到了传播者的说服效果。

如国外一家女性减肥药物广告，就是在制造恐怖效果方面获得了成功。他们选了一个极胖的女模特，着三点式穿着，做出一副痛苦表情，广告词是：还没结婚，体重就超过160斤！女模特旁边便是醒目的减肥物品形象。这则广告很好地运用了人们对于肥胖的恐惧心理。

信息的差异与态度的变化之间的关系是比较复杂的。信息的差异与态度的距离越大，产生的心理压力就越大，但并不因此就能导致态度的更大变化。

2.信息差异的表现

信息差异的变量，或者说是信息恐怖的程度，一般来说，有三种程度：

即高度恐怖，中度恐怖和低度恐怖。有人认为，信息差异越大，越能引起恐怖，在改变接受者的态度和行为方面就越有力量。事实上，高度恐怖所引起的接受者的反映有两种：一是接受者承认并正视这种差异或恐怖的存在，接受信息传播者所宣传的主张或方法去应付恐怖，消除差异；二是接受者面对高度的恐怖而产生了回避或抵触的态度，他们或者避而不想，或者去寻求另外一些与之对立的观点，或者将恐怖的信息合理化，似乎在他们看来，改变自己的态度也难以消除这种恐怖或差异。同时，极大的差异也容易使接受者怀疑信息来源的可靠性。但是，低度的差异和恐怖又不容易引起接受者的态度变化。最理想的差异水平该是中等差异程度，它既容易唤起接受者的恐怖，又容易使接受者接受信息(见图6-4所示)。如东宝肝泰片以脂肪肝诱发肝硬化等对人体造成的威胁，引发人们对自身肝脏器官健康状况的警觉；而舒肤佳香皂则以人们日常生活中接触感染细菌较多的状况，来提醒人们，为保证全家健康，请用具有独到杀菌功效的舒肤佳。

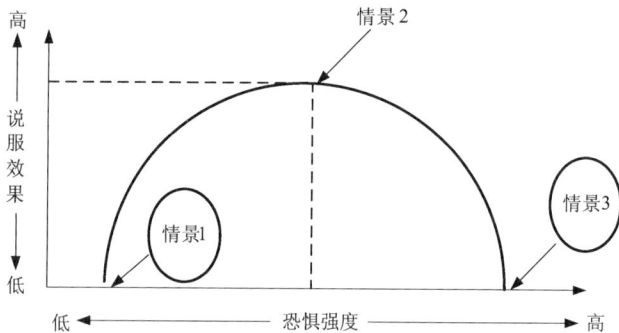

图6-4　恐惧程度与说服效果的关系

当然，信息的差异程度与传播者的可靠性密切相关。只有在传播者的可靠性确定在最大限度的前提下，接受者的最大态度变化才能随着信息的最高差异发生。

(三)信息的情境

广告传播的信息通常都被放置在或处于一种不断发生发展的，同时又是极为广泛的前后关系中。这些关系或者叫做信息的情境因素或叫做信息背景变量，它往往决定着说服企图的成败，对信息接受者的态度变化起着极为重要的作用。

情境因素对信息的说服过程或态度转变的影响主要体现在警告与分心两个方面。

警告，顾名思义，可以理解为事先预告，即把将发生的事情预先给予指示和告诫。一般来说，在广告的信息传播中，预先指明警告大约会产生两种结果。

一种结果是增加抵制说服。即信息传达过程中的预先警告使接受者强烈地抵制这令人讨厌的交流信息，那么，他很可能要通过这条信息来抵制说服。而且，得到警告的时间越长，表现出来的抵制越强烈。实验说明，在信息播出前作出的警告与在 10 分钟以前的警告所导致的抵制效果是不一样的。因为，个人的防御能力如同预防功能如预防注射一样，10 分钟的时间可以使其对对手有充分的认识，并使自己相应地得到训练或强化，然后信心十足地去与对手交锋。

另一种结果是加速态度变化。当接受者的立场、观点没有受到很大的牵连时，事先警告也能起到与上述结果相反的作用，即帮助接受者的态度变化。例如，一个接受者不愿意一开始就严格地坚持他原有的态度，于是，事先警告便作为一种线索，对推动他沿着或迟或早注定要走的道路前进起到一定的作用。接受者面对信息的警告，是产生抵制说服，还是产生接受说服，其关键既依赖于接受者原初观点的自信度，也依赖于警告的内容与接受者个人之间的关系，即连累的程度。如果接受者原来对其观点的自信度低，警告便有利于其态度的改变；反之，接受者的自信度高，就可能使其产生对说服的抵制。如果警告的内容与接受者的个人利益无利害关系，即他没有受到很大的牵连，就很容易促使其态度的转变，相反，则容易使其产生抵制说服。

分心，是指注意力分散的现象。信息情境的分心是指对接受者的注意力进行干扰，而不是干扰信息的说服过程本身，也有人把这种分心叫做精神涣散。当一个接受在对信息做出抵制说服的时候，往往要调动全部的力量去捍卫自己的观点，在这时，一般也很难使这一差异信息产生说服的力量。但如果同时分散他的注意力，就可能使说服性的信息毋需战斗就达到改变接受者态度的目的。所以，接受者在精神涣散的情况下比在非精神涣散的情况下更易受到影响。

图6-5 某牛奶系列广告

名人齐上阵所做的"牛奶系列"广告具有较强的降低消费者风险知觉的"分心"作用。

当然，精神涣散或者分心不能太过分。过分的精神涣散会使接受者全然听不进说服的信息，而且还会使它的作用化为乌有。可以想见，登广告的人可能希望电视广告中的人物在宣传其观点和信息的过程中，呈现一些不相干的画面和动作，使对该信息有抵触情绪的电视观众不至于太专心于广告节目的要点，当然，他们也不希望不相干的事物太喧宾夺主，以免信息失去作用。

精神涣散在有限的条件下起作用。换句话说，促使广告的信息接受者精神涣散导致其转变，需要具有一些基本的条件。例如，广告信息的接受者对说服性的信息的信任程度，广告信息接受者的个人需求与信息的内容之间的逻辑关系等等。

三、信息接受与说服

信息接受者是广告的信息传播的目标、对象。接受者自身的特点对于广告的信息传播的结果，也就是它所要达到的促使消费者的态度改变的这一过程起很大作用。特别是，接受者作为个人自身的人格诸因素，一直被认为是影响说服力的因素。

（一）自我尊重

自我尊重，也叫做自信的程度、尊重的程度、自我估价等。实验表明，自信程度的高低是影响说服力的因素之一。一般说来，自我尊重是指一个人认定的他自己的价值或一个人对自己的价值估价的高低。

心理学实验证明，低自我尊重的人往往表现出感情缺乏、社会抑制、社会忧患和情感焦虑等问题。低自我尊重的人往往比高自我尊重的人容易被说服。因为低自我尊重的人常把一种很低的价值置于他们的见解之上，或者说他们很低地估价自己的见解，甚至不估价自己的见解，所以比较容易放弃自己的观点，特别是当自己的见解受到攻击时，也就更容易改变自己的态度。低自我尊重的人在下结论时，更乐于寻求他人的意见，并相应地改变自己的意见。

高自我尊重的人，由于自信程度强，自我估价高，则更容易相信自己的判断，在下结论时，别人的意见只是作为参照或更乐于寻找与自己的判断相一致的他人意见，以支持自己的判断。因此广告说服应懂得诉求对象的自信程度，并由此做出相应的广告对策。例如达彼思广告有限公司(上海)为别克君威汽车所作的广告。在寂静的城市工地背景中，一辆别克君威汽车的启动带动了整个城市的律动，驾驶员扭动着方向盘、机械吊车有节奏的摆动，组成了一曲流畅欢跃的合奏。继而随着一声深呼吸，汽车驶向公园，秋千和风车随风而动作为衬景点缀着漂亮的车身、优雅的车型。最后汽车停下来的一瞬间，整个城市又随之停止，归于寂静。文案为：动，可生万象；静，能容万物；心至行随，动静合一。这则广告中，雄浑从容的意境营造优雅的审美气韵，蕴蓄着浑融大气的哲理气息，而这一切无疑是为了突出别克君威汽车领导者的气度姿态，表现别克车主"大时代推动者"的优越地位(见图 6-6)。

(a)   (b)

图 6-6　汽车广告(a~b)

（二）智力因素

人的智力因素，往往也被看做是影响说服力的因素之一。一般人可能认为，智力高的人比智力低的人更容易被传播的信息所说服。实际上心理学家发现，智力的高低与个人抵制说服的程度并没有什么必然的联系。

但是，个人智力的高低与抵制说服的关系却与信息传播的类型有很大的关系。例如，面对两种信息，一种是强制性的，努力让接受者屈服的信息；另一种是倾向让接受者注意和了解的信息。对于强调屈服的信息，智力高的接受者比智力低的接受者来说，不容易受影响；而强调注意与了解的信息，则智力高的人比智力低的人容易受其影响。同样道理，意义简单浅显的信息传播，对智力高的人不具有太强的说服力；而意义复杂而深奥的信息传播，因为不容易为智力低的人所理解，因而不容易说服他们接受这一类信息。

因此，如果广告定位于知识水平偏低，智力因素偏弱的消费者群体，广告内容于形式表现应尽量简洁明了；反之，广告内容与形式则应表现得充满智慧，富有意义，含蓄深刻一些。

（三）防御程度

对于威胁性的信息，人们可能会采取防御机制来抵制，就像人类对疾病的抵抗力一样。个人用于保护自己不受消极或否定信息损害的这种防御程度，在某种程度上则决定了某一特殊的说服性信息企图影响他的程度。人人都有防御机制，对于广告信息的传播，人们也是防御的。当消费者对某一广告信息处于提防信息损害自己时，就不容易被说服；而处于防御消除的状态时，就容易被说服。一般说来，高自我尊重的人，自我防御的机制也较强；低自我尊重的自我防御的机制也较弱。在大多数情况下高度防御性的人很难受到顿悟感染力的影响，而比较容易受到信息资料感染力的影响；低度防御性的人则比较容易受到顿悟感染力的影响。因此，广告在传播过程中，在内容与形式的表现上，要尽量避免唤起消费者防御机制，努力做到让消费者在不知不觉中愉悦地接受广告信息。

　　综上所述，广告必须充分注意和研究信息接受人的自身特点，才能达到使消费者接受广告信息传递内容的最终目的，从而致使接受信息的人按信息内容的诱导去进行活动。

四、广告的说服方法

　　上述信息及信息接受的原理，在广告说服中具有直接的意义，他们是广告说服的根据。广告的说服，就是通过某种刺激给消费者一个诱因，使之改变态度和意见，并依照广告信息所预订的意图采取行动。广告心理的功效就是最终说服消费者采取购买某种商品或劳务的行动。

　　(一)广告说服原则

　　广告要完成其说服的具体过程，也就是说，它要作为一种诱因，作为一种激发购买意向的外在刺激物而存在，就必须考虑上述信息及信息接受原理，也就必须遵循如下原则：

　　1.要有针对性

　　广告宣传必须要有明确的对象，指向一定的目标市场，有的放矢。这样，才能使接受者对说服者的诉求产生共鸣和关心，才能唤起消费者的潜在需要。

　　2.要求实事求是

　　广告的说服过程必须建立在事实的基础上，不仅要看对象，还要切合实际。成则生信，信则生誉。只有实事求是，广告的宣传才能构成促使消费者转变态度的说服力，才能使消费者重视说服者的立场和观点，使消费者赞成说服者的态度和行动。

　　3.要有同步的态度

　　广告宣传要采取与消费者同等的立场和统一的态度。当广告宣传者和消费者的立场、观点相近时，消费者就会产生一种与说服者同步的心理效应，或者说引起了消费者的心理共鸣。当然，也就容易使消费者依照说服者的指示，采取相应的行动。

奥格威的招商广告①

广告大师奥格威曾为波多黎各成功地撰写了一则著名的招商广告。

在正文中，奥格威紧承标题，为投资者算了一笔账："假如你的公司今年在税后净赚 53 500 美元，你在波多黎各则净利就会是 10 万美元，多赚 87%，只因为联邦的所得税法不适用于波多黎各，而一切地方捐税也一概全部免除。"

(二)广告诉求与 ELM 理论

1. 广告诉求

广告说服的具体过程是通过诉求来达到的。广告诉求指通过一定的广告内容和形式对受众进行说服的广告策略。包括两个方面的内容，一是广告说什么(What to say)，二是如何说(How to say)，也就是选择什么样的诉求点和诉求形式。广告诉求，就是要告诉消费者有什么需要，如何去满足这些需要，并促使他们为满足需要而购买商品，这是一个消费者从认识到行动发生的心理活动过程。一般说来，通过诉求来完成广告说服的方法有理性诉求、情感诉求、知觉诉求等。

2. ELM 理论

广告诉求与著名的 ELM 模型有着密切的理论联系，了解这一理论基础有助于更好地理解和运用不同的广告诉求方法。

20 世纪 80 年代，佩蒂(Petty)和卡西窝波(Cacioppo)提出了 ELM 理论，即精细加工可能性 ELM 理论(elaboration likelihood Model)，它被认为是解释广告受众态度改变、能否被说服的最佳模型之一。

所谓精细加工可能性是指受众对所得信息进行加工的动机强度和能力水平。ELM 理论把态度改变归纳为两个基本的路径即中枢路径和边缘路径，精细加工可能性水平高低决定了两路径的相对强度，并进而决定了能够令受众态度改变的诉求方式类型。

例如当精细加工可能性高，即受众具备对信息的加工能力且动机强的情况下，便启动中枢说服路径，此时态度的改变是个体主动进行精细的信息加工的结果。如考察广告信息源、搜索和检验有关体验、分析和评价广告产品的各种特点等。理性诉求的广告主要通过中枢路径来引导受众态度的变化。

当精细加工可能性低，即受众不具备加工能力或动机弱时，其态度改变

---

① 张金海主编.世界经典广告案例评析.武汉大学出版社，2000 年版，第 66 页。

方式主要表现为边缘路径。这时受众态度的改变不是源于个体对广告的精细认知加工，而是根据一些边缘线索诸如广告信息源的可靠性或权威性、广告诉求引发的各种联想、情绪、情感体验等直接对刺激作出反应，更多地依赖于情感迁移、直观推断等信息加工过程。情感诉求和知觉诉求的广告影响受众态度变化往往通过边缘路径说服受众。[①]

(三)广告诉求的具体方法

1.理性诉求

理性诉求是偏重于说理的形式，直接陈诉商品的好处的诉求。这种诉求是客观的有理有据地对商品本身的特点、性能、结构进行宣传，不带任何感情色彩，它强调客观介绍，很少下判断。

(1)理性诉求，应该注意说服的重点。制作理性诉求的广告时，首先应该对宣传和说服的重点有一个明确的认识。诸如：产品的特点、产品的优点、目标市场中消费者的心理特点，目标市场中消费者的需求状况等。对于产品的特点与优点，更重要的应该宣传其特点；对于消费者的心理特点，应该切实把握；对于消费者的需求状况，应该予以迎合。例如 Intel 奔腾处理器报纸广告(得"芯"应手篇)，在文案的开始首先下了一个判断：个人电脑需要快速的处理器，然后指出奔腾处理器正是符合这条件的处理器，接着强调它的优点，最后肯定要想提高工作效率，奔腾处理器是必然的选择。[②]

图 6-7　中国电信小灵通系列广告

中国电信小灵通的广告尽数三大方面、细款众多的优点，迎合消费者的理性消费心理。

---

① 此部分参考：王怀明. 理性广告和情感广告对消费者品牌态度的影响. 心理学动态, 1999, 7(1)：56~59 页. 周象贤、金志成：《情感广告的传播效果及作用机制》,《心理科学进展》2006 年 1 月 14 卷 1 期。

② 徐小娟. 100 个成功的广告策划. 机械工业出版社, 2002 年版, 第 165 页。

（2）理性诉求的广告还可以运用现场实证的方式，以便在具备条件的情况下，更加直观可信地展示突出产品的优势和功能。哥鲁伯—亚美拉达公司发明了"安全—轻便4X"型超钢化玻璃后，经哈西—洛特曼公共关系公司的策划，导演了一出"球棒效应"。该公司在米尔沃基市，隆重举办了一次展示鉴定会。在展览大厅一字排开镶有"安全—轻便4X"型超钢化玻璃的框架，并在框架上角贴上醒目的标识；然后，在每块超钢化玻璃的背面都贴上1 000美元的支票，框架旁边放置一根名牌球棒，并张贴出诱人的大幅告示："凡能打破玻璃者，可随意取走1 000美元的支票。"在展览会期间，他们邀请与会者高举球棒，向超钢化玻璃猛击三下，并许下诺言："如果谁能用球棒击破玻璃，1 000美元的支票就归谁所有；如果没有一个人能击破钢化玻璃，那么所有支票都将无偿地赠给米尔沃基市福利院。"展览会开幕那天，试图赢得这笔飞来横财的人们挤满了展览大厅，但最终却无人能取走这些1 000美元的支票。这一事件一时成为报刊、电视、电台的宣传中心，从而为哥鲁伯-亚美拉公司争取到大量订货单，一下子做成50万美元的生意。

奥美广告公司为了让美国一家厂商生产的"超级三号"强粘胶液打进法国市场，也曾设计过一则惊险的电视实证广告。电视屏幕上，在一个男子的鞋底上滴了四滴"超级三号"胶液，然后倒粘在天花板上，长达10秒钟，并有公证人监督。结果广告播出六个月后，这种胶液就售出50万支。[①]

（3）理性诉求，应该注意恐惧唤起的程度。依照信息的差异理论，广告宣传者所传播的信息与广告接受者的原初态度之间差异，导致广告接受者的心理压力，而广告接受者为了摆脱其心理的恐惧和压力，只有听从广告的说服，才能消除恐惧，平衡心态。但是，太大的恐惧又容易使人拒绝相信其可靠性，抵制这一说服性的信息交流；而太小的恐惧又不容易引起消费者的重视，不容易导致接受者的态度变化。所以，恐惧的程度必须适度。如前所述，一般来说，恐惧程度以控制在中等为宜。

（4）理性诉求，也应该注意单向信息与双向信息的运用。而消费者文化程度普遍较低的目标市场，广告宣传应该以单向的宣传或者一边倒的信息为宜。因为，这些人的文化水平较低，可能相应地影响其分析水平也不高。双向信息就可能使之感到困惑，进而阻碍广告的说服信息对他们的购买决策和购买行为的影响作用。而面对消费者文化水准普遍较高的目标市场，单向信息就显示得不适宜了。因为，他们较高的理性分析能力使他们认识到，世界

---

① 张金海主编.世界经典广告案例评析.武汉大学出版社，2000年版，第94页。

上绝没有十全十美的东西，单向的信息便很可能隐藏着欺骗的动机，所以，双向信息比较容易为这些人接受。此外，社会心理学的研究还表明，当人们的原初态度与广告信息所强调的目标一致时，单方面宣传比较有效；而当人们的原初态度与广告信息的意图相左时，双向宣传的效果则比较好。所以，广告的信息运用双向信息的传播方法，以消除消费者的怀疑，从而建立起信任感。当消费者已经接受广告的说服宣传，这时就可以考虑运用单向信息的宣传，以强化消费者已经建立起来的观念和情感。有人曾将同一型号的汽车做了两则广告，一则广告说："这种汽车的内把手太偏后了一点，用起来不顺手，但除此之外，其他地方都很好。"另一则广告"只报喜不报忧"，全部讲优点，结果反倒是前一则广告令人觉得直率坦诚，赢得了消费者的信任。

（4）理性诉求，还应该注意权威暗示所导致的说服效果。实践表明，信息传播的权威力量的程度，能够极大地影响接受者态度改变的程度，当然是其威望越高，说服力越高。在广告的理性诉求中，运用权威力量，大致有这样两种情况：

第一，是聘用本产品所属领域的专家出面，由他们来介绍自己产品的性能、特点与优点。由于他们是社会上公认的专家，其发表的意见当然就具有很大的权威性。

第二，是由消费者自己出面作证言。在很多情况下，是由消费者亲自出来说话，或消费者主动投寄的信函，连同销售重点一同刊登在广告上。同时广告制作者又必须特别注意让证言来自四面八方，并一一证明其工作单位和详细通讯地址。这样一来，信息接受者就很容易相信证言的真实性和可靠性。

2.情感诉求

情感诉求，是广告所传播的信息说服，是通过富有人情味的方式，去激发消费者的情绪、情感，进而使之萌发购买动机，实现购买行为的诉求。情感诉求是以满足消费者的"自我形象"的需要为诉求重点的。广告的情感诉求有着种种不同于理性诉求的特点。

（1）情感诉求的信息传播或说服的途径是简捷的。如果说，广告的理性诉求是通过人们的理性知觉以中枢路径将信息传送到大脑中枢，那么，广告的情感诉求则是通过非理性知觉以边缘路径将信息传送到大脑中枢。这条通道较之理性知觉的通道要短得多，直接得多，速度也快得多。如"铁达时"手表的广告语："不在乎天长地久，只在乎曾经拥有"。台湾统一企业的广告《母亲节篇》的文案："只要真心付出，就是最大的快乐！/用妈妈的爱和关怀，/连结屋檐下的每一颗心，/爱自己的家，/也爱天空下的每一个家，/让妈妈的笑容更加灿烂！/统一企业提醒您，/真心付出，把爱分享！" 广告中体现的爱情、亲情的真挚、幸福、永恒和人们对美好爱情的憧憬期盼，总体而言是通过非理性知觉传达广告信息的，但对受众的感染力是绵厚至深的。

（2）情感诉求的传播和说服方式也是非理性的、无意识的、不自觉的，它大多数是在一种不知不觉的情况下，以一种潜移默化的形式进行的。所以，广告信息的传播在以情感诉求的形式完成其说服的过程时，就必须注意人们的情感意识领域中的一些无意识的心理形式，一些微观的心理定势。在情感诉求中，发挥"晕轮效应"是行之有效的方法。所谓晕轮效应，指的是从对象的某种特征推及对象的总体特征，从而产生美化或丑化对象的印象。之所以把它叫做晕轮效应，就因为它好像月晕一样，当人们隔着云雾看月亮时，就看见一个光环，当然这是一个虚幻的光环。所以，有时人们产生的某种幻化的情感和印象时，尽管这种幻化印象对某种特征的感知而言可能是真实的，但其总体印象和内在实质都是不真实的，就像对月亮和其光环的感知一样。晕轮效应的情感知觉既是无意识的，又是很固执的。例如，精美的包装、偏高的价格往往都容易使人们产生晕轮效应，消费者会普遍地认为里面的商品和外表的精致包装一样美好，会和偏高的价格相一致。聘请体育界、文艺界的明星作广告也是晕轮效应的利用。在公众的情感心理中，既然某些运动员在赛场上是杰出的，就往往容易赋予这些运动员许多本不属于运动技术方面的专长，因而也就容易使广告产生较强的说服效果。

这种请名人作广告、利用晕轮效应的良好效果，一方面是源于人们对名人的某种偏爱之情；另一方面，人们可以借此达到某种程度的自我实现，或取得与名人的某种共识。

3. 知觉诉求

知觉诉求就是用直接或间接的具体事物形态来诉求。

直接的知觉诉求，是通过直接接触事物对象来认识对象来认识诉求，它能使人有一种身临其境之感。亲自的体验容易增强人的信心，广告效果一般也比间接的知觉诉求好。但是直接的知觉诉求也有局限，因为，消费者所接触或认识的对象往往很有限，在很多情况下只能认识一个对象、接触一个事物，更大量的事物常常都不能直接地、正面地去接触、去了解。这种诉求也受环境的限制。

间接的知觉诉求，是通过一些相关的材料间接认识事物对象的途径。间接诉求可以广泛使用，不受时空限制，因而在实际生活中，大多数广告都采用间接的知觉诉求而把直接的知觉诉求作为一种辅助的手段。

案例点拨

图 6-8　泰国旅游系列广告

　　泰国旅游系列广告，诉诸受众的嗅觉、视觉、听觉，质感鲜活，富于情趣的意境，神秘的异国情调呼之欲出，令人神往。

　　感性诉求和理性诉求各有优势，也各有欠缺。理性诉求策略在完整、准确地传达商品信息方面非常有利，但由于注重事实的传达和道理的阐述，又往往会使文案显得生硬枯燥，进而降低了受众对广告信息的兴趣。感情诉求策略贴近受众的切身感受，易引起受众的兴趣，但由于过于注重对情绪和情感的描述，往往会掩盖商品信息的传达。因此，在实际的广告创意表现中，时常将两种诉求策略结合起来，以求达到最佳的说服效果。

　　如在中国纯净水、矿泉水产品广告战的早期，娃哈哈、乐百氏都已经在消费者心目中达到了很高的品牌认知度。娃哈哈纯净水广告走的是感性路线，乐百氏则采用理性诉求策略。娃哈哈的明星助阵，情感效应；乐百氏的27 层净化，令人叫绝的理性诉求，似乎把住了纯净水的两大关口，一个把感性诉求发挥到极致，一个把理性诉求演绎得精彩之至，还获得广告大奖。因此，对于其他品牌而言，如果找不到一个诉求的突破口，就很难冲破两大品牌在消费者心目中设置的无形障碍。

　　"农夫山泉"采用感性和理性结合的方式，提出"有点甜"的独特销售主张，这在当时的确是个非常新颖的策略，使消费者耳目一新，把消费者的注意力从水的质感引到水的口味上，同时这句广告词还为后续的传播奠定了良好的基础，使"有点甜"的内涵随着传播内容的演化而不断深化、升华，不仅仅是简单表象上的口味有点甜，其实还是水质上乘的体现。①

学思致用 ▰▰▰▰▰▰▰▰▰▰▰▰▰▰▰▰▰▰▰▰▰▰▰▰▰

一、下列广告各自采用了怎样的诉求方式？诉求表现上有何优长？

1. 碧柔的电视广告

旁　白：碧柔

杨恭如：至今为止洗过多少次脸？从今往后还要洗多少次脸？

旁　白：一生中的 40 000 次洗脸，需要弱酸性碧柔洗面乳，人的肌肤不是碱性，也不是中性，而是弱酸性。

杨恭如：每次清洗，保持滋润，保护肌肤。

旁　白：花王弱酸性碧柔洗面乳。

广告语：为了 40 000 次洗脸

2. 牛仔裤广告文案

超出 10 种的裤型，8 种不同的质地，24 种磨制方法，从条纹到打磨，都是全新制作。它也许不会成为您的第一条牛仔裤，但一定是您的最后选择。您将拥有最完美的体型。

100% 纯棉制作。不但穿着舒适，而且结实耐磨。我们的一件仔裤用料精良，全部选自最好的斜纹粗布，并由迪塞尔的员工精心缝制，制作最好的牛仔裤是我们的任务与目标。

放弃那些诱人的巧克力奶油冰淇淋，扔下那些夹肉馅饼，减掉多余的脂肪。那么，你就能穿上我们最新的苗条仔装。苗条仔装紧贴身体，袖子超常设计。请你记住：没有痛苦就没有收获。

只有质量最好的 12'/2 盎司重的组棉线才可以被用来制作迪塞尔牛仔裤。这种棉布要经过超强染色、漂洗，最终才制成了独特的旧款斜纹布料。它看上去饱经风霜，年代久远，您能由此感受到您祖母那个时代的种种风情。

3. 美国"凯兹"（KEDS）牌童鞋广告

标题：像母亲的手一样柔软舒适的儿童鞋

正文：孩子的脚像富有生命的精致小桥，每一步都需与地面十分吻合。

---

① 徐小娟. 100 个成功的广告策划. 机械工业出版社，2002 年版，第 29 页。

"凯兹"童鞋正是这种吻合的体现，它不像其他鞋那样，像把孩子的脚塞进了不舒服的鞋模里。"凯兹"鞋是特为孩子们设计的……前面留有适当空隙，使脚趾自如伸展。

那些狭小的鞋，不但挤压、摩擦双脚，还会形成拇指外翻，引起疼痛、红肿。

不合适的鞋还会使脚形成多种疾病，例如鸡眼、毛囊炎等。

与僵硬的牛筋鞋底不同，"凯兹"鞋柔软和富有弹性，穿了它，孩子的双脚会得到像母亲手心般的舒适的呵护。

今日的"凯兹"童鞋，款式新颖，由多纹尼龙、加厚羊皮、印花皮等多种构材料制成。加垫后跟，绚丽的花边、柔软的内底以及时髦的鞋面，穿在孩子们脚上，看起来就像一辆小小赛车，舒适而充满生机。

"凯兹"童鞋，犹如孩子跟随母亲一样，紧跟孩子的每一步，去畅游想像空间。

第三节　情绪和情感的表现

一、情绪和情感的概念

(一)什么是情绪和情感

情绪和情感是人们对客观事物和对象所持的态度的体验。

情绪和情感的源起对象是客观事物，离开了客观事物，是没有无缘无故的情绪和情感的。同时，它又反映了客观事物与人的需要之间的关系。换句话说，情绪和情感的产生是以客观事物的对象是否满足人的需要为中介的。一般说来，那些满足人的需要的对象就会引起各种肯定的感觉，产生满意、高兴、喜悦等情感；反之，那些不能满足人的需要或与人的需要相抵触的事物就会引起人的消极态度，使人产生痛苦、厌恶、恐惧、憎恨等情感。

情绪和情感与认识过程是紧密联系的认识过程是产生情绪、情感的前提和基础。有了对事物本身属性的认识，才能有主、客体之间的需求关系的反映，从而产生情绪与情感。但是，情绪和情感过程与认识过程又有区别：

其一，认识过程反映了客观事物本身的属性，而情绪和情感过程则反映了主、客体之间的需求关系。单纯对客观事物的认识不能产生情绪与情感；只有客体与主体之间的需求关系的反映才能产生情绪与情感。

其二，认识过程的随意性很强，人可以随意地感知、记忆、想象和思想，也可以随意地停止这种认识活动。而情绪和情感过程只有通过认识作用，才具有某些随意的性质。

（二）情绪和情感的区别

应该说，情绪和情感也是既有联系又有区别的。

就需要的角度来看，情绪一般与生理需求想联系，是根植于本能的反应，是一种生理体验。如人对事物、空气、性等需求想联系的体验，如愉快、愤怒等。而情感是同人的高级的社会性需要想联系的，是一种心理体验。如同人的社会交际、友情需要相联系的同情感、失落感、责任感、道德感等的体验。

就发生的角度看，情绪发生较早，情感发生较晚。就反映的角度看，情绪一般有较明显的外部表现，带有情境性、不稳定性和易变性等特点。情感相对来说比较稳定，冲动性少，易受认识的支配。

也可以说，情绪是比较低级的心理现象，属表层心理，比较短暂和不稳定；情感是较高级的、深层的心理现象，有较强的深刻性和稳定性。两者不能截然分开，通常情绪是情感的外在表现，情感是情绪的本质内容。

（三）高级情感的分类

人们的情绪和情感变化，在很多情况下受他所具有的社会性情感的程度所制约。这种社会性情感是人们由于社会性需要所引起的高级情感，它又对人的社会行为起积极或消极的作用。它可分为三大类。

1. 道德感

道德感是人们对道德需要是否得到实现或满足所产生的体验，它和道德信念、道德判断密切相关。可以说，它是道德意识的具体表现，是人们根据社会道德行为准则去评价自己或他人的言行时所产生的一种情感。如果他的言行符合道德行为标准，就会产生肯定的积极的情感，否则就相反。

道德感包括爱国主义情感、国际主义情感、集体主义情感、人道主义情感、义务感、责任感、友谊感、自尊感等等。这类情感的体验常常不是单一的，而是复杂的。例如，爱国主义情感，既包含对祖国的爱，又包含对民族敌人的恨，爱和恨都同意在其中。

2. 理智感

理智感是人们对认识和追求真理的需要是否满足所产生的理性的情感体验。这类情感和人的认识活动如求知欲、探究欲紧密联系在一起。比如，人们抱有浓厚的求知兴趣去探究问题的解决，当该问题一时难以找出适宜的解决方案时就可能出现迷惑的体验，可是一有了可行的方案，自信心便建立起来，问题最终得以解决，伴随而来的便是成功后的喜悦感。

理智感源于认识活动，反过来又推动认识活动的进一步发展。

3. 美感

美感是人们按一定的审美标准，对客观事物，包括人自身在内进行欣赏、评价时所产生的体验，即人对美的体验。一切符合美的需要的对象都能引起美的体验。

美感具有客观性、社会性、阶级性。在不同的历史时代、社会制度和民族群体里，审美标准各有不同，因而，对美的感受也不尽相同。

上述三类高级情感在广告活动中都具有重要作用，如道德感，它常被很多企业用来树立自己的社会形象，如赞助慈善事业，赈济灾民，积极发展社会公益事业等；理智感，常被企业用来进行企业及产品形象的深度宣传，如帮助消费者获及有关产品的知识，确立一定的消费观念，满足起求知欲等；美感在广告活动中的作用更为直接，它直接被用于广告创意与广告制作，通过美好的广告形象去唤起消费者的注意和积极的追求。

二、情绪和情感的特征

(一)情绪和情感的两极性

人的任何一种情感和情绪都有一种与它性质相反的情感和情绪相对应，如欢乐与悲哀、爱与恨、紧张与轻松、强与弱、肯定与否定等。在每一对性质相反的情感内，成为两种极端的情感品质，就叫做情绪和情感的两极性。

情绪和情感的两极性品质的表现是多种多样的，它可以表现为情绪和情感的肯定性和否定性。前者为愉快性的，它与需要的满足相联系，如满意、快乐、热爱、兴奋、轻快等；后者是不愉快的，它与需要的不满足相联系，如不满意、悲哀、憎恨、烦闷、沉重等。人的情感和情绪世界正是由这相互对立的两极情感所构成的。在每一对相反的情感中又存在许多程度不同的情感感受。如悲哀，因程度不同可表现为若干种：痛不欲生、痛苦万分、很悲痛、有几分悲哀，淡淡的忧伤等；快乐也是如此，分为欣喜若狂、十分欣喜、很高兴、一丝愉悦掠过心头等不同程度。情感与情绪的肯定性与否定性的两极性，虽然彼此相反，但并不排斥，同一事件的刺激作用，可能使人既产生肯定的体验，也产生否定的体验。情感与情绪的两极性也可以表现为积极的或增力的和消极的或减力的性质。积极的情感如快乐、热爱、兴奋能增强人的活动能力，驱使人积极地行动。消极的情感和情绪，也能削弱人的活动能力，使人失去奋进的精神。此外，情感与情绪的两极性还表现为紧张和轻松的性质，激动和平静的性质等。

　　心理学家普拉切克(Plutchik)提出的情绪锥体模型(见图6-9)，他列出了8种基本的情绪类别：①恐惧；②愤怒；③喜悦；④悲哀；⑤接受；⑥厌恶；⑦期待，⑧惊奇。(可以分为正面和负面)其他的任何情绪都是派生情绪或这些基本情绪的组合。例如，欣喜是惊奇和喜悦的组合，轻蔑是厌恶和愤怒的组合。

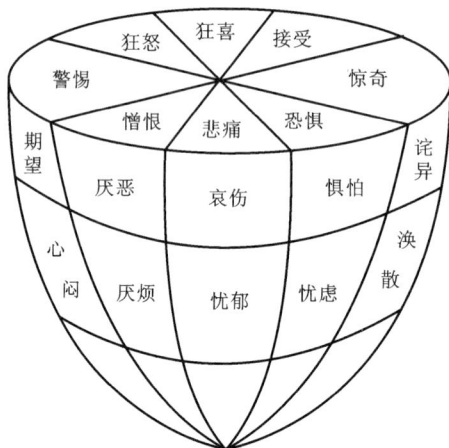

图6-9　情绪锥体模型

案例点拨

　　心理医生诊疗所的广告(跳楼篇)，见图6-10所示。

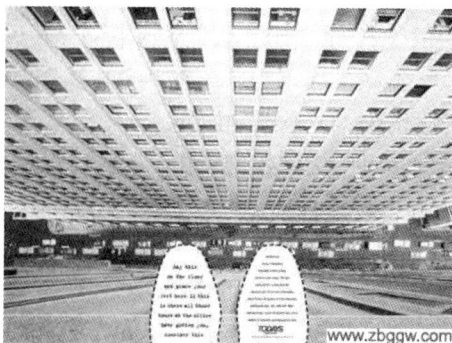

图6-10　心理医生诊疗所广告

文案：把这张图放在地板上，站在虚线框里，如果工作的压力把你逼到了这个地步，请考虑本诊疗所。

这个广告的情绪、情感表现极具张力：既有幽默又有哀伤，既有轻松又有沉重，既有恐惧又有调侃……会心之际，回味无尽。

(二)情绪的认知理论

现代心理学对于情绪理论的研究，有多种不同的观点。他们大多把情绪的认知现象作为信息处理过程来考察。从而强调了情绪的发生依赖于整个有机体过去和现在的认识经验，以及人对环境事件的评估、愿望、料想的性质。在这些理论中，美国心理学家沙赫特在20世纪70年代提出的"情绪三因素说"比较有代表性。

沙赫特的情绪理论认为(见图6-11所示)，情绪的产生是外界刺激、肌体的生理唤醒和认知过程三者相互作用的结果，其中，认知过程起着较为重要的作用。关于外界刺激，沙赫特认为情绪的产生首先源于外界的刺激，这外界的刺激即是个人所处的环境，或者叫做情境或状态；关于生理唤醒，在沙赫特看来，每一个人的情绪状态都是以交感神经系统的普遍唤醒为其特征的。当然，每种情绪状态在唤醒的形式和程度上可能有所不同，但都是肌体的生理变化对大脑皮层的信息输入；关于认知过程，即是过去经验的回忆和

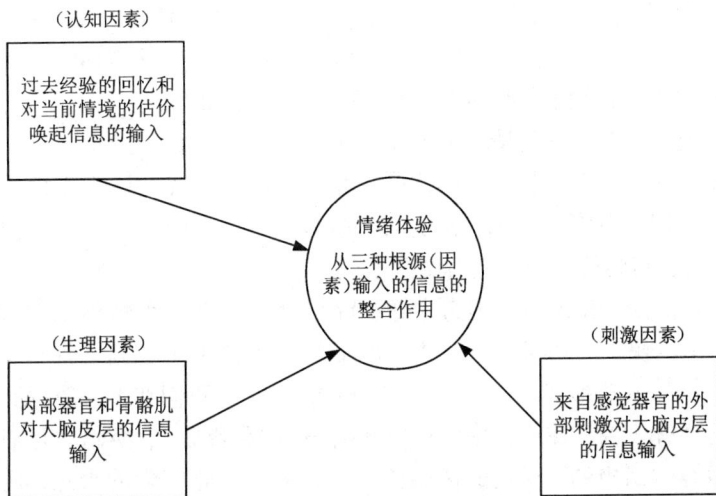

图6-11　"情绪三因素说"模式图

对当前情境的评价所产生的额外信息输入。也可以说，一个人在一种生理唤醒状态体验到一种认识。那么，他就可以将这种体验或感觉描述为情绪。外界刺激、生理唤醒和认知过程三方面的因素输入的信息整合作用产生情绪体验(见上图)。沙赫特的基本观点是，生理唤醒和认知过程之间的密切联系和相互作用决定着情绪，而在其中认知又引导着情绪的唤醒。广告的制作也必须充分考虑这种纳入了认知科学中的情绪的研究。从人与人之间、人与环境之间的相互作用，从个人经验、文化因素对认知过程的影响等方面来考察情感现象的存在和变化从而决定具体的广告策划。

第四节　情感的反应与广告的形式

一、广告影响的情感表现

　　一般说来，消费者对广告所作出的反应，大多表现在两方面，即认知的反应和情感的反应。通常，认知的反应即是消费者对该广告信息的了解、认知和感知。而广告引起的情感反应，又分为肯定和否定两类。肯定的情感反应可具体理解为积极的情绪体验，诸如热情、快乐、精神舒畅等等；否定的或消极的情绪体验，诸如悲观失望、无可奈何、后悔生气等等。这里，情感的影响作用是不可忽视的。它对消费行为起着一种定向的作用。例如，它创造的是一种积极的、肯定的情感，或者它创造的情感与它所引导的消费目标相一致，都会帮助消费者专注于这一目标，并促使人们为实现这一既定目标而努力。反之，不安的、焦虑的诸种消极情绪都会干扰或破坏广告目标的实现。

　　具体说，广告影响的情感表现主要体现在如下方面：

　　首先，由广告而引起的情感体验，可以影响消费者对该广告接受与否的态度。能唤起消费者积极的、肯定的情绪与情感体验的广告消费者便乐于接受之，反之，则会使消费者拒斥之，反感之。例如，闻名世界的可口可乐广告，一直以快活、健康的情感为主题，旨在营造渲染这种情绪的氛围，而正是这种健康、快乐、充满活力的情感渲染使广告得到了较高的评价，也正是这情感诉求的成功形成了人们对广告的积极态度。我们在上一章提到的上海一家房地产开发商，在广告中大肆宣扬所谓"法租界区"，唤起的是消费者遭受民族侮辱的消极的、否定的情感体验，消费者对此广告的否定、痛斥便在所难免了。

　　其次，由广告而引起的情感体验还影响到消费者对由该广告所宣传的商品的态度和商品的选择。消费者对一种新产品的认识和接受，很多时候来于广告的宣传，如果广告唤起的是消费者消极、否定的情感，消费者自然对该商品也持消极、否定的态度，一些夸大其词、弄虚作假的广告毁了尚有价值的商品，道理也就在于此。相反，能唤起消费者积极、肯定情感体验的广告，消费者对该商品也会产生亲和的态度，如需要便会购买该商品。

再次，由广告引起的情感体验，还会转化为使用该商品的体验。当消费者感受到广告中主人公使用该商品所产生的积极情感时，该广告所制造的使用体验，就可能通过联想变成消费者自己的"实际"体验。也可以说，该广告所造成的情感体验可能促进消费者有关过去经验的回忆和引起有关情感的联想，从而导致消费者的"使用"体验的产生或体验的加深。

案例点拨

"丽珠得乐"的情感诉求广告①

广东广旭广告公司为"丽珠得乐"胃药策划的一组系列广告，是以平中见奇取胜的。贯穿几则广告的标题是：其实，男人更需要关怀。画面分别是一个正在伏案写作的知识分子，一个扛工具的铁路养路工，一个化了妆的普通京剧演员。如此平凡普通的形象，如此平常朴实的语言，真可谓"清水出芙蓉，天然去雕饰"。但广告给受众的印象却是新颖深刻的，"其实，男人更需要关怀"，这是人人都有可能想过的事理，但人人都没能把它说出来。而"丽珠得乐"把它作为广告语，言他人所能言而未言，言他人所想言而未言。使所言贴近人们生活与语言。特别击中了日常生活中男性往往对自身疾患粗心大意、不在乎、拖延诊治的习性和女性细致入微、善于体贴男人、替男人操心的人际心理特点。这一独特角度的选择，产生了强有力的感染力、说服力和诉求效果。

近代的心理学研究日益重视情感在认知过程中的作用，他们改变了一般生物体的信息处理过程是从感觉输入经过认知过程到运动输出这一传统模式，主张情感系统是和认知过程同时制约着人的意识活动的输入和输出。为此，广告的制作也同样不能忽视这越来越被人瞩目的情感作用（见图6-12所示）。

① 刘博、杨旭庆编著.中外经典广告成功策划.贵州人民出版社，2004年版，第195页。

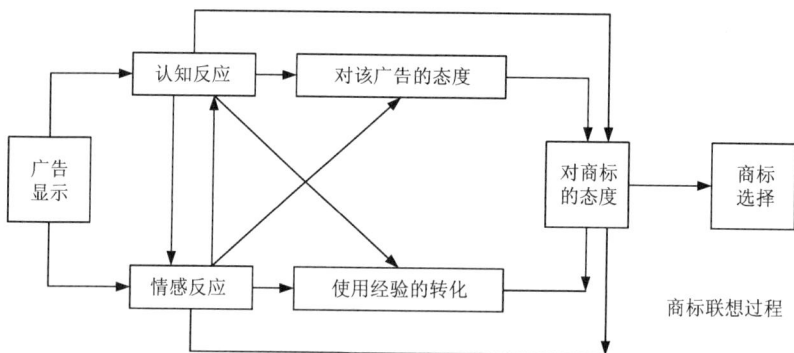

图 6-12　对广告的情感反应模型

二、广告接受的情感类型

广告可能诱发的情感表现是多种多样的。在广告活动中，从广告接受的情感类型看，比较容易被诱发的情感类型有亲切感、幽默感和排斥感。

（一）亲切感

亲切感的体验过程离不开主体对于对象的情感移入。所谓情感移入，就是把自己的情感移至引发情感的对象之中，使其感受、体验、理解、分担这同一情感。广告的情感移入就是让消费者按照广告的情感尺度去体验和感知广告，达到与广告内容情感上的共鸣。当消费者参与或体验到广告的情感内容，并产生了感情上的共鸣，或者说是实现了感情的迁移，就能获得对广告的亲切感，该广告就会给消费者留下深刻的印象，并进而引导消费者的购买行为。广告的情感移入一般有两类：一类是让消费者对当前广告画面中主人公的情感体验产生共鸣，在共鸣中亲近广告、接受广告；另一类是让消费者通过广告回忆起以前有过的情感体验，在体验中达到对广告情感、广告主旨的理解。例如，佐丹奴牛仔衣的电视广告，电视上那个远道而来的女孩儿，在陌生的小镇潇洒自如地拉起二胡，镇上的人都围着清纯洒脱的"牛仔"姑娘跳起了舞。这充满着浓郁的乡土气息、人情味十足的情景，不能不让人产生情感的共鸣，看电视的同时，与品牌之间的心理距离就大大缩短。亲切感油然而生，广告的"自己人效应"便显示出来。

芝华士调和型威士忌平面广告营造了与朋友共同分享的温馨情调，品牌形象很具亲和力。

图 6-13 芝华士调和型威士忌广告

(二)幽默感

幽默广告可以使消费者在诙谐、有趣的表现形式中，产生兴奋、愉快等情感体验。它能够导致这些情感体验潜在地同特定商品发生联系，从而影响消费者对该商品的态度。另外，它还可能潜在地影响消费者头脑中的对广告的信息加工。在一系列广告效果调查中，幽默、风趣的广告具有强烈的吸引力，容易记忆，所以更有说服力。例如，美国一家美容院的广告做得幽默至极："请不要和从本院出来的女人传情，她或许就是你的外祖母。"它利用反衬的手法，幽默地衬托出该院美容技术的高超。恰当而又巧妙地使用幽默，可以使广告产生事半功倍的效果，因为它的逗人发笑的魅力能产生一种强大的情感冲击力和感染力，使人无法对这则广告置若罔闻。同时，幽默广告的智慧风采和俏皮情趣又能轻而易举地打破消费者与广告之间存在的天然的障碍，使人在这心领神会的相视一笑之中消除了对广告的或企业的对立情绪，从而使广告产生一种不可抗拒的渗透力。

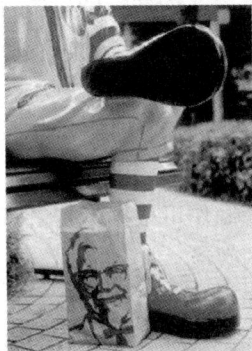

图 6-14 菲亚特汽车广告　　图 6-15 麦当劳广告

菲亚特汽车的售后服务居然细腻到为小狗穿起了尿不湿，"你还没想到，我们已经做到!"的主题寓于幽默表现之中，令人忍俊不禁。

麦当劳在街心公园偷吃肯德基? 使向竞争对手的这招儿可是够"刁钻"、够幽默的。

当然，幽默手法也要注意分寸感，注意表现对象，否则，过于牵强附会，反而适得其反。

（三）排斥感

所谓的排斥感，指的是通过特定的广告表现，引起消费者排斥的、逆反的情绪体验，如三种不同程度的恐怖感等。广告主恰恰可以利用这种排斥性的情感，促使消费者遵照该广告的传播的要求，改变态度和行为。

然而，并非所有利用"排斥"诉求的广告都能达到预期效果。它的有效性取决于诉求的适宜强度。一般说，排斥的或威胁的诉求太强，可能激发起消费者的防御机制，导致消费者对面临的问题产生回避反应。而太弱的"排斥"诉求又未必能引起消费者对问题给以更多的注意和关心。

在排斥的诉求中，逆反心理的利用是一种较常见的现象。

逆反心理是一种逆着传播者的主观意图，与传播方向背道而驰的心理活动。其表现为不满、排斥、反感、厌烦、抗拒、抵触、怀疑等等。它使传播受阻，甚至产生负效应。但是，逆反心理不完全是一种消极的心理活动，它既可以生产消极的作用，也可以生产积极的作用。

逆反心理可以使观众产生怀疑心理、厌烦心理、抵触心理。同时，逆反心理在思维形式上，又往往具有求异、思变的特点，它与创造性的思维活动紧密相连。在创造性的思维过程中，人们的心理活动往往以违反常规、反方面的特征表现出来，他们不轻信，不盲从，敢于探索事物的未知领域，常常从反面提出质疑。无疑，这是一种积极的反馈。广告宣传便可以利用逆反心理的积极一面，因势利导。

1. 变逆向为顺向

广告制作可根据消费者特定的逆反心理的特性，抓住其特点，使逆向产生顺向的效应。

例如，一次，美国艾士隆公司的董事长步希耐在街上散步，他看见几个孩子在玩一只肮脏而丑陋的昆虫，他劝孩子把虫子扔掉，孩子们反而玩得更起劲了。步希耐就从这个逆反心理中发现了宝藏之门，研制出许多"丑陋玩具"，如"垃圾桶小人"、"破相人"、"臭死人"、"呕吐人"等，这些"丑陋玩具"投放市场后，赢得了孩子们的喜爱。这种逆反心理效应可以应用到广告之中。

案例点拨

百事可乐广告中的"叛逆一族"

BBDO 广告公司围绕着"百事可乐，新一代的选择"广告主题，创作了几则极富想象力的电视广告。

"鲨鱼"：一支鱼鳍划过挤满遮阳伞的海滩，并伴以电影"大白鲨"的音乐，只有在结尾处人们才看到，百事可乐的消费者不是一条鲨鱼，而是一个抱着冲浪板的弄潮儿。

"地下室来客"：人们看到一位母亲正在指责她的女儿，因为她喝了那么多百事可乐。镜头一换，女儿来到自己的衣橱边上，告诉躲在里面的外星人朋友，别喝得太多。

"广告车"：一个有创业精神的孩子坐在一辆面包车里，播放着百事可乐在瓶子里发出的"嘶嘶"作响的声音广播，车外面围着成千上万热汗淋漓的海滩游客。

"反射"：伴随着低声吟唱，一个摩托车的油箱闪闪发光，接着是后视镜，后视镜里现出一罐百事可乐，驾车的竟然是百事可乐！

"太空船"：一阵强风吹向大街，灯光忽明忽暗，给人以不祥之感，空中传来低沉的轰鸣。一只飞碟在下降，它在两台自动售货机的上空停住，从两台售货机上各提起一罐可乐。过了一会儿，这只飞碟慢慢地将百事可乐自动售货机提升起来，送进舱内，而将可口可乐自动售货机留在原处。

"考古"：时间是未来，一群青年人，人手一瓶百事可乐，簇拥着一位考古学家来到一个错层的牧场。考古学家在泥土中找出一只棒球和一把电吉它，一一予以辨认。此后一位学生又发现一样满是灰尘的东西，考古教授把它放入一台机器中，洗去其几个世纪留下的尘土——一只绿色的可口可乐瓶子，这是 20 世纪的文物。"这是什么，教授？"学生边喝着百事可乐边问，教授再次陷入沉思。"我想不出来。"他回答。

百事可乐以这些极富想象力的广告，针对第二次世界大战后高峰期出生的美国青年要以独树一帜的消费方式、独特的消费品位鲜明地和老一代划清界限的叛逆心理，提出"新一代"的消费品位及生活方式，结果使百事可乐的销量扶摇直上。

　　2. 由好奇而生刺激

　　逆反心理是引起好奇心的基本因素。人们在观察事物、思考问题时普遍存在着逆反心理，好奇则是这种心理变化的突出表现。因为人们大都偏偏想对不让知道的事情探个究竟。利用这种逆反心理，制造好奇感，便可招徕用户，刺激购买欲。

　　曼谷的某酒吧主人，在门口的巨型酒桶上写着："不许偷看!"许多行人好奇，偏要看个究竟。可只要把头伸进桶里，就闻到一种清醇芳香的酒味，还可隐约看见桶底的"本店美酒与众不同，请享用"。人们大呼上当，粲然一笑，却也增加了小店的知名度，行人也多酒瘾顿起，进店品尝几杯。

　　3. 欲扬先抑

　　欲扬先抑，即本意想要张扬某一事物，却故意先抑制这一事物，因为抑制而引起人们的好奇，进而达到张扬的目的。广告采取欲扬先抑的策略，主要表现为"限量供应"的广告策划。"限量供应"，人为地制造紧张空气，许多人因"限量"而对该商品产生兴趣，惟恐买不到，争相购买，该商品因此而名声大振。

　　例如，日本一汽车公司曾推出一种极具古典浪漫色彩的新型车——"费加洛"，产品还未上市，便宣布生产数量只有 2 万台，并声言今后不再生产。物以稀为贵的结果使消费者的订单像雪片般飞来。尽管如此，公司却慢条斯理地采取先接受预约的策略，然后分批进行抽签。于是，中签的欣喜万分，未能如愿者(大约 31 万人)则"怨声载道"，这一做法，客观上产生了轰动效应。

　　无疑，利用好消费者的逆反心理，使其转化为一种积极的感情效应，将对广告的传播工作起到一种促进和推动作用。

学思致用

　　二、戴比尔斯依靠一句广告语"钻石恒久远，一颗永流传"一举打开了中国大陆市场。戴比尔斯抓住国人心理对美好爱情永相厮守的良好愿望，利用这样一句广告语，改变了国人的价值观念，突破了市场的销售障碍。下面《都是钻石惹的祸篇》是戴比尔斯在大陆市场所做的广告之一，它抓住生活中一个普通的细节，一个常见的小误会加以表现，看过之后让人会心一笑，充分感受到了戴比尔斯钻石的珍贵和人们佩戴其钻石后的愉快。

1. 广告经常利用的情感有哪些？该广告利用的是何种情感？

2. 广告影响消费者的情感有哪些表现？该广告的情感表现是什么？效果如何？

提示：广告可以利用的情感有很多，甚至生活中的情感都可以在广告中加以利用，常用的情感类型有亲切感、幽默感、排斥感等，该则广告运用的是幽默感。广告影响消费者的情感表现有对广告接受与否的态度、对商品的态度与选择以及使用商品的体验等，该广告影响消费者的主要是使用商品的体验。

三、广告元素的情感性

在广告设计中，颜色、插图、标题、文稿、歌曲等因素，都可能和一定的情感体验发生联系。因此，它们常用来诱发消费者的特定的感情。

（一）色彩

色彩被称为第一视觉语言，它的视觉作用先与形象。因为它传递的信息十分迅速，可在极短的时间内刺激人的视觉，唤起注意并产生印象。

广告应充分利用人的这种最初的瞬间的色彩感觉，吸引他们的无意注意。

色彩对人的情感的影响主要有两个方面：

1. 心理功能。

某种特定的颜色可唤起人某种特定的心境或情感体验。

例如，法国一位饭店老板，最初把店里的墙壁全部粉刷成淡绿色，给人以幽雅、舒适之感，招来不少消费者，可消费者留恋这安适环境。久久不肯离去，使餐桌利用率大大降低。后经广告专家指点。把墙壁改成红、黄相间色，此招很有效，热烈的色彩使消费者增进了食欲，又不愿在这刺激性强的气氛中久留，餐桌利用率又上来了。

2. 联想功能

颜色可以使人产生具体的联想。

例如，红色常同热烈、喜庆、灿烂联系在一起。还经常同红旗、火焰、热血建立起联想；橙黄，多引起阳光明媚、充满希望的感受；绿色象征和平、希望、生命、健康。使人想起春天；蓝色与天空、海洋发生天然的联系，给人以安静、清凉、幽远之感；白色更容易与单纯、素雅联系在一起；黑色多给人一种庄重、肃穆之感。颜色的联想功能运用于广告能产生很好的效果。如柯达胶卷的"黄"让我们感受到光的美妙变幻；羽西产品的"红与黑'"让我们想起飘扬的黑发和红红的唇；真维斯的"普蓝"让我们联想到服装最初的染色；生命口服液的"绿"，则让我们感到一种在森林和原野的勃勃生机。

（二）画 面

广告的画面包括张贴广告、报纸广告的绘画和照片、电视广告的蒙太奇形象等，这些广告画所创造的形象，无论是点、线、面的造型设计，还是山石云雨，花鸟走兽和人物形象的表现，都可以形象地再现广告的主题，而它的画面造型所独具的感染力更可以唤起人们美好的联想和积极的体验。

案例点拨

本田汽车广告《海·陆·空篇》：本田汽车的标志铺天盖地，甚至遨游海底，画面形象大气磅礴，渲染出了企业的壮志情怀、恢弘气度。

如威力洗衣机的电视广告：一条潺潺的小溪，一位农村老太太在溪边洗衣服，她边洗衣服、边捶背，这时一辆车开进村，送来一台威力牌洗衣机，画外音同时播放充满深情的话语：送给母亲的爱。这个广告画面唤起的是人间最真挚、最牢固的情感：母亲的爱及子女的回报。

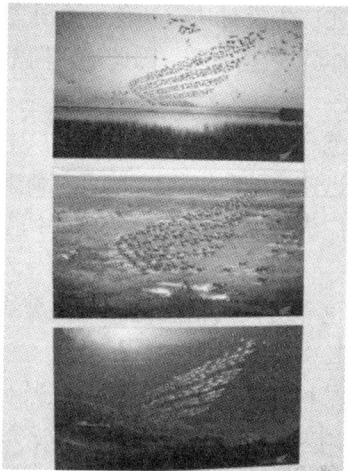

图6-16　本田汽车广告

广告的情感在这动人的画面形象中得以体现。

（三）文字

广告中的文字，特别是标题常常起着画龙点睛的作用，很有感染力。

生动、精辟的广告标语和标题，不仅可以产生诱读作用，而且可以给人以真挚、诚恳的感受，以情动人。例如：某止痛片的广告语："当你头痛时，它总能最先赶到"；某取暖器的广告语："给你送去另一个太阳"；某粘合剂的广告语："它能粘合住一切，除了一颗破碎的心"。这些广告语都使本来平淡无奇的商品充溢着浓郁的感情色彩，产生了积极的情感体验。当然，文稿或文案的表述更应该富有感染力，更应该能制造情理交融的气氛，加深人们对广告及商品的美好印象，从而推动产品的销售。

（四）歌曲

音乐和歌曲是广告表现其情感魅力的一个重要组成部分，再配以富有情趣的歌词会使广告具有更强烈的感染效果。因此，广告中的歌曲既可以用来表现广告主题，又可用作背景去增强感染力。

例如，家具一类温情型的广告，便可设计节奏舒缓、曲调优美的乐曲和广告歌，用以创造某种家具所带来的家庭生活的宁静、温馨和欢快。而运动的广告，则应以急驰的节奏和乐曲，给人以力的美感。

案例点拨 ▬▬▬▬▬▬▬▬▬▬▬▬▬▬▬▬▬▬▬▬

图文音乐交相得益彰的柯达抒情广告①

柯达早期广告的特色主要表现有孩子、狗和朋友的家庭场景。柯达的一则广告内容是：一对 60 多岁的夫妇在整理阁楼时发现了一些旧时的照片，有的是 20 来岁，正值青春年少；有的是结婚、度蜜月、生第一个孩子时的照片，还有的是参加儿子毕业典礼的照片。结尾时，是这位女人，确切地说已是一位老奶奶，正在用立即自动相机为刚出生的孙子拍照。生活看似简单的一幕幕，令人难忘和割舍。也只有这样的时刻，才能真正打动和震撼人们的心弦。简明温馨的文案"这就是柯达一刻，别让它溜走"、"柯达串起每一刻"和"柯达"的名字在一幕幕动人的画面中，在饱含抒情色彩的背景音乐中，深深刻进了消费者的脑海中，刻进了以往和现在的快乐时光中。

四、广告播发的心境

（一）心境的持续效应

心境是一种使人所有情感体验都感染上某种色彩的持久而微弱的情绪状态。

它缓和微弱，持续时间较长，是一种非定向性的弥散性的情绪体验，可在人的心理上形成一种淡薄的背景，具有感染性和弥漫性。广告可以利用这种心境的持续效应，在人们的情绪反应波澜尚未消失的时候，适时地插入商业广告，可望收到较好的情绪效果。例如，在电视转播精彩的足球、拳击等

---

① 柏生、张伟.多维广告战：108 个成功策略及经典案例.中国经济出版社，2004 年 1 月版，第116 页。

体育比赛的间歇，适时地插播一些商业广告，观众就容易将比赛时所产生的情绪和心境延续到广告所推销的商品之中。一些企业不惜重金资助各种体育比赛，购买体育比赛时的广告时段，就是想获得这种广告传播的良机，利用人们观看体育赛事良好的心境效应达到广告宣传的最佳效果。中国足球队在2001年冲击世界杯的十强赛中胜利出线，主教练前南斯拉夫的米卢人气飞升，几乎成了拯救中国足球的英雄。人人皆说米卢是中国足球的大福星，也有人将这归结为运气好。总之，和福星酒这个品牌以及"运气就是这么好"这个定位，绝配般地契合。金六福酒的成功在于抓住中国综合国力增强、喜事接连不断的大好时机，及时推出广告，并且广告的内容与当前的形势、国人的心情非常地吻合，很容易引起消费者的共鸣。①

（二）情感的迁移作用

移情是指人们彼此感情的相互作用，当一个人感知对方的某种情绪时，他自己也能体验相应的情绪。即由于对别人情绪的觉察而导致自己情绪的唤起。

移情的效应在广告中是经常被使用的一个策略。广告主常常聘请人们心目中的体育明星、歌星和影星来做广告角色，便是感情迁移作用的一种表现。如山水"酷儿"迷你音响选择舒淇作为形象代言人。"酷儿"迷你音响的目标消费群是新生代的年轻人，喜欢新潮与时尚，能够接受另类，他们对明星不崇拜但会关注，并认可明星广告：舒淇的公众形象激情、野性、活力四射，与该产品新潮时尚、个性化色彩浓厚的特点及其吻合。

学思致用

以下这则耐斯系列抗衰老美容化妆品的广告属于广告接受中的哪种类型？是否体现了心境持续效应和情感迁移作用？

标题：带着母亲的梦翱翔

正文：曾几何时，母亲不再有青春的梦

　　　而你，是母亲梦里的翅膀

　　　海阔天空，任意翱翔

　　　偶然栖息，才恍然想起

　　　母亲期盼的眼神

　　　当母亲节又将到来之时

---

① 徐小娟. 100个成功的广告策划.机械工业出版社，2002年版，第16页。

你何不收起翱翔双翼
回头看看展翅的地方
那儿，亲情浓浓，恒久不变
那儿，曾是你力量的源泉
表述爱心要及时
在这属于母亲的日子里
虽仅馨香一瓣
却带给母亲无限的满足和欢乐
当你再度展翅而去
愿你带着母亲的梦翱翔

融贯精思

1. 态度变化的同化与内化两阶段有何区别？举例说明广告在这两个阶段所起到的作用。

2. 简述广告说服要遵循哪些原则？

3. 结合广告实例说明从信息来源的角度来认识增强广告说服效果的条件。

4. 广告的说服效果与信息接受者的哪些因素相关？

5. 首因效应、近因效应、晕轮效应分别指的是怎样的心理规律？它们在广告中分别如何加以应用？

6. 什么是广告诉求？你如何理解 ELM 理论？二者之间有何内在联系？

7. 广告的理性诉求、情感诉求、知觉诉求各是什么含义？具体运用要点分别有哪些？

8. 如何理解情绪与情感的区别？举例说明二者在广告中各有何表现？

9. 广告影响的情感表现主要体现在哪些方面？

10. 广告宣传如何利用受众的逆反心理？

11. 你有没有亲历过广告播放的心境体验？如何在广告中运用这一效应？

心略操练

一、国外的儿童保健品广告诉求往往是孩子服用之后可以长得更高、更美、更壮实，他们认为儿童的身体本来就是安全的。可中国的消费者由于受到文化传统、消费习惯心理的影响，对保健品的态度是为了让孩子更安全、更健康。那么假如脑白金推出一种专门针对儿童市场的新产品，目的是满足中国消费者的安全防范心理，请问该广告应如何创意？还能沿用以往的"收礼只收脑白金"吗？

【提示】：理性广告应以功效为主，突出产品给孩子带来的直接利益；感性广告可以采用亲切感、幽默感、排斥感等；广告受众应是孩子的家长而不是孩子本身。

二、某全国知名开发商专门为年轻人设计开发一楼盘，其特点在于：户型设计独特合理，25～75平方米小户型设计；4.5米以上举架，跳跃层或半跃层；精装修；可贷款，总价不低但首付不高，为此很受年轻人欢迎。

在楼市低迷的情况下，为扩大销售，该公司要开辟大学生市场，想为未就业或刚就业未成家的大学生购房做一系列广告，请你为该楼盘命名并进行广告创意。

提示：大学生毕业后多数要留在所在城市就业，那么就业后租房子要花一大笔费用，而且购房从长远考虑只能升值很少贬值，投资风险不大，因此大学生购房有现实需求。大学生们经济拮据，眼高手低，他们知识水平高、自尊程度强、防御程度也强，广告创意要结合上述特点进行。

讨论分析

材料一

从信息接受与说服的角度分析一下保健品广告获得成功的原因。①

某保健品经过一年的市场运作，取得了销量是上一年300倍的市场奇迹。

该保健品的功效是解酒保肝。中国是传统的酒类消费大国，可同样的产品在市场上并不多见，类似产品如酒伴侣等，消费者接受的程度也不高，市场反响也不大，因此有着较大的市场潜力。

可该产品一上市场就遇到了难题，其市场销售现状是：产品在酒店里销售，和酒类产品放在一起；为扩大销售，尽量降低产品价格；也做过一些促销活动，甚至在黄金时段也上过一些广告等，但效果不好。

---

① 叶茂中营销策划机构.创意就是权利.机械工业出版社，2003年4月版。

　　经过重新市场研究得出如下结论：(1)中国酒文化源远流长，无论是"人生得意须尽欢，莫使金樽空对月"还是"感情深，一口闷"等，中国人喝酒都讲个痛快，中国的酒市场足够大，那么解酒保肝的市场就足够大；(2)喝酒对肝脏影响很大，特别是过量饮酒，而该产品对护肝醒酒确实有效，就减轻醉后痛苦来说也是个好产品；(3)普通消费者没有解酒保肝的需求，没有意识到解酒保肝的好处，他们认为喝酒再解酒再保肝是"费力不讨好的事情"，是较"奢侈"的事情。

　　可见市场庞大，产品也不错，关键就在于消费者的心理接受。因此首先确定市场定位，找准突破口。他们把目标消费群定位为中高档的商务人士，这些人多是企业领导、中层管理者、个体私营业主等，这些人收入高、饮酒多，内心不想喝酒却不得不喝，经常慨叹"人在江湖身不由己"，他们的需求最为迫切，而且他们也是"舆论领袖"，对其他人有着较强带动力。第二步是产品与价格策略，把产品产量减半、价翻倍，把大袋包装改成精致的小盒包装；第三步是渠道策略，由在酒店销售改为在较高档的商场里销售，特别是商场里的女士专柜。

　　虽然销售人员还有些将信将疑，但还是照着去做，两个月后奇迹就出现了，在广东地区试销的结果是市场销量居然翻了三番。

　　接下来进行第四步，促销策略、广告、软文各种促销活动等跟上，特别是张铁林代言的广告"第二天舒服一点"取得极好的市场效果。尤其注意到各种媒介组合，而且电视时段的选择上放弃黄金时段，选择深夜没人要的垃圾时段，节省了大笔推广费用。

　　通过一段时间的"闪电战"，取得了很好的市场效果。

　　提示：该商品定位高档人士，自尊程度高、知识水平高、自我防御程度高，迎合这些人口味，做高档产品，精致包装，上精品柜台，不在酒店销售，而上精品专柜特别是女士专柜，这是回避心理正面防御机制，而转向爱护自己丈夫身体的这些女人们，防御程度大为降低；商务人士工作很忙，很少看电视，常常深夜回家，利用这个时段，以感理性相结合的广告大肆宣传，摆事实、讲道理、使其信服等促成态度转变。

材料二

　　研读以下广告脚本与评析，结合本章所学内容分析此广告怎样运用适当的诉求方式影响受众的态度？

支持就是力量之一——让你去闯

丈夫：结婚 18 年了，主要的感觉就是平淡，日子一天天的过去，各忙各的。

妻子：每天上班、下班、吃饭、孩子，就这一套。

丈夫：突然知道，下岗了，当时脑子大了。

妻子：当时他瞪着眼睛，眼里含着泪水。

丈夫：第一点想到的，就是我的尊严没有了，借酒消愁吧。

妻子：他需要我这个妻子，我要支持他。

丈夫：下岗的时间是我俩感情最好的一段时间。

妻子：我俩从来没像现在这样靠得这么近。

丈夫：我过生日的时候，她还给我买了双鞋。

丈夫：新鞋？

妻子：让你去闯！

字幕：支持就是力量。

评析：

下岗曾经给许多普通家庭带来莫大的打击，下岗的伤害不仅仅是失去生活的基础，经济来源，它更大的伤害来自内心深处。

家文化是中国绵延几千年的文化传统，自古以来讲究"君君臣臣父父子子"，家国一体，丈夫在妻子面前，父亲在孩子面前有着绝对的权威，有极大的尊严，妻子不听话即为不忠，儿子不听话即为不孝。虽然封建体制早已消亡，但几千年流传下来的传统习惯、思维方式却积淀在国人意识深处，所以下岗了，丈夫首先想到的是"我的尊严没有了"。

下岗职工面临的是经济上和心灵上的双重打击，其痛苦可想而知。而该广告一句"支持就是力量"，道出了下岗职工压抑在内心深处的苦痛，他们需要的不正是无微不至的关怀和支持吗？这不知比一时的救济、空洞的思想工作强多少倍。这则广告道出了下岗职工内心的真正需要，因此它感人至深。据说该系列广告播出后在社会上产生极大的反响。有人看了之后流下眼泪，它也确实振作了一批下岗职工，重新走上了工作岗位。

提示：该广告产生感人至深的力量来自于其情感诉求，其广告影响的情感体验，可以影响受众对广告的接受态度，唤起受众积极的、肯定的情感体验；该广告能够诱发受众的亲热感，促使受众产生感情上的共鸣，从而实现感情的迁移，因而能够产生较持久的心境持续效应。该广告利用文案、画面及背景音乐等展现出的情节产生感人的效果。

材料三[①]

从下述广告过程看，百事可乐是利用何种情感来打动消费者，从而抗衡老牌竞争对手的？这种情感的效用是怎样发挥出来的？

一百多年来，百事可乐一直在与可口可乐的竞争中不断成长壮大，它的广告也带有强烈的竞争意味。如较早的两则广告：其一，一个小男孩在自动售卖机前，掏出一枚硬币，踮起脚放了进去，拿出一罐可口可乐，放到地上，又掏出一枚硬币放进去，再拿出一罐可口可乐，放到地上，然后两只脚分别踩到两只可口可乐上，第三次掏出硬币放进去，这一次拿出一罐百事可乐，然后扬长而去，剩下两罐可口可乐尴尬地立在那里……其二，这是个平面广告，画面上是两部自动售卖机的一部分，分明一部是百事可乐，一部是可口可乐，而百事可乐售卖机前的地板已经破损不堪而可口可乐售卖机前的地板却仍然光洁如新，百事可乐的热卖与可口可乐的无人问津形成对比（见图6-17所示）。

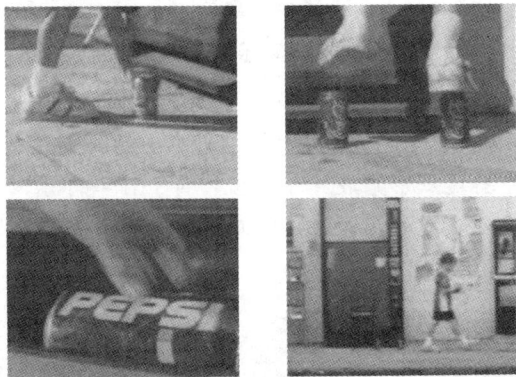

图6-17　百事可乐系列广告（一）

这种竞争的和反叛意识迎合了"新一代人群"的口味，因为年轻一代是对传统和历史萌生强烈叛逆心理的青少年，他们崇尚自我，蔑视权威。于是百事可乐干脆定位在"年轻一代的选择"上，致力于打造全新的、充满活力的富于叛逆精神的新形象，并借以应对以正统、权威自居的可口可乐，"来吧，所

---

①　张家平. 十大品牌广告经典评析. 学林出版社，2006 版，66-70 页，有删节。

有不愿承认自己已经老朽、落伍的人们，百事可乐将给你热情和活力，再现你青春的风采。"

于是百事可乐的竞争、叛逆就成了其广告的个性和风格，如："新一代选择篇"：三位年轻的母亲，推着婴儿车并行，每位母亲都想入非非地为自己的孩子设计着将来的前景，而婴儿自己虽不能说话，却用表情诠释其强烈的不满情绪；画面一闪，当年那三个婴儿均长大成人，并遵照自我意识成为摇滚歌手(见图6-18所示)。

图6-18　百事可乐系列广告(二)

在"英国女皇篇"中这种叛逆精神显然升级，英国女皇在大众心中是经典保守的典型，百事对这一形象展开了调侃：喝了百事可乐的女皇，放弃了自身的威仪和保守，从皇宫的阳台上一跃而下，加入到年轻人的队伍中一起狂歌劲舞，畅饮百事(见图6-19所示)。

图6-19　百事可乐系列广告(三)

在"女角斗士篇"中，百事力邀乐坛三大歌后"小甜甜"布兰妮、"黑珍珠"碧昂斯、性格女星"红粉佳人"与歌星"恩里克·伊克莱西斯"联袂上演一场决斗：

在古罗马竞技场中，三位佳人饰演古罗马女角斗士，为争夺国王宠爱即将展开决斗，在经过短暂对峙之后，三位女斗士居然结成同盟，带动全场一起高唱摇滚"让我们一起摇滚(We will rock you)"，直至把国王连同装满百事可乐的箱子震下看台，三位美女要百事不要国王！三位女星造型性感而诱人，整个场面气势恢弘而震撼(见图6-20所示)。

图6-20　百事可乐系列广告(四)

在竞争和挑战过程中，截止于2005年12月12日，可口可乐公司总市值达987亿美元，而同一天，百事可乐总市值达到11 085亿美元。百年来，百事可乐首次超越对手，成为行业"老大"。

提示：利用逆反心理，变逆向为顺向、由好奇、兴趣等而生刺激、欲扬先抑等。

第七章　需要、动机与广告诉求

压题图片

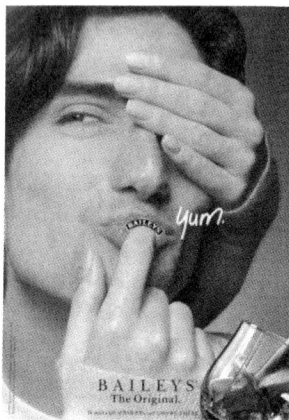

学习要求：通过本章学习，了解需要的特征、动机的特征；掌握购买动机冲突的表现形式；重点掌握广告的动机利用；掌握消费者动机的类型；了解消费者需要的特征；重点掌握高卷入的广告策略；掌握低卷入的否定动机和低卷入的肯定动机的广告策略；了解减少规避消费者风险知觉的准则。

关键概念

　　需要——是在一定的生活条件下，有机体对客观事物的需求。需要是人类活动的基础，是一个人的心理活动和行为的原动力。

　　动机——是使生活主体趋向一定目标的内在动力，它隐藏在行为的背后，是行为的动因。

　　激励——是指依据人的需要持续激发人的动机的心理过程。是在某种内部和外部的刺激的影响下，使人维持在一种兴奋状态中，促使其实现行为目标的心理过程。

　　需要和动机，在消费者的心理活动和购买行为中，是具有激发作用的动力因素。而广告只有激发了这种动力因素，才能促使消费者更积极地去实现购买行为，才能使广告诉求较好地完成最终目标。本章即研究消费者的需要、动机与广告诉求之间的关系。

第一节　需要、动机与消费行为

一、需要和动机

（一）需要

需要是在一定的生活条件下，有机体对客观事物的需求。需要是人类活动的基础，是一个人的心理活动和行为的原动力。人类的一切活动，包括消费者的各种形式的消费行为，总是以其需要为中心的。

1. 需要的特征

需要的特征是生命体处于缺乏状态而出现的体内自动平衡倾向和择取倾向。

（1）需要是一种缺乏状态，这种缺乏状态是有机体不断出现的内部状态。需要反映了有机体在一定的生活条件下，对其生存和发展的条件所表现出的缺乏，也可以说是有机体对延续和发展生命所必需的客观事物的需求和欲望的反映。这种缺乏既可能是生理的，也可能是心理的。在正常状态下，有机体的生理状态和心理状态是趋向于均衡的，这种均衡乃是个体维持其生存的条件。倘若机体内或者心理上出现某种缺乏，便会导致均衡状态的破坏。在这种场合下，机体就处于一种不舒服的紧张状态。只有减少或消除这种紧张状态才能恢复到正常的均衡状态。需要可以看做是有机体需减少或消除这种紧张状态的反映。

（2）需要是缺乏状态引起的主体自动平衡倾向。缺乏状态是需要产生的基础，但是，不是所有的缺乏状态都能成为需要。由缺乏状态到需要，中间有一个转换的环节，就是主体自动平衡倾向。主体内部的这个自动平衡过程就是对缺乏状态的解除，使缺乏得到满足，因此，主体自动平衡倾向是需要形成的内部机制。主体没有自动平衡要求，"缺乏"照旧是"缺乏"。需要是缺乏尚未得到满足的一种状态，表现为自动平衡倾向。

（3）需要是主体伴随自动平衡倾向出现的择取倾向。平衡状态作为一个过程是个矢量，带有方向性。因此，生命个体对缺乏状态的平衡，必须有对缺乏对象（或需要对象）的选择和获取，才能实现平衡。自动平衡倾向必须有择取倾向伴随而出，才能使"缺乏"、"平衡"这些体内状态转化为需要，择取的东西代表主体的需要内容。需要的内容，相对主体而言是客观的，但是，择取倾向本身是心理状态的一种，它是主观的。

2.需要的分类

依据需要的起源分类,需要可分为自
然需要和社会需要两大类(见图7-1)。

自然需要是个体为保护和维持自己生
命及延续后代所需条件的需求,它也称为
生理需要和本能需要。这些需要若得不到
满足,就无法维持个体生存及延续后代。
例如,人对空气、水、食物、性等方面的需
要。同时,自然需要若得不到充分满足,也

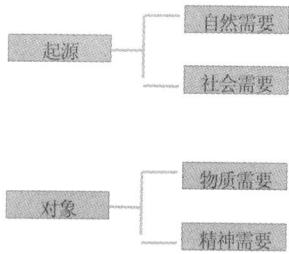

图7-1　需要的分类

会对个体的心理产生影响。社会性需要是指人对文化、艺术、爱情、成就等
方面需求,这是对维持和发展社会正常生活所必需的条件反映。需要依照对
象分类,又可分为物质需要和精神需要。物质需要包括对自然需要和社会性
需要中的物质对象的需要;而精神需要是指对观念对象的需求,诸如道德、
情感、求知、审美,等等。

(2)此外需要按层次划分,又可分为生存需要、享受需要和发展需要。

美国著名的人本主义心理学家马斯洛还提出过"需要层次"理论(见
图7-2),他认为人类的基本需要有5种,即生理需要、安全需要、爱的需
要、尊重的需要和自我实现的需要。这5种需要互相联系,并由从低级到高
级的层次组织起来,每一种需要也要相对组成自己的层次。

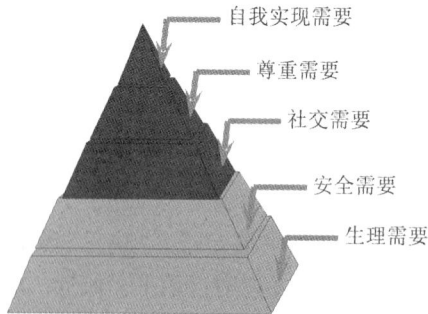

图7-2　"需要层次"理论示意图

一般说来,当较低层次的需要满足之后,才可能出现较高层次的需要,
由此呈现出需要的波浪式阶梯层次,不断推动人们去追求新的目标,获得新
的满足,如图7-3所示。

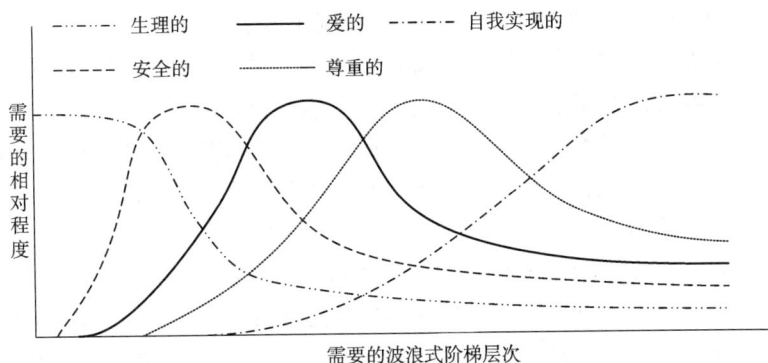

图7-3　波浪式阶梯层次图

上述各类需要之间是相互渗透和相互制约的。自然需要打着人类文明的印记；而社会性需要又是在自然需要的基础上形成和发展的。在精神与物质两者之间，物质需要是精神需要赖以发展的基础，同时，它也渗透着精神需要。

在广告和营销活动中，消费者的任何物质需要，往往也隐含着能否满足消费者的自尊或维护其人格等的精神需要。如果经营者以为消费者仅仅是购买者，而怠慢了消费者，以致于损害他的自尊，其结果很可能导致这次购销活动的中止，而且将影响到他的下一次购买。当广告产品本身具有可以满足消费者的物质需要，又可以满足消费者的精神需要的性质时，一个成功的广告策划，可以用不同的形式将这两方面都宣传出来。

（二）动机

动机是使生活主体趋向一定目标的内在动力，它隐藏在行为的背后，是行为的动因。

动机在需要的基础上产生，需要最初只是一种潜伏的状态，当需要有了明确的对象，它才获得了激励和引导活动的机能，成为推动机体活动的力，此时需要便表现为动机。动机是被意识到了的需要。

动机的特征是：

（1）动机是一种内在的动力，这种"力"的作用是在主体内部驱使主体向着一定的目标行为。一个人在看书，偶尔站起来倒一杯水喝。这倒水和喝水的动作都是由渴的动机所致。动机又称为内驱力。

（2）动机作为内驱力、内在动力，是在心理活动中出现的心理力。动机是激起一个人去行动或抑制这个行为的一种心理上的冲动。需要只有在意识中得到表现，被意识到，才会以动机的面貌出现，才会作为一种"力"起作用。一个婴儿饥饿时要哭，却不具备动机之力，因为他还没有真正脱离生物人，没有获得真正意义上的人的心理；一个人伏案著书，专心致志，虽口渴也不会想起倒水，因为他的注意力集中在与口渴无关的其他事情上，"渴"没有形成此时的心理动机。所以，动机是有意识性的，这是人的动机区别于动物动机的主要之点。

（3）人的动机也有无意识的成分。例如，人遇到危险会自动躲开，母亲看见孩子跌倒会立即扶起，这些行为动机都是在无意识状态下起的作用。人的无意识状态下的行为动机往往隐藏很深，也往往无法理喻。人的无意识活动和意识活动总是相反相成，又相辅相成。人在无意识状态下的动机行为，只是意识活动的暂时抑制和调整，是人的意识活动的一种表现。

总之，从人的动机的机能看，它是一种"力"——内驱力。从它的特点看，动机是一种有意识的心理活动过程，动机的无意识成分归根到底受意识挥动的支配。

二、购买动机的特征及动机冲突形式

购买动机的特征主要有两个方面：

（1）选择性。某种需要是否能转化成为相应的购买动机，与主体对需要对象的选择有关。

（2）目标性。购买动机的形成也和目标本身的特点有关。只有当起诱发作用的目标被选择后，主体才能在心理上形成被激励的动机状态。

由于需要的多样性，也就可能形成多样的动机。在现实活动中，人类活动的动机不仅有多样性，而且还表现出不同的强度。购买动机就是直接驱使消费者实行某种购买活动的一种内在动力，它反映了消费者生理上的、精神上的需要。也可以说，复杂多样的购买动机主要分为生理性购买动机和心理性购买动机。

而消费者的购买动机不管属于哪一类，通常都存在着转移性、内隐性、模糊性、冲突性等特点。即主导性动机和辅助性动机可能互相转化；消费者可能由于某种原因用次要的动机掩盖主导动机；也可能连消费者自己也辨别不清自己的主导动机；还可能是多种动机互相冲突。

消费者购买动机中的动机冲突，通常表现为如下几种形式：

①双趋式　消费者有两个或两个以上的动机，或可供选择的目标，但消费者又必须在其中选择一种。

②双避式　消费者有两个或两个都需要回避的情景中，但又只能回避其一，因为不可能实现同时回避两种情景，因而形成双避式冲突。

③趋避式　消费者面临的是一个积极与消极并存的情景。具体说，要实现一个可满足需要的目标，同时又需付出代价。

④双重趋避式　消费者处在这样一种冲突之中：两者都并存着利弊。

学思致用 ━━━━━━━━━━━━━━━━━━━━━━━━━━━━━━━━

在某些情况下，个体消费者可能同时追求多个目标，这些目标对他来说可能都非常重要，这时就会发生动机间的冲突。以下几种情况分别属于何种冲突呢？请说明理由。

(1)消费者既想买车，又想买房，但经济能力有限，只能买其中之一，这是何种冲突？

(2)校园里只有两个食堂，饭菜质量都不怎么样，但又没有其他就餐场所，只能在该两者间选择，这属于何种冲突？

(3)看好一处住房，地段不错，交通便利，配套齐全，生活方便，就是价格很高，买还是不买，举棋不定。

(4)一处楼房，地段不错，交通便利，配套齐全，生活方便，但价格较高；另一处楼房价格合理，但地段不好，交通不便，生活不便，买哪一处呢？

提示：

(1)双趋式冲突　　　　(2)双避式冲突

(2)趋避式冲突　　　　(4)双重趋避式冲突

三、消费需要的激发

(一)激励过程

激励是指依据人的需要持续发展的动机的心理过程。是在某种内部的刺激的影响下，使人维持在一种兴奋状态中，促使其实现行为目标的心理过程。

激励发生作用在于两方面因素：

一是属于内部的需要，有需要才能有动机的产生。激励就是把需要激活，使之转化为动机。

二是属于外部的刺激，外部刺激是给需要指出一个能够获得满足的目标，有了目标，才有动机的形成和行为的发生。

由此可见，对动机形成起激励作用的因素有需要和目标，需要是作为主体的人的内在因素起激活作用。由于需要，主体在心理上处于被激活状态，这种心理状态就是动机形成状态。需要的满足，取得了心理的平衡，于是，被激活状态解除，即动机消失。在这种情况下，目标起诱发作用，新的目标转化为新的需要，主体再次被激励。

消费的需要被激发至购买行为的发生，这一过程也需要激励。一般说来，个体的消费需要是从刺激开始的，该刺激包括来自机体内部和外部两方面的因素，广告信息传播是外部刺激的重要因素。消费者需要被激活时，会伴随心理紧张状态，由于既往的消费体验及广告认知过程的提示，消费者的需要就会指向能够满足需要的具体目标。于是，形成了一种推向个体去获得满足需要目标的动力，即消费动机能产生指向目标的行为，即购买行为和消费行为。当行为一经形成，需要和动机得到满足，心理的紧张状态一解除，个体重新得到平衡。之后，新的需要又可能产生，使人的消费行为不断向前发展。

(二)激励理论

从 20 世纪初到现在，已有多种激励理论。如着眼于从动机产生的心理过程进行激励的过程激励理论；着重从个体需要和动机的内容方面进行激励的内容型激励理论；研究人挫折心理现象的行为改造型激励理论，等等。这里，我们着重介绍费卢姆(V. H. Vroom)在 1964 年出版的《工作与激励》一书中提出的著名的期望理论。费卢姆认为，个体对实现目标的概率的估计或期待激励的效应有着重要的意义。当一个人把目标的价值看得越高，对实现目标的可能性估计得越大时，由目标激发的动机就越强，个体在活动中焕发的内部力量就越大。相反，如果他认为目标的价值不大，或者估计实现目标的可能性很小，可望不可即，那么，由此激发的动机力量也就越小。对卢姆的期望理论说明了激发力量、标的价值与期待的关系。期望理论认为，决定一个人的行为和行为方式的力量，是指目标的有效价值与估计实现目标成功概率之间的关系。

其公式是：

$$F = V \times E (激励力量 = 效价 \times 期望值)$$

F 表示激发力量，指行为动机的强度；V 表示效价，指行为目标对于满足个体需要的价值，即个体对行为结果重视的程度；E 表示期望值，是指通过努力可能达到某种绩效从而满足某种需要的概率，即取得成功的可能性的大小。

公式表明，人的行为动机的强度，是效价与期望值的乘积。目标越有意义，成功的可能性越大，那么行为的激发力量即动机强度也就越大；反之，则越小。若效价与期望值中有一个是零，即目标对于个体毫无意义或毫无取得成功的可能，那么行为激发力量即动机强度也就等于零。

怎样把激励理论运用到广告之中呢？广告的策划必须注意公众的行为目标与期望值之间的关系，即重视激励理论的作用。

激励理论是广告的重要理论根据，广告宣传说到底，就是要调动众多手段强化消费者的需求，包括把消费者的潜在需求转化为现实需求。在强化消费需求的同时，使需求获得明确的商品指向，使消费者意识到这一指向的价值所在，期待这一指向的实现，并适时地转化为特定商品的购买冲动。这里无论是需求、期待的转化，还是需求向冲动的转化，都是在运用激励的原理，都是在追求激励的效果。

一些广告在做了大量投入之后却见不到明显的效果，原因可能是多方面的，但从心理作用的角度说，则都在于缺乏激励的作用。广告不是四平八稳地传达某种知识或商品信息的说明文，也不是令人赞叹而没有功利作用的艺术品，广告的一个重要使命即在于它对于消费者购买动机、消费需求的有效激励。

案例点拨

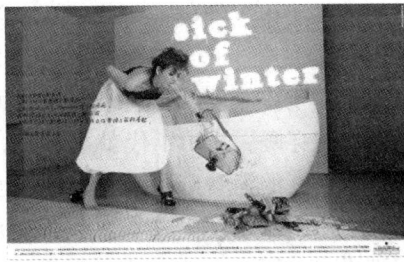

(a)　　　　　　　　　　　　(b)

图7-4　中兴百货春装广告

中兴百货春装上市广告《冬季厌食症篇》洞察到目标消费者对时尚亮丽春装的翘首渴盼心理，夸张凸显女人们对单调乏味冬季的厌恶心理，极具煽动力地激发靓女名媛们潜在的审美期待、消费需求和购买冲动。

文案：我对皮草得了厌食症。我对冷气团得了厌食症。我对粗呢大衣和

Cashmere 得了厌食症。我对暖暖包和石狩锅得了厌食症。我对冬天得了厌食症，所以迫不及待要换上新春装。中兴百货春装上市。

第二节　需要、动机与广告诉求

一、消费需要的特征

（一）目的性

消费者的需要总是有所指向的。总是对于某种商品或劳务的需要。就是说，需要总是和满足需要的目标联系在一起的。需要的心理状态表现为追求某一事物或开始某一活动的意念。如果消费者能够意识到自身的需要，也必然意识到自己心理的某种紧张、或体内的某种不平衡，意识的程度与欲求的迫切性或需要目的的急切性、明确性成正比关系。这就使得需要得以形成一种内驱力，推动消费者指向目标，得到目标。

但是，需要的目的性在很多情况下是处于未加意识的状态，消费者的需要有的清晰，有的模糊，有的则完全不自觉。据美国某大商场营销人员的亲身统计，发现有72%的购买行为是消费者出于朦胧的欲望，只有28%是在有意识的计划指导下进行的。

（二）可变性

消费者的需要不是一成不变的，是会发展变化的。它随着社会的发展而发展，随着社会生产和生活条件的发展而变化。消费者的物质、文化需要的量会不断扩展、质会不断深化，如我国城乡的居民消费，20世纪50年代主要追求"吃饱穿暖"；90年代就要"吃讲营养，穿讲漂亮，住讲宽敞。用讲高档"，21世纪的消费则更讲求个性、时尚与格调、品位。因此，需要随社会的发展呈现出由低到高、由简到繁的发展趋势。物质文化生活水平的提高，既是需要发展的表现、也是需要发展的动力。需要的可变性，与客观现实刺激的变化有很大的关系，社会经济、科学技术和人类文明的变迁，乃至广告宣传的改变，都会促使消费者产生需要的转移和变化。需要还具有伸缩性。消费者需要层次的高低、项目的多少、程度的强弱，会相互转化，甚至向相反的方向转化。随着社会环境、经济条件的变化，需要也是可以伸缩的。当客观条件限制了需要的满足时，需要可被抑制、转化、降级。它可以滞留在某一水平上，也可以以某种可能的方式同时或部分地兼顾几种不同的需要，而且还可以为只满足一种需要而放弃其他需要。

（三）复杂性

复杂性是指消费者心理需要的多样性和差异性。多样性一般表现在三个方面。其一是对同一类商品的多种需求。人们往往要求某一商品除了具备某种基本功能外，还要兼有其他的附属功能。例如，人们对很多商品，都不只要求它的实用性，还要求它的审美价值。其二是对不同商品的各种需求。由于生活水平的提高和价值观念的变化，消费者需求的范围也在逐步扩大。其三是同一消费者明显的需求和潜在的需求同时存在。这种不仅外人难以辨别，连消费者本身也不一定说得清楚。消费者需要的差异性是由物质生活水平和消费者个性心理特征的差异引起的。由于不同消费者在习惯、信仰、爱好及生活水平、文化水平的各方面不同，从而在需要的层次、强度、数量等方面都表现出很大的差异。生活中常有这样的情况：对同一件衣服，人们的看法差异很大。也可以说，需要不是抽象的、空洞的概念、它不可能和任何一件具体事物划等号，它永远是多样的。

（四）周期性

消费需要的周期性，一方面是指当一个消费者的一些需要获得满足之后，便在一定时间内不再产生此种需要，但随着时间的推移此种需要还会重新出现，表现出周而复始的特点。人们对许多消费品的需求，都具有周期性的重复出现的特点，只不过循环的周期长短不同而已。

另一方面是指很多消费时尚也有类似的周期性的特点。例如，服装的一种款式、一种色泽流行一段时间过后，过几年还会再度流行。皮鞋也总在方头、圆头、尖头之间翻来覆去变花样。一般而言，周期性的特点多表现在消费者的物质需要方面，而精神产品往往不具备消费的周期性规律。

二、消费动机的类型

从心理学的角度看，消费者购买商品，这商品对于消费者来说就是一种刺激，而购买行为即是消费者对这个商品所作出的一种反应。动机则是介于刺激和行为之间的一个内在的中介的概念。它一方面激发行为，另一方面也引导行为朝着或避免刺激的方面运动。

一般说来，消费者的购买心理动机按其心理因素的不同，可分为三大类型，即情感性动机、理智性动机和惠顾性动机。

（一）情感性动机

情感性动机是指消费者在购买活动中，由于情感因素的参与而引起的购买动机。

动机理论的情感论认为，人的基本行为准则是追求快感和避免痛苦。当人们面对一种刺激时，能产生快感，或者能预期到对刺激作出反应后便能产生快感，那么人们就会想去作那个反应。例如，接近它，买到它等。在这种意义上说，人的购买行为也主要是受制于刺激和这种快感（包括预期的快感）之间的一种感情上的联系的关系。消费者在消费对象那里，能够得到一种情感上的满足，其购买动机便会产生，在这样的消费过程中，促使消费者购买活动发生的力量是消费者自身的情感因素。消费者出于这种动机从事购买活动时，往往表现出冲动性、即景性和不稳定的特点。情感性消费动机在消费者的购买活动中主要表现为求新、求胜、求名、求美等心理形式。

求新心理倾向。即追求所购买商品的时尚和新颖，其核心情感因素是讲"时髦"、求"奇特"。服装要款式新颖、摆设要独出心裁、食品要应时尝新等。这些消费者追逐新潮、不落俗套，尤其以青年消费者最为显著。

好胜心理倾向，即以争强好胜为主要购买目的，其核心情感因素是"争赢"、"摆阔"。这类消费者购买的商品往往不是由于急需，而是为了赶超他人，不甘落后。看到同事家有架钢琴，不管自己是否需要也要买上一架，以装点门面。这类消费者多数是小康家境或准备结婚的城市青年。

求名心理倾向，即以追求所购商品以显示自己的地位和名望为主要目标，其核心情感因素是"炫耀"、"显名"。东西要名贵、商标要名牌、产地要正宗，以此来显示自己的经济能力和社会地位，从中获得一种让人羡慕的高贵心理。

求美心理倾向，即以追求所购商品的艺术价值和欣赏价值为主要购买目标，其核心情感因素是讲"美化"和求"装饰"。这类消费者较少考虑价格和实用，他们重视的是商品的造型、色彩、表现力和整体上的协调美，挑选商品的首要标准不是实用价值，而是欣赏价值。这种动机在富有的中青年妇女和文艺界人士中较常见。所以，对于广告人员来讲，他们必须关注什么样的刺激源可以引起快感，以及什么样的刺激可以成为这些引起快感来源的信号。也可以说，他们除了应该知道什么东西要引起消费者不同的快感以外，还应该研究如何将自己的商品变成为这种快感的预期信号，并努力使消费者认同或接受这种思想，即如果消费者实施购买或使用这一商品的行为就能达到预期的快感。

（二）理智性动机

理智性动机是建立在消费者对商品的客观认识的基础上，经过充分的分析比较，为了某一实用目的而产生的购买动机。它具有客观性、周密性的特点。不言而喻，理智性动机主要取决于人的理性因素。动机理论中的认知理论认为，人对某一刺激所产生的行为的态度，取决于这种行为所要达到的目标对于这个人的重要性有多大。以及这种行为可能达到这个目标的可能有多少。当这个目标对于这个人而言是相当重要的，而他对某一刺激作出反应的行为又很容易达到这个重要的目标时，这个行为出现的可能性就很大，也就是说，做出此行为的动机就很强。这些评价衡量的过程，就是动机的认知过程。这样有着明确目标和充分估价的理性因素的动机，自然就是理智性的动机。一个消费者在一个购买环境中，如果明确地知道自己的目标是什么，也知道它对自己有多么重要，又能够看出如果自己购买和使用这一商品，就可能出现的自己所要达到的这个目标的可能的程度。那么，他很容易的就可以决定自己到底想要购买这一商品的动机有多强。

一般说来，理智性购买动机在具体购买活动中多表现为求实的心理倾向和求廉的心理倾向。

求实心理倾向，是以追求所购商品的实用价值为主要目标的购买动机，其目标核心是"有效"和"实用"。这类消费者比较注意商品的功用和质量，讲究经济实惠。例如，吃的讲营养，至于食品的色、味、型或烹调技艺则不太注意。穿的注意耐穿耐用，至于款式、色彩则在其次。他们多是性格稳重、深谋熟虑的中老年消费者。

求廉心理倾向，是一种以追求商品的物美价廉为主要目标的购买动机。这类消费者对商品的价格很计较，反复比较、精心计算商品价格。对处理、折价的低档商品感兴趣，而对商品的包装、款式、色彩则不太挑剔。他们一般是中等以下工薪阶层的消费群体。对此，广告的制作者必须关注消费者的行为强度，即消费者的行为与他想用这个行为去达到这个目标的重要性与可能性之间的关系，必须研究或者找出消费者购买某一商品的目标是什么，然后使广告努力去加强购买某个品牌的商品可以达到这个目标的可能性，或者努力去增加目标本身对消费者的重要性。

（三）惠顾性动机

惠顾性动机是消费者由于对特定的商品或特定的商店产生特殊的信任和偏好而形成习惯性的、重复光顾的购买动机。这种动机具有经常性和习惯性特点。

惠顾性动机兼有理智性动机和情感性动机双重特征。消费者对某一商品形成良好的印象，对某一商店的购物氛围、服务态度感到满意就会在惠顾性动机的支配下经常购买和光顾。惠顾性动机一旦形成则带有相对的稳定性，表现为由于对某一商店商品的青睐而导致对另一商店商品的疏远和拒绝使用。

惠顾性动机还表现在有嗜好消费心理倾向的人身上，这些人以满足个人特殊偏好为目的而形成惠顾性购买动机。这类消费者的购买活动定型化。例如，有集邮、钓鱼、收藏、养花爱好的人，总是持续地购买有关的某一类型的特殊商品。嗜好心理具有地域性和民族性。比如，湖南、四川人爱吃辣椒，便易对辣椒食品发生持续的购买行为。

消费者惠顾性购买动机的形成与表现对广告也有一定的启示。其实广告创造的品牌效应就是要唤起消费者的惠顾性购买动机，正因为此，创造品牌效应是广告制作的目的与追求的目标。

三、广告的动机利用

着眼于消费者的购买动机进行广告策划，其意义是十分明显的，因为这是拨动消费者心弦的最直接方法。动机是在需要的基础上产生，是被意识到了的需要，因而广告的动机利用最根本的方法是调动起消费者的需要。一般说来，消费者必要的实用性需要是无须调动的，广告的目的是调动消费者那些潜在的、消费者自己尚未意识到的或意识到却不十分明确的需求。广告的动机利用便是从这一角度思考答案，其具体方法如下。

(一)迎合消费者的优势需要

通常，每个消费者都有不同程度的多种需要，在一段时间里，诸多需要中又会有一种优势需要。每一种商品也具有多种属性，广告宣传应该突出该商品的哪个或哪些属性，以迎合消费者的优势需要，这是广告策划中首先要考虑的问题。事实证明，认清消费者一定时期内的优势需要，对准这一优势需要进行广告定位，是取得广告成功的有力措施之一。

例如某家广告公司为鞋做广告，起初将消费者所关注的属性点依序排列为鞋的式样、舒适、价格、质料等，于是把广告宣传目标对准了鞋的式样，结果销路平平。后来，经过专业细致的市场调查，询问了千余名消费者对鞋的关注点，结果发现虽然消费者们对鞋的上述几个方面普遍需要，但不同年龄段的人，对鞋的某一方面的因素尤为关注，如老年人最关心鞋"穿着舒服"的特征；青少年要求鞋的质量、需要"耐穿"；年轻女性最考虑鞋的样式。生活条件较差的消费群体则看"价格合理"。据此，广告公司改变了广告策略，针对不同年龄段的人们对鞋不同的优势需要进行广告宣传，这才赢得了较为理想的效益。又如2008年受国际通胀和美国次级债影响，众多航空公司效益下滑,于是纷纷采取机票打折或提升服务档次的办法,然而很难见到明显效果。国外某航空公司却另辟蹊径,通过调查发现,消费者最为看重的居然不是票价的高低与服务质量的优劣,而是上下飞机时间的便利性以及交通往返的便利性,于是该公司便着手改善飞机起落的时间以及想办法提供出租车等服务,同时广告也侧重此方面宣传,果然该公司效益逐渐好转。

消费者对某一时段的优势需要,有时甚至自己也比较模糊,成功的广告应具有提示消费者认识自己优势需要的功能。

(二)开拓消费者的抽象需要

消费者的需要也可分为具体需要与抽象需要两个层次。具体需要是人的最基本的实用性需要。例如,购买冰箱,是为了冷冻和储存食品,这就是从具体的实用目标出发而进行的购买。一般说来,一个人在购买某一类商品所可能达到的具体的需要目标,都局限在一定的范围之内,通常不超过有限的几项。抽象需要是人的精神方面的需要,它因消费者的人生经验、价值取向的不同而千差万别。从需要层次的理论来讲,往往是除了人的最基本的生理需要之外,其他的需要都相当于抽象的需要。如果买冰箱,是为了满足自尊心理,这就是满足了抽象的需要。消费者两种不同的需要可转化为两种不同的购买动机。

抽象的需要引发的购买动机与商品之间不存有太密切的实用性联系,而更多地表现为精神上的关系,而且多与社会价值、道德规范、审美取向等有关。人们具体的实用性需要是看得见的、有形的,而抽象的精神需求则是无形的。商品与人的抽象需求的关系,时常消费者自己也难以意识到,因而它的领域是极其广阔的。广告策划如果能更多地开拓与表现商品与人的这种抽象需要的关系,就可以有一个自由驰骋的广阔天地。

开拓消费者的抽象需要,不仅是指那些与人的抽象需求关系较密切的商品,如工艺品、装饰物等,而且是指那些以实用性为主的产品。挖掘实用性商品蕴含的满足人的精神需求的层面,可以让消费者从一个新视角认识该商品,重新激发消费者对该商品的兴趣。如前几年凤凰自行车做的张贴广告,广告避开实用功能的广告诉求,画面突出的广告语是:"独立,从掌握一辆凤凰车开始",此广告语强调了作为独立的人的存在价值,由此激发有此抽象需求的消费者,这等于又打开了一个市场层面。

应该说,广告在上述消费者的优势需要或抽象需求诸方面所做的努力,都是在寻求建立商品购买与目标达成之间的关系,也可以说,这里所运用的都是动机的认知理论。运用广告策略在于增加购买商品与达到具体或抽象目标之间联系的可能性，强调商品可以达到的新目标。

（三）唤起消费者的情感需要

广告也可以通过唤起消费者的情感性需要来促成其对商品的好感。此类广告，所要激起的动机多与产品本身无关，但可促成消费者对产品的好感。此类广告的目的是要努力唤起消费者因某一些需要可能产生的快感，并将这一快感与商品做时空的联系，最终使商品成为引发快感的信号。

例如，一则嘉宝婴儿食品的广告，主要画面是母亲喂婴儿的欢愉情景。此广告正是利用这种欢愉来刺激消费者的快感（当然可能多是女性），使人将这快感与广告下半页的儿童食品联系起来，从而怀着愉悦的心情接受广告所宣传的儿童食品。

人的情感世界是丰富多彩的，很多商品都具有与人的情感世界相联系的属性，广告拓开通向人的情感世界之途——唤起消费者的情感需要，便开拓出了一个新的天地。

人的情感需要也属于抽象需要的范畴，我们这里之所以将它与抽象需要并列去谈，在于通过抽象需要强调人的认知层面，通过情感需要强调人的情感需求层面，在具体的广告策划与构思时，面对两种需求，所采用的对策是不同的。

案例点拨

奔驰汽车曾做过一则以"旧时安全的好感觉"为主题的经典广告，此广告曾获得 1995 年法国戛纳国际广告节大奖赛金狮奖（见图 7-6）。创意诉求的重点是梅赛德斯−奔驰最具特色的安全双气囊。大篇的广告文案和一幅母子照片形成鲜明的图文并茂的

图 7-6 奔驰汽车广告

对比。用一辆老式的自行车与现代豪华的梅赛德斯−奔驰之间找到的一个共同点是，两者都是交通工具，前者，交待了儿时人们经历过的一个生活场景：坐在妈妈骑的自行车后面，双手扶着妈妈的腰，安全的感觉真好；而后者，性能卓越的新款汽车，都配有保护驾驶员的安全气囊。创意的绝妙之处在于含蓄而形象地将双气囊比喻为母亲浑圆的臀部，寓意梅赛德斯−奔驰汽车就像妈妈一样呵护你生命的安全。广告的画面怀旧温馨，很好地体现了其产品

对客户生命安全需要给予了亲人般的关怀。①

学思致用

一、分析下列广告诉求利用消费者的何种需要?

1. 移动广播新干线(图7-7)　　　　2. 多芬婴儿皂(图7-8)

图7-7　移动广播广告

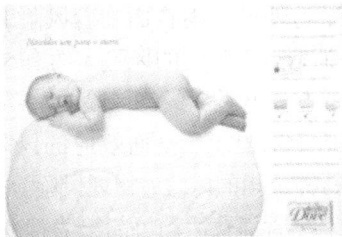

图7-8　婴儿皂广告

提示:前者为抽象需要;后者为情感需要。

二、有人认为下述材料提及的广告过于煽情,造作牵强,对此你持何见解?广告在唤起受众情感需要时应注意哪些问题?

广告可以在品牌塑造上大打情感牌。如借助当时"下岗潮"的出现,雕牌不失时机地抓住这一引起社会普遍关注的资源,借势进行品牌打造与传播。创造了"下岗片":妈妈下岗了,家庭生活日显拮据,并随着妈妈找工作的画面把情感推向了高潮,片中的小主角的真情表白:妈妈说,雕牌洗衣粉,只用一点点,就能洗好多多多衣服,可省钱了。妈妈,我能帮您干活了。

随着下岗这一普遍社会现象的出现,这一宣传引起了消费者内心深处的震颤以及强烈的情感共鸣。

第三节　引导消费者卷入的广告策略

一、消费者的风险知觉与消费者的卷入

事实证明,广告宣传的最终结果,取决于消费者"自我卷入"的程度。一

---

① 乔远生.顶级品牌的视觉谎言.广东经济出版社,2004年版。

般说来，凡是能够引起消费者"自我卷入"的广告，都是比较成功的，反之，充其量只能成为一个可供欣赏的艺术品，收不到促销作用。

（一）消费者的风险知觉

消费活动实际上是一种包含着风险的活动。风险来源于选择商品的不确定性和后果的不可预见性。特别是购买大件商品时，该商品是否达到所规定的功效，价格是否合理，以后是否还有更好的同类产品，很多因素事先难以确定，这便使得消费面临着风险。

消费者知觉到的风险大约有 5 种类型：功能风险，指产品不能达到预期的功能指标的风险；经济风险，指产品是否物有所值的风险；社会风险，指消费活动所带来的社会负面效应的风险；心理风险，指消费活动所带来的心理伤害，精神负担的风险；物理风险，指所购商品造成的对家庭财产、人身伤害的风险。尽管消费活动可能给消费者带来风险，但消费者又不可能因为有风险存在就停止了消费。面临这种两难的处境，消费者的选择就只能是尽量减少风险。为使消费者尽量地减少规避知觉到的风险，一般可遵循如下几个准则。

1. 信息准则

消费者消费决策的过程，尤其是对大件商品消费决策的过程，离不开对商品信息的搜集和分析。一般说来，此时搜集的有关商品的信息越多，对商品的把握越趋准确，购买商品的不确定性就越小，此后知觉到的风险也就越低。因而，为避免消费风险在投入较大的消费活动时，消费者应依据信息准则，多搜集有关商品信息，权衡比较，理性地作出决策。

商品信息的收集可利用报纸、电视、杂志等传播媒体的广告信息，也可去商店、企业作实地考察。

2. 可行性准则

当进行购物决策时，消费者应当首先衡量一下自身的主观条件和外界的客观条件，从而制定出一个切实可行的方案，例如：购买大件商品时，首先要考虑是否真正需要，是否有这样的经济实力，不可因盲目攀比、贪图虚荣而购买，否则就可能带来心理风险，为赤字烦恼，甚至招致社会风险。

3. 优选准则

优选准则不是在某类商品中选择最好、最高档的商品去购买，而是在自己客观条件的允许下，选择最适合自己的、同档次产品中最优秀的商品去购买。这就需要根据自己的选择标准、经济实力对商品权衡比较，权衡比较花的时间越多，后面的风险就越小。建立对某商标的信赖，也是依据优选准则，避免风险的好办法。

知名品牌、知名商标质量过关，价格相对平稳，消费者只要形成对其的信赖和忠实，消费活动中知觉到的风险就会大大减少。

（二）消费者的卷入

消费者卷入，指的是消费者对于某种或某类商品与自己的相关性或重要性的一种主观体验。

消费者卷入分为高卷入和低卷入两种情形。

高卷入是消费者认为某种商品对他很重要，购买此商品精神和经济投入都很多，需要认真比较、反复斟酌才能采取购买行为的消费，如买车、购房、买高档家具等。高卷入的产品往往投资很大，甚至需要动用若干年的储蓄，如果选择失误，就会在经济上也包括精神上都造成很大的损失。

低卷入是消费者认为购买该商品精神和经济投入都比较小，选择何种商标，在何处购买都无关紧要的消费。低卷入的消费者体验到的购物风险都比较小，他们对商品的选择常常是随意的，漫不经心的。如购买日常用品、食物、低档衣物等。

显然，在高卷入的消费行为中消费者的风险体验也比较强烈。具体来说，决定消费者风险体验高低的因素主要有：首先，消费者风险体验的程度与卷入程度的深浅有关。因为，很显然，在消费者采取购买行动时，消费者的卷入程度越高，消费者知觉到的风险就越大，即在购买时抉择的难度越大。比如，普通圆珠笔2元左右一支，各种牌子的功能和效力差不多，购买这类商品，人们既不会有多大的经济、功能的风险，也不会存在心理和社会的风险，更不会有物理的风险，因此消费者的卷入程度较低。相反，一台电视机价值几千元，甚至上万元，这在普通家庭中不是一笔小开支，如果买到不合适的，无论从经济上，还是在心理上都会给消费者造成一些麻烦和不适。购买这种产品消费者卷入程度自然高，其风险体验也就较大。因此，广告策略的制定，一般应该立足于大多数消费者对产品的卷入程度。

其次，商品的经济价值也决定消费者风险体验的高低，因而也是决定卷入程度的一个很重要的原因。比如，一台笔记本电脑，一部分日本人一个星期的劳动即可换来。而在我国，则需要花一个一般的机关干部一年左右的工资。显然，绝大多数中国老百姓对此体验到的是高卷入。

另外，决定消费者风险体验高低的还有其他一些因素。例如，在购买一项没有接触过的新产品时，在消费者对某种商品特别感兴趣时，都会导致他们的高卷入。反之，当一种商品被消费者经常使用时，特别是价格很便宜，商品与商品之间的好坏差异又不是很大时，就多表现为低卷入。

制作广告一定要认真考虑消费者的卷入程度及卷入原因。只有考虑消费者的卷入程度，才能准确地制定战略与策划。无论如何，高卷入的商品与低卷入的商品所需要的消费者的激励程度与告知程度是不一样的，消费者卷入的原因，则直接影响着广告主题的确定。经济原因的卷入、功能原因的卷入或售后服务原因的卷入等所产生的告知期待及情感期待明显不一样，广告如果不能在这方面形成针对性地诉求，则难以产生明显的效果。

（三）消费动机

消费动机从性质上分，可分为否定动机和肯定动机。

否定动机指促使消费者产生购买行为的动力，是为了减轻或避免某些令人不快的体验的消费动机。它经常表现为：消费者遇到麻烦，购买某种商品正好能解决这一难题；消费者预计将来可能会碰到某种难题，寻找一种能避免难题发生的商品；消费者对现有商品不满意，寻找更好的一种来代替；消费者对现在所用的商品某些特性喜欢，对某些特性又不喜欢，于是，他期望某种商品来解决这种矛盾；消费者对某种商品的储备量不足感到不安，寻找能够稳定供应的商品。例如，感到口渴，或估计可能会出现口渴而去买饮料，便都是源于这种减轻或避免不愉快体验的否定性动机。

肯定动机指消费者为了满足自己感官上的享受，或旨在追求知识、追求社会赞许而产生购买某种商品的消费动机。它多表现为消费者期望满足感官上的生理的享受，或为寻求某种心理刺激，或为追求某种精神需要的满足，或为寻求获得社会赞许或奖励而购买特定商品。例如，买名牌服装，是为了满足感官上的享乐，也为了满足心理的自卑，便是源于这种肯定性的动机。

如上所述，卷入可以分为高卷入和低卷入两种形式，消费动机可分为肯定动机和否定动机，于是我们就可以得到 4 种消费者的购物动机：

（1）低卷入的否定动机；

（2）低卷入的肯定动机；

（3）高卷入的否定动机；

（4）高卷入的肯定动机。

广告策划制定者必须根据商品、消费者以及市场的具体情况来确定自己的产品到底应该属于哪种类型的购物态度。面对不同类型的购物态度当然就应该实施不同的广告策略。下面我们提供的低卷入的广告和高卷入的广告策略，便是针对消费者不同类型的购物态度而做出的相应对策。

学思致用

一、判断下列广告应分别针对哪种购物动机制定广告策略，并在坐标图中确定相应位置(见图7-9)。

1. 可口可乐《海象篇》(图7-10)

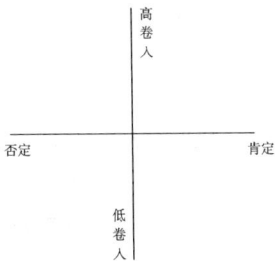

图7-9 坐标图

图7-10 可口可乐广告

2. ××药业——生活怎能如此(图7-11)

3. ××银行《账字篇》(图7-12)

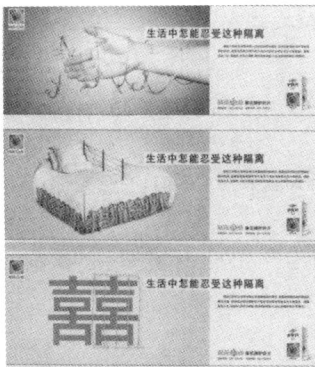

图7-11 药业广告

图7-12 银行广告

第八章　个性、自我与广告策略

压题图片

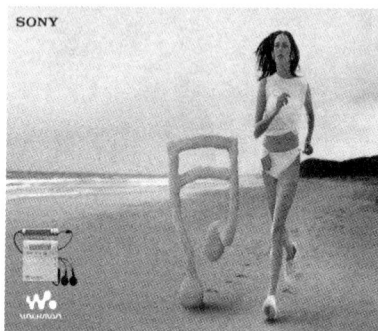

学习要求：通过本章学习，了解个性的特征、个性的心理特征包括气质、性格、能力；掌握广告目标市场中的个性策略；重点掌握针对消费者的社会性格的广告策略；掌握个性消费对广告的意义、针对个性特征的广告策略；了解流行时尚的特点和三种表现形式；掌握针对自我概念中的理想因素的广告策略；了解自我意识的特点、自我概念在消费行为中的表现。

关键概念

　　个性——是指在一定的社会历史条件下的具体个人所具有的意识倾向性，以及经常表现出来的、比较稳定的、本质的心理特征。

　　个性消费——也就是时尚消费，它表现为消费行为或消费心理中的追求流行、时尚，追新求异的群体性的现象。

　　自我——又称自我意识，它是指个体对自身及其自身与外部环境关系的认识、评价、态度等心理倾向。

　　广告的诉求在研究、探讨自己的目标市场的时候，不可避免地要研究消费者的个性和自我的结构、特征以及表现形态等，以此确定广告信息的影响和广告诉求的相应策略。

第一节 个性理论与广告策略

一、个性的概念

(一)什么叫个性

个性一词源于拉丁语 Persona，意为人格面具。人们一般所说的个性，就是指在一定的社会历史条件下具体个人所具有的意识倾向性，以及经常表现出来的，比较稳定的、本质的心理特征。

个人的个性结构主要包括个性的倾向性和个性的心理特征两个方面。

个性倾向性是人进行活动的基本动力，也是个性结构中最活跃的因素。它表现在对认识和活动的对象的趋向性和选择性上，主要包括需要、动机、兴趣、理想、信念和世界观等。

个性心理特征表明个体的典型心理活动和行为，它在心理过程中形成，又反过来影响着心理过程的进行，它包括个性、气质、能力等。

对于个性理论，哲学、社会学、生理学、心理学等许多不同的研究领域都有不同的侧重研究。在哲学中，研究个性是以人的世界观为前提，研究和考察作为主体的人与客观世界之间的关系问题，特别是社会历史发展中，个性的发展与变化的一般规律。社会学把个性看成是一种非个性的，在一定社会结构中的社会共同体的典型。心理学中的个性则是研究参加社会活动中的个体的内部心理的特征和过程。

广告心理学中的个性研究，要考察和研究的个性则是指处于消费行为中的个性行为所表现出来的内部心理活动的规律和特征，以及消费者适应其生活情境的独特的行为方式。

(二)个性特征

1. 个性的整体性

个性是由许多成分组成的，但它们并不是几个要素的简单总和，这些成分错综复杂地相互联系、相互制约，组成个性整体。

个性的整体性在于个性的内在统一性。一个正常的人总是能够正确地认识和评价自己，能够及时地调整个性上出现的相互矛盾的特征。因此，他的内心世界和行为之间是和谐一致的。如果一个人失去了个性的内在统一性，他的行为处在几种相互抵触的动机支配之下，就是一种人格分裂现象，如"二重人格"。只有从整体出发才能认识个别的心理特征，个别的心理特征只是在个性的整体中,在和其他个性联系中才有确定意义。

广告策略的制定,应充分考虑到个性的整体性特征,不能偏颇地侧重于某种个体的某一单方面的消费心理特征,否则,容易造成消费者的消费行为处于几种互相抵触的动机支配下,达不到广告应有的效果。

2. 个性的稳定性与可变性

一个人在出生后,经过社会生活实践,逐渐形成一定的动机、理想、信念、性格和能力,从而使自己的活动总是带有一定的倾向性。在不同的生活情境下个性总是显示出相同的品质,这便是个性的稳定性。比如一个好动毛躁的人,处理问题总是匆匆忙忙;一个沉着冷静的人,办事也比较稳妥、扎实。正是个性具有稳定的特点,才能表明人是有个性的,否则就很难说明人的个性是什么样子。

个性的稳定性也不是一成不变的,它只是相对来说比较持久,比较稳固的表现。随着人所处的情境的变化,人的心理状态的影响以及人的身体的自然特点,都可能导致个性发生变化。

人的个性的稳定性与可变性,这两个方面的特点在一个人身上所处的地位是不同的,前者具有规定性的意义,后者则处于从属的地位。

正是由于个性具有稳定性的特点,市场经营者才可能从个性的角度解释和预见消费者的行为。这种稳定性意味着广告的策略主要不在于改变消费者的个性,而是使之适应个性的特质。同时,个性的可变性也启示广告制作者应根据情境的变化,考察消费者购买活动中的个性衍变,以做出适时的广告对策。

3. 个性的独特性与共同性

个性的首要特征即是个性的独特属性,即是人与人之间的个性差异性,是一个人自己独有的、与众不同的行为和心理上的特性。这种个人所独具的个性形态,不论古代和现代、中国和外国,也不分民族,不分区域,是普遍存在着的客观事实。因为人人都知道,世界上绝没有完全相同的心理个性。即使是面貌相似的双胞胎,其心理个性也不完全相同。

但是,个性的表现,既有与别人不同的个别性,又有与别人相同或相似的共同性。所谓心理上的共性,即是指某一个阶层、某一个群体,或某一个民族共同拥有的比较典型的个性特征。它表现为人们对人、对己、对事所持的态度和看法,表现在人们的理想追求。价值判断、情感体验及审美取向等多方面上。

个体中的独特性和共同性是统一的,因为某一群体的共性总要通过其中的个别成员表现出来；个性中的共同性制约着个人的独特性的特点。同时，也正是许多不同的个体汇总在一起，才能构成一个群体的共有的心理规律。正如一个民族共同的心理特性表现在众多不同的个体身上，而不同的个体的个性表现又都以一个共同的思想基础或心理特征为支点。

4.个体的生物制约性和社会制约性

人称其为人的意义，首先就在于他是一个生物实体，其次，他又是一个社会实体。人的自然的生物体的特性也影响着个性发展的方向和道路，制约着个性行为的形式。例如，一个班组里，甲、乙两个同学，上进心都很强，也都非常努力学习，结果学习成绩却不一样，其原因往往因为神经活动的类型不同，或者说是生物学上的智力因素的差异。

社会制约性即是指个人作为社会结构中的一员，他的个性受各种各样的社会关系的影响。这里既包括个体的周围的人的言行的影响，也包括他所置身的社会文化历史背景的影响。诸如，政治上、思想上以及道德习惯、流行时尚等许多方面的影响。

任何一则广告的目标，都要面对消费者的个性或共性，面对他们的生物制约性和社会制约性。而且，只有在充分地了解和研究广告对象的个性和共性，以及生物制约性和社会制约性的基础上，才能较好地制定出广告的策略。这是因为，首先，广告是面对具有个性的消费者，消费者的个性必然在广告接受中发生作用。其次，当各具个性的消费者聚会为一定的消费群体时，则会因个性中的共性因素和社会制约性而成为具有不同个性倾向的消费群体，这正是广告定位的根据。再次，个性的生物制约性在广告制作和传播中，也是强化广告效果的根据。

二、个性的心理特征

(一)气质

气质指的是一个人典型的表现于心理过程的速度、强度、稳定性以及心理活动的指向性等动力方面的特点。

对气质的类型划分一般都是遵从古希腊沿袭下来的 4 种类型的分法。古希腊人认为，人体有 4 种体液：血液、黏液、黄胆汁和黑胆汁，某种体液在人体中占优势，就形成相应的气质，于是气质被划分为 4 种类型。即：

(1)胆汁质：以黄胆汁占优势，这种人敏捷，有时甚至暴躁，他们都有一种强烈的迅速燃烧的激情，这在语言、表情、姿态上都表现得很明显。他们多是急性的，易于爆发出一种急躁的情绪。

（2）多血质：以血液占优势，这种人敏捷、好动，喜欢与人交往，他们的憎爱分明感直接表现在外表行动上，但这种情感并不强烈。

（3）抑郁质：以黑胆汁占优势，这种人情绪体验的方式较少，但体验得有力持久。他们并非对一切事物都有反应，但一经反应虽然在外表上很少流露自己的感情，但体验得却很强烈。

（4）黏液质：以黏液占优势，这种人是迟缓的、平稳的、沉静的。他们在情绪上不易受刺激，他们的感情不容易向外流露。

气质的特征可以由高级精神系统活动的特点来解释，一般按3种标准来区别类型：神经过程的力量；兴奋过程与抑制过程之间的平衡或不平衡；神经过程的灵活性。例如，胆汁质的人易暴躁，感情易于爆发并表现强烈，就要解释为兴奋与抑制之间缺乏平衡。

这些不同气质类型的人，面对广告的宣传，面对市场中的商标和产品，接受时当然要呈现出不同气质类型。例如，胆汁质和多血质的人，一般都有比较强烈的感受性，他们对外界的新的刺激的感觉能力比较强烈，而且反应的速度也比较敏捷。所以，他们多是新产品的最先接受者。广告的设计也就应该努力地迎合他们的个性要求和感情需要。

（二）性格

性格是指一个人在个体生活过程中所形成的、对现实稳固的态度以及与之相适应的习惯了的行为方面的个性心理特征。

首先，性格表现在人对现实的态度和他的行为方式中。态度，是人对待别人和对待自己的一种心理倾向，它包括对事物的评价、好恶和趋避等。态度表现在人的行为方式中，如遇到危险，有的人挺身而出、勇敢无畏；有的人怯懦退缩、保全自己；还有的人乘虚而入、趁火打劫。人对现实的一贯行为体现着他的性格。

其次，性格指一个人独特的、稳定的个性特征。在某种情况下，那些一时性的、情境性的、偶然性的表现，不能代表一个人的性格特点。只有当一个人的态度以及符合这些态度的行为方式不是偶然发生的，而是比较稳固、比较经常，能本质上表现一个人的个性时，这种态度和行为方式才具有性格的意义。

再有，性格表现了一个人的品德和世界观，它在个性中具有核心的意义。具有忠诚、坚定性格的人与具有虚伪、奸诈性格的人，其品德与世界观显然是不同的。

性格核心意义表现为人的个性主要不是表现为气质、能力的差别，而是表现为性格的差别。性格的核心意义还表现在对能力、气质的影响，一个人的性格确定了能力、气质的发展方向，影响到能力、气质的表现。一个关心集体、热心助人的人，善于与人交往，才华也易施展；一个自私的人，能力的发展也局限于个人的小天地。

广告行为不能忽视消费者的性格因素，因为这由社会实践所制约的性格，同样是消费者的行为和心理中的一种动力系统。

（三）能力

能力指直接影响活动的效率，使活动顺利完成的个性心理特征。有的心理学书上也把它叫做才能和天资。那些成为完成某种活动条件的心理特征，叫做才能；那些构成才能的条件的天赋的综合，叫做天资。

人的能力有特殊能力和一般能力之分。前者是指从事某种专业活动的所必需的多种能力有有机结合的能力，如数学能力、音乐能力、绘画能力等。而广告所面对的多是后者，即消费者的一般拥有的观察能力、思维力、想象力、记忆力等。这些都是可以看作是广告受众的接受能力。一则成功的广告，必须与消费者的接受能力相吻合，过于艰涩，不易理解。过于高雅，阳春白雪，和者甚少。过于俗白，又不容易引起注意，受到轻视。

三、个性的结构理论

在心理学界，由于存在着许多各不相同的个性理论，对个性心理的结构也有许多不同的主张。下面主要介绍精神分析学派两个代表人物的个性结构理论。

（一）弗洛伊德的个性结构论

弗洛伊德是精神分析学派的创始人。他的个性心理学理论包括个性结构理论、个性动力理论和个性发展理论。

西格蒙德·弗洛伊德（Sigmund Freud，1856—1939 年），奥地利精神分析学家，精神分析学的创始人（图 8-1）。

在弗洛伊德的个性结构理论中，他提出了著名的"冰山说"。弗洛伊德把人的心理结构比喻成海洋中的冰山，自下而上分为无意识、前意识、意识三个层次。其中无意识占有极为重要的地位，它像是海面以下冰山的巨大的底座

图 8-1　弗洛伊德

部分，它是一个特殊的精神领域，是一种本能的原始冲动，表现为被压抑的、为现存社会的伦理道德和宗教法律所不容的原始的、犯罪的本能欲望；前意识是介于无意识和意识中间的领域，它存储着被遗忘的意识的内容，具有警戒和检查意识的功能；意识则代表社会的规范和准则，是人的心理结构的最清醒的、最理性的部分，但就像是露出海面的山尖，仅仅是冰山的一小部分。意识时时制约着无意识的冲动，同时无意识虽然被压抑，又不肯安分守己，时时想冲出意识的控制。无意识是本着一种"快乐原则"而活动的，如图 8-2 所示。

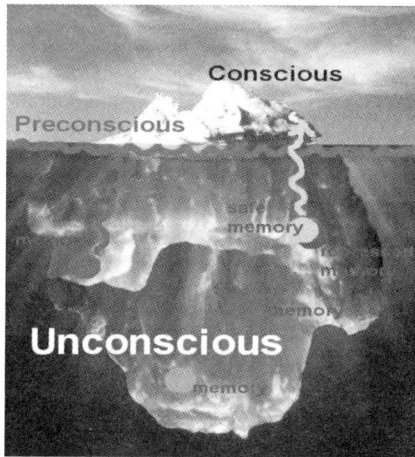

图 8-2　弗洛伊德的"冰山理论"示意图

自下而上：unconsciouse 无意识；preconsciouse 前意识；consciouse 意识

在阐述人的结构的时候，弗洛伊德也相应地把人格分为"伊德"（Id）、"自我"（ego）和"超自我"（superego）三个结构层次。"伊德"又称本我，是由一切与生俱来的本能冲动所组成。在人的诸多本能中，性本能是其核心本能，弗洛伊德用"里比多"（Libido）这个概念来表示这种生命能量。"伊德"是人格中模糊而不可及的部分，深藏在潜意识之中。人的本能通过两种方式来实现，即能量释放；一是通过愿望满足实现，二是通过反射活动来实现，即"自我"是现实化了的本能，是从伊德中分化出来的，为实现所接受的那部分本能。"超自我"是道德化的自我，是人格中最后形成的而且是最文明的部分，在这里，人形成特有的道德。"超自我"由两个系统组成，即"自我理想"与"良心"。弗洛伊德认为，这三者中"自我"处于两者之间具有调节作用，它调节得好，三者能融为一体，人格便处于正常的状态，反之，人格就处于非正常的状态。

　　研究弗洛伊德的精神分析理论，对于制作广告的策划具有重要的意义。诸如，它的无意识理论告诉我们，制作广告对象的消费者的行为和心理是不自觉地受意识两种动机的支配。又如，弗洛伊德的"梦是愿望的实现"的主张作为一种象征的理论，启示我们在广告的策划中可以利用某些隐喻的象征，来激发消费者潜在的需要和购买动机。

　　(一)荣格的个性结构理论

　　荣格是精神分析学派的又一重要人物。在荣格的心理分析学体系中，他的人格理论最为著名。

　　荣格，瑞士精神病学家，精神分析学派心理学家(图8-3)

图8-3　卡尔·古斯塔夫·荣格

　　他主张人格结构具有三个层次：意识自我、个人无意识、集体无意识。意识自我是人格结构的最顶层，指人所意识到的一切东西，包括知觉、记忆、思维、情感等，其职责是使人能够适应周围的环境；个人无意识是人格意识的第二层，指在个人生活中的那些被遗忘的、被压抑的一切观念，多是指具有情绪色彩的观念群，即所谓的情结，如恋父情结、性爱情结、权力情结等。集体无意识是处于人格结构的最底层，是一种遗传的先天倾向，反映了人类以往的历史进化过程中的集体经验。他认为原型是组成集体无意识的结构成分，它体现着人对世界作出反应的先天倾向。

　　他认为原型共有5种：第一是人格面具(persona)，是个人用来应付社会习俗和传统的需要以及自己内在的原型需求所表现的人格。第二是阿妮妈(anima)，是指男性精神中的女性特征。第三是阿妮姆斯(animus)，是指女性精神中的男性特征。第四是暗象(shadow)，是指精神中最隐蔽、最深奥的部分，是人类在进化过程中所继承的生物本性，它包括一切激情和不道德的行为。第五是人格自我，它是人格的中心，它促使着人格和谐、统一、稳定，是人生的目标。1924年，荣格又进一步提出人格类型学说，他认为人与人之间的差别主要是内倾与外倾两种态度的差别。外倾类型的人，其"里比多"直接指向外部的物体和事件。这种人依据客观标准来认识事物，性格开朗、活泼、自信、适应力强。内倾类型的人，其"里比多"多指向主体的内部，这种人注重内心体验,认识事物多以主观因素为依据,性格孤僻、优柔寡断、深思熟虑。然后,他又把个性分为思维、情感、感觉、直觉4种心理机制。其中,思维和情感是属于理性机制,而感觉和直觉是属于非理性机制。并且把内、外倾的两种类型与4种心理机制加以组合,描绘出了8种人格模式:外倾思维型、外倾情感型、外倾感觉型、外倾直觉型、内倾思维型、内倾情感型、内倾感觉型和内倾直觉型。

荣格的原型理论和人格类型学说,对于研究和制定广告的策略也是有着不可忽视的意义。其中,集体无意识作为人类发展的历史过程中的一种潜意识的遗传因素,自觉或不自觉地残留在一个民族、一个地区的文化和风俗之中,并潜移默化地影响着人们的消费思想和理想形象。它们作为潜意识中的那种神秘的不可知的对异性的渴望,也或多或少地残留在人们的感觉和认知中,不同程度地影响着人们的精神和物质的需求。所以,广告制作适当地利用人们潜意识中存在着的集体无意识的影响,就可以更好地满足消费者的心理需求。同时,适当地在广告设计中表现男性或女性的形象,以期在无意注意之中引起异性对象的注意和兴趣,都可导致消费者更有效地接受广告的信息。另外,荣格理论中的人格类型的分类,对于研究广告目标的定位也是很有意义的。它可以帮助广告设计者有针对性地运用理性诉求或感性诉求。

四、广告目标市场中的个性策略

不言而喻,广告与消费者的行为心理之间的关系是极为密切的。任何广告都必须有一个明确而又适当的目标对象,他们应该是最可能购买这类商品的消费者,也可以说,这些针对性较强的消费者就是广告的最有利可图的目标市场。广告要想取得较好的效果,必须要有明确的、清晰的目标市场,因为它所宣传的商品或劳务一定要满足某一目标市场的某种需要,即某一种个性类型的消费者的某种需要。另外,广告要想做得好,就必须对目标市场进行充分的了解。它对消费者的行为和心理、个性类型了解得越多,就越能使广告所宣传的商品与消费者的需要相融和。

鉴于心理学关于个性的心理特征理论与弗洛伊德、荣格等人的个性的结构理论,广告在选择自己的目标市场的时候,也应该适当地注意消费者的个性心理特征,并相应地采取适当的广告策略。

(一)利用潜意识的作用

从个性的结构理论中,我们看到,人的心理由意识、前意识和无意识组成。所以,消费者的购买行为也是由意识和潜意识两种动机组成。这样一来，广告在制定自己的策略的时候，不仅应该看到消费者已经明确表现出来，或已经清醒意识到的理性意识动机，还必须注意到消费者没有表现出来的，或者是连他自己也没有觉察到的潜意识的购买动机。这种消费者自己也没有意识到的、潜藏着的需要领域可能是一个更大的目标市场。

在个性的心理结构中，意识与潜意识的关系是相辅相成的，也是相反相成的，它们互相制约，又可以互相转化。同时，潜意识也像意识一样，具有储存性、记忆性、创造性等特点，在意识可以制约潜意识的同时，潜意识也可以很大程度地影响着意识的形成。在人的实际行为中，或者说在消费市场中，大多数情况下，意识与潜意识之间的矛盾和冲突表现得越微弱，消费者的购买行为实现的可能性就越大。这就需要广告充分地调动自己的才智，有效地开发和利用这一极为广阔的领域。

案例点拨

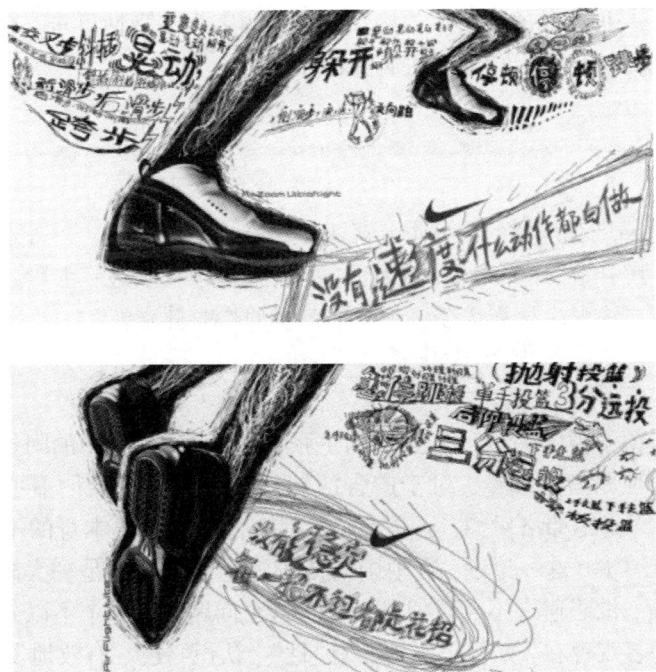

图 8-4　NIKE 篮球鞋广告

NIKE 篮球鞋广告中的涂鸦般的画面、梦呓般的文案很有点"意识流"的风格，潜意识的诉求方法更具深度感染力。

(二)针对个性的类型

心理学中的个性心理特征中的有关气质和性格的类型划分，以及荣格理论中的人格类型学说的模式，对于如何面对并进一步地确定广告目标市场中的个性类型，从而有针对性地制定有的放矢的广告策略是有着较为重要的意义的。因为对于热烈、敏感、直率、注重感觉的人，和对于稳健、细心、沉静、注重思维的人，当然要分别给予感性和理性的不同的诉求方式。

如对内倾思维型、外倾思维型的消费者，广告诉求应立足于事实的具体性和信息的客观性，即采用理性诉求，因为他们易接受这样的信息。对内倾情感性和外倾情感性的消费者，应多进行情感诉求，这些人对情感信息敏感，容易接受。对内倾直觉型、外倾直觉型及内倾感觉型、外倾感觉型的消费者，广告应多进行形象诉求，他们对形象信息有较强的把握和理解能力。有时在宣传一种产品的几个广告中，有的强调客观的理性诉求，有的强调情感诉求，就在于调动不同个性的消费者。

学思致用 ━━━━━━━━━━━━━━━━━━━━━━━━━━━━

某茶饮料广告演绎的是一个年轻人不为美女诱惑所动，一心追求该茶饮料的故事，广告语"冰力十足，我的最爱"很好地诠释了这一主题。

请思考：这则广告更适合何种个性类型的广告受众？

(三)利用异性的魅力

弗洛伊德学说的关于"里比多"的主张，以及荣格学说中的阿妮玛和阿妮姆斯两个异性原型的理论，对于广告的制作和表现也有某种不可忽视的意义。当然，无论是弗洛伊德，还是荣格，都有他们的学说本身的不能否认的偏颇，而且，"性"这一论题，在中国的传统道德中也一直是一大忌，很多人闻"性"色变，惟恐避之不及。但是，"性"这个问题又是一个不以人的主观意志为转移的客观存在，如何正确地面对"性"、认识"性"，有效地发挥"性"的积极作用，这就是一个思想和态度的问题了。广告的制作和表现适当地利用人们心中的异性的理想和形象，适宜地展示出这些异性的美感和魅力，就可以相应地增强广告的效果。

现实中，人们有将自己心目中的偶像——性别中的另一面投射到生活中可以直观地富有神秘感的男性或女性身上的心理倾向。如果一个广告以富有神秘感的女性作为广告诉求就很可能引起男性群众的兴趣，对于女性也是如此。因此利用漂亮模特做广告，可以增强广告效果，当然是否成功，要取决于广告画面中人物形象的神秘感和可视性。如 20 世纪 60 年代，法国现代广告大师布勒斯坦曾为 Rosy 牌乳罩设计了一则出色的美色性感广告。在画面中，一位双臂抱胸的裸女，臂腕间有一朵初放的玫瑰，气质清纯，体态优美。整幅广告并未出现乳罩，但它用花朵叠加在胸口位置上，以美丽温馨这一意念来连接花朵与 Rosy 两个意象。这一先锋式创举，令舆论大哗，但却使 Rosy 牌乳罩很快成为法国名牌，一个名不见经传的只有几名女工的小厂迅速跨入欧洲内衣业诸强之列。①

案例点拨

广告中的"阿妮姆斯"原型②

荣格的集体潜意识理论已被有意识地运用到广告创作的实践中，尤其是"阿妮玛"和"阿妮姆斯"这两个概念，作为异性的理想形象，常常含蓄地运用到广告诉求中。例如，美国著名品牌"美特牌"女性长筒丝袜的广告，广告画面出现两个穿"美特"牌长筒袜的漂亮的长腿。然后画面下移，而后出现绿草地、运动场和观众的欢呼。接着画面出现运动员强健的腿，在草坪上奔跑着、跳跃着，令人眼花缭乱，看得出有人穿"美特"牌丝袜。画面定格，显现出穿"美特"牌丝袜的正是美国家喻户晓的著名棒球界运动员纳米斯，他说："我不穿女式长筒丝袜，不过如果'美特'牌丝袜能使我的大腿变得漂亮，我想也能使你们的大腿变得漂亮。"这个广告成功地激起了女性潜意识之中的阿妮姆斯，因此大获成功。

学思致用

下面这些广告分别针对具有何种个性特征的消费者，说说你的理由。

---

① 张金海主编.世界经典广告案例评析.武汉大学出版社,2000 年版,第 239 页。
② 江波.广告心理新论——现代广告运作中的攻心战略.暨南大学出版社, 2003 年版,第 233 页。

1. 某奥运卡(图8-5)

图8-5 某奥运卡广告

2. ××宽屏笔记本(图8-6)

图8-6 某笔记本广告

3. 某房地产广告(图8-7)

图8-7 某房地产广告

第二节 革新消费与广告策略

一、流行时尚与革新消费

所谓时尚,就是指一个时期广为流传的生活方式,或者说是在一个时期内有相当多的人对某种特定的思想、行为、语言、趣味和服饰的追求或追随。

流行时尚可以表现为对某种生活模式的追随,如对流行的装修风格、流行的娱乐方式、流行的语言等的崇尚;也可以表现为对某些东西的追随与模仿,如对某种流行的发式、流行的服装、流行的书籍的跟踪与模仿。

流行时尚是在一段时间内出现的社会现象,过了一个时期就可能为新的流行时尚所代替。

时尚作为一种非常规的行为和心理的流行现象,其特点主要表现在两个方面:

其一,新颖性。时尚的出现,源于人们的好奇心,也源于人们对与新颖的事物的探索的兴趣。一般说来,这种追新求奇与社会的发展、文明的发展成正比,而与传统的习惯和模式相对立。在很多人的眼里,似乎越新、越奇,就越是反传统的,越是流行的。

其二,高价值。时尚所追求的东西是最新式的,任何新东西的最初出现,价格也是该商品各时期呈现的价格的最高时期,甚至有时价格要超出该商品成本的几倍、几十倍,但很多追求时尚者,为了追新求异,仍不惜"代价"地去追求。

流行时尚的传播方式主要有两种。一种是自上而下的瀑布式的传播,它常常表现为社会上层的优秀者向社会下层的普通人中间传播。例如,社会上的一些有身份、有地位的权势者或明星都对时尚的流行起着倡导的作用。另一种多是政治、经济和文化的中心向一些落后、偏远的地区流行。

同时,流行也表现为周期性的特点和从众的原则。

(二)流行时尚的三种形式

严格地说,流行和时尚的概念也不完全一样。流行,意味着社会上有相当的一大批人,或某一亚文化群体中的相当多的人,在较短的时间内,追求某种行为的方式,并使之在整个社会上随处可见,造成了人们相互之间发生的连锁性的感染。时尚,则是指在社会生活中或是在大众生活内部产生的一种非常规的行为模式和流行现象。它通过社会成员或部分大众对某一事物或某一生活方式表现的崇尚和追随,从而达到一种身心的满足。可以说,流行和时尚两者是互相依存,紧密相连的。流行是时尚得以普及、扩散、发展的手段,时尚则是流行的必然结果。

具体地说,时尚还可以根据其追随者的投入程度、流行范围、持续时间分为3种形式,即时髦、时尚、时狂。

时髦,即是流行于社会的极少数人的,以极端新奇的方式出现,寿命比较短的行为方式和表现方式。即是一种在短时间内流行起来有迅速消失的生活模式,俗称"阵热";或是一种虽然持续时间较长但追随者不多的行为,俗称"摩登"。时髦的参与者,其个性特点,一般自我投入的程度都比较低,所以国外的一些社会心理学家称之为"大众消遣"的方式。

时尚，追求时尚的人身心投入的程度要高于时髦，它是一种"大众欣快"的方式。从持续的时间和涉及的范围来看，时尚都要超过时髦。

时狂，是时尚的一种极端的形式，即时尚达到了狂热而不理智的状态。时狂是一种"大众激奋"方式。此时参与者的身心投入达到了亢奋不已的地步，人的情感在一段短时间内被全部卷入。所以它表现得更强烈、更短暂，而且多是一种流行于社会下层的尘俗现象。

（三）革新消费与革新消费者

所谓革新消费，也就是时尚消费，它表现为消费行为或消费心理中的追求流行、时尚，追新求异的群体性的现象。

革新消费是社会历史发展中的产物。首先，从客观上讲，它是一种经济现象，由于社会上的物质生产水平和经济生活水准的提高，也由于科学技术的发展，消费者的经济收入提高了，生产工艺的技术进步了，商品推销的手段也发展了，使得很多消费者开始追求消费方式上的高档次、高价值、高品位。其次，从主观上讲，它反映了消费者的消费思想上的变化，随着消费者的文化水平和思想修养程度的提高，他们渴求变化、求新求美，他们把对某商品的追求看做是满足自我的心理需要，是实现自我价值的表现。从某种意义上说，这是一种传统与创新、守旧与进步、活跃与安宁、无个性与有个性，以及自我表现的自由与压抑之间的冲突。

就我国目前消费市场的状况来看，革新消费者都是青年人，或一些收入较高的个体劳动者、歌星、影星等，再加上为数不多的"白领阶层"。由于文化水平、道德修养、心理素质等方面的原因，使得我国目前的革新消费群体的消费导向还存在着种种不尽如人意的地方。从某种意义上说，那些拥有高学历、高收入，并从事高等职业的"白领阶层"正在扛着中国都市消费新潮的大旗，他们能够较好地把金钱与文化、艺术融为一体。

总的来说，革新消费者作为一个群体，其人数在整个消费市场中只占一小部分，但却是广告主和市场经营者极为关注的对象。其原因大致有以下几点：

其一，革新消费者多是最新商品的尝试者。由于他们追新求异的特点，很多广告主和企业也就多把他们当作说服和推销自己新产品的首选目标。

其二，革新消费者是最有利可图的目标市场。革新消费者常常是比较新潮、或比较昂贵的商品购买者和使用者。由于他们比较高的收入水平和比较先进的消费思想所致，便使他们构成了广告主也包括一些企业和企业心中的最有利可图的目标市场。

　　其三，对于广告信息的接受来讲，革新消费者也多是最新信息的寻求者和接受者。由于他们敏感、迅速、最少保守，他们能够敏感地注意最新信息，热切地关注最新信息，并迅速地获取大量的最新信息，而且对新信息的信任程度也多大于一些中老年人或一些思想守旧的人。

　　其四，革新消费者也多是广告所传播的舆论导向的引导者。由于他们自身的社会地位和社会影响，他们的消费行为往往起着引导消费舆论和消费潮流的作用。

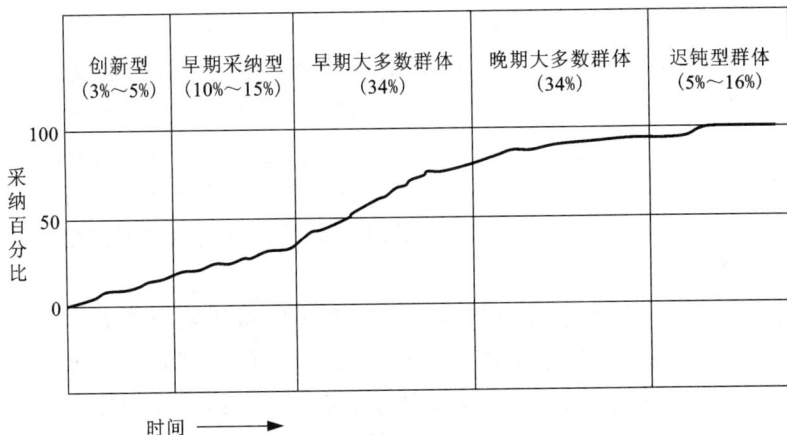

图8-8　市场中消费者试用新产品的采纳曲线

　　五种采纳群体分别为：创新型、早期采纳型、早期大多数群体、晚期大多数群体、迟钝型群体(见图8-8)。

二、革新消费者的个性特征和广告策略

(一)革新消费者的个性表现

　　消费者卷入程度的高低在很大程度上取决于个性特征的表现。研究革新消费者的个性特征，可从以下几个方面考察。

1.个性的类型

　　所谓个性的类型，就是基于某一原理，把某一群人或某一群具有相似个性的人归为一类，划分成类型，以便对个性更好地了解。也可以说，类型是一般的行动规律到特殊的行动规律的一种中间活动的规律。

在心理学界，个性的类型划分，也有很多不同的说法。按照荣格的个性类型说来划分人的性格。荣格依据"里比多"这一贯穿于从潜意识到意识一切过程的生命的冲动能量的指向来划分人的性格类型，他主张"里比多"倾向于外部环境的，或者说把兴趣和关心投向客观世界并已形成习惯的一类人，属于外向型类型；而"里比多"倾向于内部，或者说把兴趣和关心投向主体的内心并已形成习惯的一类人，属于内向型类型。外向型的特点是，情感表露于外，热情、自由、奔放，当机立断，独立性强，当然也有轻率的一面。内向型的特点是，做事谨慎，深思熟虑，缺乏实际行动，顾虑比较多。革新消费者多属于外向型的人，他们热情、奔放，易于接受新事物。

还有的心理学家将人的性格类型分为经济型、理论型、审美型、官能型4类。经济型，这类人多从实用的观点出发来判断事物的可用程度；理论型，这类人多是客观而冷静地观察事物，力求把握事物的本质；审美型，他们多把感觉事实当作人生的本来价值，并把这一感觉印象赋予了较强的主观色彩；官能型，他们把认知建立在官能感觉的基础上，以追求世俗的享乐为趣味。革新消费者多属于审美型的人，他们多从审美的视角考虑消费，表现出更多的情感色彩。

此外，个性的类型还可简单地划分为理性型和情感型两大类，即内向的、经济的、理性的等属于前者；而外向型的审美的等则属于后者。也毫无疑问，革新消费者的个性类型也大多属于后者之中，而比较传统的或比较保守的消费者的个性类型也大多属于理性倾向比较强的前者。

2. 个性的固执程度

所谓固执，顾名思义，就是坚持已见，不肯改变。一个人的个性特征的表现，也有一个固执程度的问题，这也是一个人的个性特征的开明程度的问题，即一个人对自己已有的态度情感的坚持的程度、固守的程度以及易变的程度。

有的人固执程度较高，他们的个性倾向趋于保守。他们常常固守已有的或传统的价值观念、消费观念，轻视排斥与这些观念不一致的信息或对象，所以他们往往都对广告所宣传的新的产品的信息兴趣不大。

而革新消费者的个性特征一般都表现出较强的开明程度，也就是说，他们的固执程度都比较低，他们很少偏见，适应性也较强，他们多愿意接受与传统相对立的观念，也多愿意考虑他们不曾见过或不熟悉的东西，所以他们也就对广告所宣传的新信息和新产品抱有较大的兴趣。

当然，都是属于革新消费群体，其固执的程度也有差异。这种差异也相应地影响他们的卷入程度的不同,使他们分别地跻身于时髦、时尚和时狂的行列。

个性特征的固执程度的形成有多方面的原因,有社会团体的态度、经济利益的差别的影响,也有文化水平和传统习俗的影响,也还有个人的人格因素和心理因素的影响等。

3.个性的机能表现

从个人的心理机能来看,革新消费者所表现出来的个性特征大致有两种:

其一是出于一种个性追求、自我实现的表现。他们试图用标新立异来满足自己的某种心理上的,或是自尊上的需求,以此作为一种精神上的实现,或者是一种价值上的实现,通俗地说,就是以此来提高自己的身份,以便能够超越于世俗之上。

其二则是出于一种自我保护、自我防御的心理机能。这类人可能是源于自己的某种不足而产生的一种自卑感,防卫心。这种不足可能来自心理方面的缺陷,也可能来自工作方面、经济方面、家庭方面等诸多领域,最终形成心理上的情绪。用弗洛伊德的理论来说,这就是一种人在潜意识之中进行的克服本能欲望与自我理性之间冲突所致的焦虑时的一种自我保护的方法。例如,某些个体户的超值消费,他们的那种对奢侈的炫耀,就产生于一种个性自卫的自卑超越的心理机制。

(二)针对个性特征的广告策略

不言而喻,面对不同的个性特征的消费者,广告当然要采取不同的策略。

就个性的不同类型来讲,面对理性因素较强的消费者,广告的诉求就应该以理性为主,要注重于说理,要向他们提供足够的论证和具有逻辑力量的论点;也要注重于事实。要向他们提供诚实可信的事实和经验的保证,以适应他们的理性的思维方式和生活方式。即使做情感型广告,也要注意表现情感的理性内涵,即晓之以理,动之以情。面对情感色彩比较强烈的消费者,广告诉求就应该以情感为主,就应该在情感和情绪的渲染上下工夫,努力去创造一种感人的意境、情趣或氛围,或者尽量地去突出一种"美"的形式、风格或形象,以增强广告的感染力,从而激发或唤起此种个性的消费者的情感或情绪。

有时,对内向型接受者也可以做理性诉求的广告,但即使如此,也要注意强调理性的情感色彩,注意抒发合理之情。

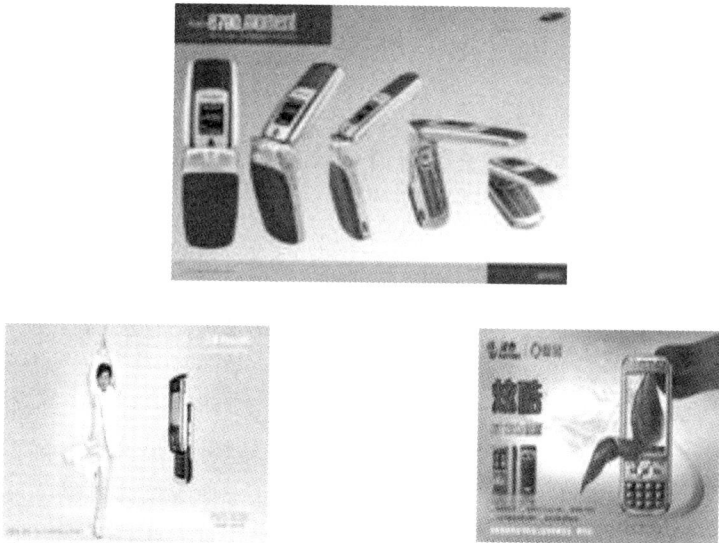

图8-9　手机广告因消费者个性差异而采用的不同诉求策略

就固执程度来讲，对于固执程度高的消费者，广告应该鉴于他们相信历史、相信经验、相信权威的个性特点，应多侧重"名人"效应，注意利用"名人"或"专家"的形象或观点来说服高固执的消费者改变态度；也可利用一些"百年老店"的信誉，充分地宣传某商标或品牌的悠久历史和优良传统。总之，就是要想方设法地适应或迎合他们长期的生活经历所形成的某种心理定势，以便因势利导。对于个性的固执程度较低的消费者，广告的诉求就应该立足于宣传该商品与其他商品的差异，因为他们的心理基点是求新、求异，广告诉求的重点就应该通过比较找出差异，通过差异来体现新颖和独特。所以，广告所宣传的商标、品牌，以及产品等方面的定位，都应该朝着这一方面努力。

学思致用

诺基亚手写手机的广告，"外面下雨"写成"外面下鱼"；"祝新郎新娘白头偕老"写成"祝新狼新娘⋯⋯"这样的短消息让人忍俊不禁。广告告诉消费者，使用全新功能的手写手机就不会再出现此种笑话。

此广告的消费者个性与广告诉求针对性，可以用坐标图方式说明，图8-10已作范例，图8-11的坐标该如何确定呢？

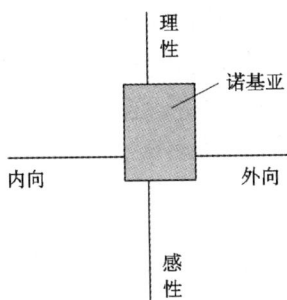

图 8-10　消费者个性与广告诉求　　　　　　　图 8-11　坐标图

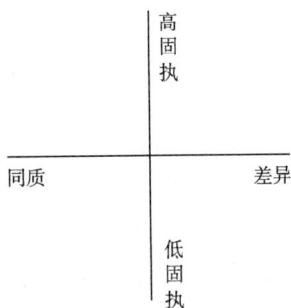

三、革新消费者的社会性格与广告策略

（一）消费者的社会性格的特点

所谓个性的社会性格，即是指一个人或一类人的个性在社会态度和群体心理的影响下所表现出来的特征。这种社会性格，一方面表现为个人在群体或社会的影响下所产生的心理现象；一方面表现为依社会情境为转移的个体的行为。

一个消费者在面对广告或商品所产生的情感、态度、决策乃至购买行为，是立足于个人主观内在的价值标准和情感取向，还是立足于客观外界他人的行为标准或舆论导向，前者即是个性的社会性格的内在指向性，后者则表现为他人指向性。而在个性的社会性格中表现为内在指向性的人，又多是革新消费者。

在以内在指向性为基准的消费者，或者说是社会上的革新消费者的言行对具有他人指向性的性格的人，或者说是对个性的社会性格产生着较大的影响。革新消费者的比较强烈的内在指向性，导致了某种流行和时尚的诞生。而社会性格中的某些趋于他人指向性的人，为了追随时尚，又造成了大规模的从众现象。

（二）消费者的社会性格和广告策略

由于消费者的社会性格中具有他人指向性的特点，而这种对于他人的指导和依赖的消费行为和消费心理，又都是在遵循着暗示、模仿、感染、流行几种主要方式来进行的，所以广告同样可以利用这样几种方式来实现它的影响作用。

1. 广告应该善于利用模仿制造流行和时尚

模仿是指个人受非控制的社会刺激所引起的一种行为，这种行为以自觉或不自觉地模仿他人的行为为其特征。流行和时尚的出现与社会的物质文明、精神文明的发展成正比，并具有循环往复的周期性特点。只要宣传得体、得法、得时、得利，就可以利用消费者模仿他人的消费心理及消费行为倾向创造出一种时尚，一种流行。

2. 广告可以利用暗示去预测流行和时尚

所谓暗示，是指人或环境以含蓄的、间接的方式向他人发出某种信息，以此来对他人的行为和心理产生影响。由于流行时尚的新颖性、周期性等特点，也就使得广告主可以从其中的一些间接性的、或带暗示性的现象中找到规律和特点。例如，衣服流行了长的之后要流行短的，裤子流行了肥的之后要流行瘦的，人们追求美丽的形式之后要追求实用的便利。同时，广告要想预测出流行和时尚，还必须密切地注意自己的目标市场中的一些偶像、权威以及明星们的"蛛丝马迹"，因为他们的一些无意的暗示，很可能是明天的流行与时尚。

案例点拨

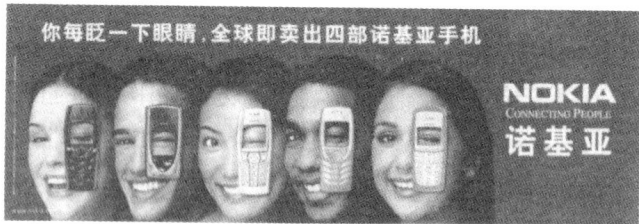

图 8-12 诺基亚手机广告

广告中各种肤色的消费者暗示着商品风靡全球的流行魅力。

3. 广告可以通过感染来宣传流行和时尚

感染是指个人的情绪反应受他人或群体影响，从而表现出个体对他人或群体的某种心理状态的无意识的、不自觉的遵从。因为流行和时尚都是"风行一时"的短期现象，广告就应该以情感诉求为主的方式，大规模、密集型地去影响、感染消费者，特别是革新消费者的情感反应，然后以他们的情感认知去感染广大消费者。

图 8-13 麦当劳广告

广告中挥洒自由无羁的活力风采是感染年轻消费者的好方法。

图 8-14 百事可乐广告

轻松幽默、灵慧卓然的个性创意也能感染革新消费者的情感认知。

学思致用

1. 下列广告均取得了颇为理想的市场效果，根据消费者的社会性格理论分析这些广告取得成功的原因。

（1）××汽车曾经推出一场"Surprising Ordinary Price"（惊人的普通价）运动，以低价作为广告运动的主题，取得巨大成功，强化了该车的市场地位，其中两则广告是这样的:一则广告是摄影师正在为一对新人拍摄照片,这对新人正含情脉脉地相互凝望,忽然一辆双层公共汽车从后面马路上驶过,车体广告上印着"Polo 车,仅售 8 290 英镑"引起摄影师极大注意,结果拍出的照片是:一对新婚夫妇,穿着婚礼礼服,镜头却是虚的,模模糊糊,而后面的双层巴士却分外清晰[见图 8-15(a)];另一则广告获得戛纳广告银奖:一位男子刚从"Fish and Chips"(鱼和薯片)店里出来,手上捧着一大包熟食。突然,他发现包装用的报纸上的什么东西,忙不迭地翻开报纸仔细观看,结果刚买来的熟食洒落一地,连旁边的鸽子也惊得四处飞蹿[见图 8-15(b)]。①

(a)   (b)

图 8-15   Polo 汽车广告

(2)可口可乐广告(图 8-16)

图 8-16   可口可乐广告

该广告将可口可乐所具有的产品品质和品牌情绪的联想以可口可乐的瓶

---

①　胡晓云.世界广告经典案例——经典广告作品评析.高等教育出版社,2004 年版第 25 页,有删节。

形表现出来，平凡朴实的语言(最想要的)经过了灵动的曲线，显得生动活泼，画面图形简洁而具有冲击力。红底与白色图案的色彩组合也呼应了产品的 VI 色彩。

第三节　自我概念与广告策略

一、自我概念与商品形象

(一)自我的概念

自我，又称自我意识，它是指个体对自身及其自身与外部环境关系的认识、评价、态度等心理倾向。不同的人对自身的认识、评价、态度都是不一样的。自我意识包含着两个方面的主观倾向：其一，是一种强调自身的主体意识的倾向，如："我想如何?"其二，是一种强调客观环境对自我制约作用的倾向，如："我应该如何?"我国的心理学研究领域一般把自我所表现出来的心理倾向称之为"主我"。即主观的自我;把自我所呈现出来的后面的一种心理倾向称之为"客我"，即客观的自我。

自我的概念是一个整体的概念，它也同样包括认知成分、情绪成分和意识评价成分三个部分。在广告领域和市场领域，自我的概念，即是消费者所表现出来的一种比较稳定的"主我"或"客我"的主观评价。具体地说，就是消费者自己看自己，他用自我的概念去认知广告，并用自我的概念去考察消费行为，以及最后用自我的概念对自己的所想、所言、所行做出描述和评价。

(二)自我的表现形式

事实上，在很多情况下，人们往往并不能清楚地、真实地认知自我。常常人们所说的自我可能是自我的他种表现形式。有时，这一自我是人们的意识或潜意识中的理想自我，即他喜欢自我成为一个什么样的人;有时，这一自我又表现为源于他人指向性的态度的自我，即希望别人把自己看成是一个什么样的人。这就是说，自我的概念有多种表现形式。。

心理学家们对自我的表现形式有不同的论述。下面简介两种看法：

1. 威廉·詹姆士自我的表现形式说

威廉·詹姆士认为自我包括三个构成要素：物质自我、社会自我、精神自我。见表 8-1:

表 8-1　威廉·詹姆士的自我表现形式说

	自我评价	自我追求
物质自我	对自己的身体、衣着、家庭所有物的自豪、自卑	追求身体外表、欲望的满足,如装饰、爱护家庭等
社会自我	对自己在社会上的名誉、地位、亲戚财产的估计	引人注目、讨好别人、追求情爱、名誉、竞争、野心等
精神自我	对自己的智慧能力、道德水平的优越感或自卑感	在宗教、道德、良心、智慧上求上进

2. 格伦·沃特自我的表现形式说

美国 C·格伦·沃特认为自我有四个组成部分。

(1)真实自我。一个人实实在在的、完全客观的真实本质。这种真实自我导致的行为,在很多情况下人是不知觉的,自己没有意识到的,受潜意识支配的。如消费者的行为往往不是在透彻、客观、全面地认识了自己以后发生的。

(2)理想自我。是自己想成为什么样的人,而不是实际上是什么样的人。这和他所崇拜的对象,所追求的目标有关。这一理想自我往往很难实现。在消费行为中,有时理想自我往往在购买名牌、高级消费中实现,如买高级服装、珠宝首饰、豪华汽车、私人游艇,进高级舞厅、餐厅等。

(3)自我形象。自己对自己的看法和认识,是真实自我与理想自我的混合物。在消费行为中往往表现为消费者喜欢购买表现、塑造自我形象的商品。

(4)镜中自我。是自己认为别人对自己的看法。

(三)自我意识的特点

自我的概念或自我的意识是以一种完整的、系统的形式而存在。由于它包括着自己对自己的感觉、知觉、思维、情感、意志等自我的心理活动的意识,也包含着自己对自己和客观世界、和他人的关系的意识,以及自己对自己的机体状态的意识,所以自我的意识就必然具有社会性、能动性和一致性的特点。

1. 自我意识的社会性

自我对于自身及其与外部环境关系的认识和评价,是具有社会性的。因为,首先,自我意识的产生是根源于社会的,它反映着个体社会关系中的自我，它意味着自我不可能独立于社会而存在。其次，自我表面上看来是对自己的认知和评价，实际上是自己对自己所处的社会中的位置和作用的认知和评价。也可以说，任何个人的心理和行为的活动都必须服从他所置身的社会或群体的要求，而这些活动的目的也必须服从社会的群体的目的。这就要求自我必须清楚地认识自己与他人、与群体的关系，并且经常反思自我的行为和结果是否与社会群体的要求相一致。而且，随着社会的逐渐发展，随着人际关系的逐渐复杂化，也就要求自我的意识要具有更多的社会性。

从个体的发展上看，自我意识的发生发展也是一个社会化的过程。人随着年龄的增长，他在与周围人和事物交往的过程中，通过交往中的外界的态度来认知别人对自己的判断和评价时，能逐渐地把这些态度和评价用化，整合为自己的心理模式，以后就以此来作为评价和改善自己言行的标准。这种个体在社会中形成的个体对人际关系的反映就是个体的自我意识的形成过程。当人们按照某种特定的社会准则来对自己的行为和心理进行评价时，他就可以看见，自己的某些行为和心理，包括对广告、对商品的认知的心理和行为，有些可能是属于社会认可的范围之内，有些就属于不被社会认可的范围之内。

2. 自我意识的能动性

自我意识具有能动性，即是说，自我的意识不仅可以反映自身及其与外部环境的关系，而且可以调节自己的行为，对自身及其与外部环境的关系发挥能动的作用。这种人的自我的主观能动性的作用的表现，一方面是，它能推动个体在社会生活中发挥主体地位的作用；另一方面是，它可以推动个体的社会化的发展和成熟，即实现自我对自身的监督、调节、改造的功能。自我所具有的这种主动地掌握自己的能力，就能够使他自己主动地调节自己与周围人的关系，从而使自己发挥更积极的作用。当一个消费者面对广告信息或市场行为的时候，他就可以运用自我的概念，把这一信息放入自我的概念以及别人对自我的评价之中进行比较，以便更好地选择和确定自己的购买决策和消费行为，以其实现或用其显示自我意识的价值和意义。或者说是用其来维护或增强自我的形象。

3. 自我意识的同一性

具有自我意识的个体虽然总是在发展、在变化，但个体对自身的本质特点，对自己的理想信仰，对自己的行动准则，以及其他身心的重要方面的基本认识和基本态度是具有始终如一的一贯性。这种自我意识的同一性，就标志着个体自我的内部状态与外部环境的协调一致。也可以说，同一性的不稳定状态是自我意识不成熟的表现。如果已经建立起来的自我意识的同一性出现混乱，则是个体人格出现障碍的表现。任何一个消费者，当他面对着繁复多样的广告信息和五花八门的商品市场时，他往往都愿意选择与个人的、自我意识相吻合的信息和商品，而排斥那些与自我意识相违背、相矛盾的信息和商品。也可以说，自我意识中的一致性的原则，就使得个性自我常常从个体内部的主观意识出发，来选择和认定外部世界中的信息和商品。

二、自我形象与消费行为

(一)自我形象与信息和商品的象征

自我的形象性，即是自我对自身的认知和评价。应该说，自我是一种主观性的认识和感知，而自身则是一个客观性的个体存在。而自我对自身的认知和评价就带有很多的主观性、情感性、形象性成分。也可以说，这种自我形象带有很大的意象的成分。它有时可能符合自身的客观性和真实性，有时也可能并不符合自身的具体情况，表现为理想的自我。

学思致用

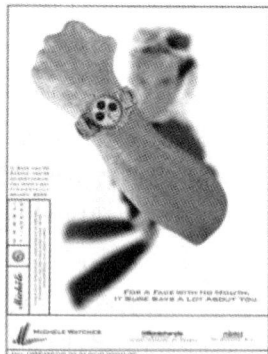

图8-17　时尚手表广告

图8-18　香水广告

请思考：时尚手表和国际品牌香水除了实用功能外，分别还能够用以象征什么样的自我形象？

无论是广告的信息还是市场中的商品，它们之所以存在，自然是由于它们的客观性。作为广告的信息来说，则首先是它所传达的信息的真实性和实用性等价值的功能，作为市场中的商品来说，也首先是它的质量、性能等方面的物质属性。但是对于消费者来说，这些广告的信息和市场中的商品还有另外一些属于精神产品的意义，它可以从不同角度或不同程度地给予消费者一些认知上或情感上的认同、共鸣、满足以及愉悦。这就是信息或产品中所隐含着的象征意义。可以说，大多数消费者在求得商品的信息或商品的物质上的满足之后，也要寻求这种精神上的满足。

从自我意识的能动性的原则来看，人们总是自觉地在努力维护或增强自我的形象。自我概念中的这种能动性的原则就要求自我形象要在这些广告的信息或市场商品的意象象征中去实现自我的价值，去显示自我的形象。因为这些商品的信息和商品的意象象征可以作为自我形象的象征或延伸。"从自我意识的同一性的原则来看，人们也总是自觉或不自觉地去维护和协调自我的主观意象与客观外部世界的一致性。所以，自我概念中的这种同一性原则就在支持着自我形象内部的主观意象与那些广告信息和市场商品中所蕴含的象征意义的一致。

(二)自我概念与信息和商品的选择

与上述的自我形象在与广告信息和市场商品的象征的关系相一致，消费者的自我概念也决定着他们对广告信息的选择和对市场商品的选择。

当然，不同的国家、不同的民族、不同的文化水平、甚至不同性别的人的自我概念各不相同。而且，在同一类型的人中间，自我概念的构成因素、性质、程度也各不相同。所以不同的自我概念决定着他们的自我概念的表现形式千差万别。然后，这些自我概念的差别表现也导致了他们对广告信息的选择和对市场商品的决策的差别。自我概念的表现与广告信息、市场商品中的关系大致有下列几种情况：

有些自我概念中的社会性因素比较的消费者，他们在接受广告信息和选择商品的时候，大多是在依据社会关系中的自我概念的准则，他们经常考虑自己的需要和决策是否符合自己在社会中的位置、价值和意义。例如，一些从众行为，一些追随时尚和流行的现象，都是在遵从社会关系中他人指向性。他们在接受广告信息和购买商品时多是源于自我概念中的他人对自我的认知和评价。有些比较注意自我概念中能动性的人，在接受广告信息或选择商标产品的时候，往往比较注意发挥自我的主体地位的作用。他们要考虑这一信息或这一商品是否能够充分地显示我的形象；或者接受了这一信息，购买了这一商品，就能够在某种程度上或某种形式上借此实现自我的形象；或者接受了这一信息，购买了这一商品，就能够某种程度地或某种形式地借此实现自我的价值。另外，自我概念中的一致性的原则，也促使消费者在接受广告信息和选择商标产品的时候，总要选择与自己的主观意愿相一致的东西。当然，这种一致性的选择心理和行为有时可能是有意的、自觉的行动，有时也可能是无意的、不自觉的行为和心理。

例如，男性多对汽车的广告信息感兴趣，而女性多对时装的信息感兴趣，而知识女性在选择服装的时候，多注意服装的品质的独特的个性和品位，以显示自我的个性价值和文化修养，甚至明显地表现出一种"排众"的心理。而一些爱"赶时髦'的女性，则以从他人指向性发出的"流行"为择衣标准，甚至什么衣服最时髦，什么饰品最昂贵，就买什么、穿什么，以此表现自我或掩饰自己的某些不足。

三、自我境界与广告策略

消费者不仅要对自我进行评价，当然也要运用自我概念中的理想因素，即对自我境界的追求和对广告的信息进行认知和评价，评价的结果自然决定着他们对广告的接受程度。因为，消费者接受广告信息，或者购买商品的目的都是要为其自身服务，这样，自我概念中的理想成分自然而然地也就成了他们评价和接受广告的参照标准。所以，广告要想通过它所传播的信息，吸引消费者的注意和兴趣，诱发消费者的需要、动机和购买行为，就必须注意这样几个问题。

（一）广告的信息要满足消费者的精神自我要求

精神自我，顾名思义，即是一种区别于物质自我境界，也区别于社会自我境界的一种更高水平、更高层次的自我境界。它常把精神的追求放在第一位，常受自己精神方面的理想、信仰支配，不太容易为暂时的利害得失以及外界环境的不利评说所干扰。也可以说，这是一种比较超脱、比较直觉的自我意识的境界。当然，在消费者身上，这种精神自我的具体内涵和表现程度差异极大。但是，可以肯定，在今天的物质生活极大丰富的前提下，众多的消费者都在不同程度、不同角度地追求着精神自我的满足。也就是说，他们在购买商品的时候，不仅只是考虑商品的质量、性能、价格等物质方面的因素，也要同时考虑此商品是否能够从心理上来满足精神自我的要求。这就需要广告要在满足消费者精神自我的要求方面下工夫。

例如，在上海大众帕萨特汽车"成就明天"为主题的形象重塑广告运动中，《商战决胜定律篇》尽展帕萨特的华贵气质，以胜利女神、拿破仑等为主题的世界名画喻指商战中的鼓舞、谋划、攻坚等阶段，表现商战决胜的定律在于统帅的从容英勇，在豪华尊贵的气势中暗示车主的身份、地位和个性品位，拓展消费者对商品附加价值的认知，尊重满足了消费者的精神自我需求。同样，时装、首饰、化妆品一类的广告，也应偏重于去满足消费者的精神自我需求，应该注重去渲染和创造该商品特有的风格、情调、品位，以便去适应或满足某些消费者特定的精神自我的需求。

（二）广告的信息要吻合消费者的理想自我的需求

我们知道，自我概念中的理想自我，即是指消费者希望自己成为什么样的人，这是他心中的理想形象，或者是他心中所崇拜的对象。所以，这一自我概念中的理想自我就与他所追求的目标密切相关。这就要求广告信息必须与广告的说服对象心中的自我概念相吻合。也就是说，消费者能够从广告的信息中找到某种理想自我的载体和寄托。也可以说，消费者可以从广告所传播的信息之中，或者可以从广告信息所引导的商标产品之中获得某种理想的自我的象征意义。

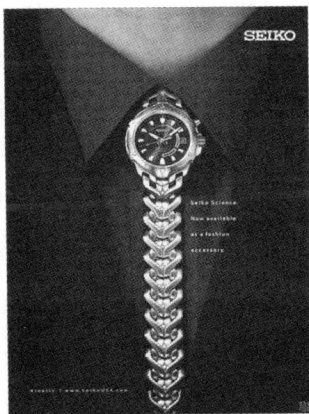

图 8-19　名表广告

请思考：绅士气派的名表广告满足了消费者何种理想自我的需求？

这样一来，广告就应该尽量地使自己所传播的信息接近或成为消费者自我概念中的"理想的信息"，也要尽量地使广告所宣传的商品接近或成为消费者的自我概念中的"理想的商品"。在这时，广告应该努力地宣传自己的产品及其有关信息是如何地与消费者心中的理想产品相接近，或者想办法让消费者认识到广告所宣传的产品就是他们心中的理想产品，甚至让消费者认为只有此广告所宣传的产品，或者是只有此企业、此商标品牌的产品才是消费者心中的理想商品。这种策略也可以叫做商品的"心理定位"。美国福尔格牌咖啡利用电视广告大肆宣传煮咖啡的方法，并告诉家庭主妇，煮咖啡可以显示出你对"家庭的尽职与真心"，更可反映出你"高雅的社交能力"。由于这个广告宣传，便使得煮咖啡这种费时费力的活动，成为一种显示个人品位与能力的象征，满足了消费者显示自我的需要。①

（三）广告的信息要适应自我结构的差异

消费者自我概念的具体内涵和结构形式存在着较大的差异，有的人的自我概念中的社会性因素比较强，举止言行中表现出比较大的随从性和盲目性；有的人自我概念中的自我能动性比较强，他们比较注意在社会生活中发挥自我的主体地位的作用；也有的人比较注意显示生理方面和物质方面的自我境界，例如显示自己优美的体态，显示自己衣着的华丽或金钱的富有；也有的人比较偏重自我概念之中的精神自我的境界，他们欣赏"超然物外"、"独善其身"、"唯我独尊"等。

这些消费者之间的自我概念中的内容差异或结构差异，自然影响着他们从同一则的广告信息之中收取不同的信息，并导致广告不同的说服效果。可以说，一般的消费者多依据自我概念内涵中的主导倾向来接受广告的信息，而对其他信息听而不闻，视而不见。这就要求广告要研究自己的诉求对象的自我概念的结构形态，有针对性地去设计广告，有针对性地去提供商品的信息，或在同一商品的系统广告中，尽量拓展广告信息内涵，以适应不同的个性结构的消费者，从而使得广告有的放矢。

融贯精思

1. 生活中经常说到"有个性"，你如何理解个性心理的内涵？
2. 个性的心理特征包括气质、性格、能力，这三方面的侧重点有何不同？
3. 结合广告实例分析广告目标市场中的个性策略。
4. 如何针对消费者的社会性格采取相应的广告策略？
5. 革新消费对广告有什么意义？
6. 针对个性特征可以采用的广告策略有哪些？

---

① 余小梅.广告心理学.中国传媒大学出版社，2003 年 4 月版，第 112 页。

7. 流行时尚三种表现形式是什么？彼此有何区别？

8. 自我概念在消费行为中有哪些表现？

9. 如何才能令广告的策划与表现符合自我概念中的理想因素？

心略操练

七匹狼服饰广告

当主人公第一次出现时，正面对一洋人老板的审视，他倾注心力的一个设计作品被洋老板撕得粉碎抛上天。他非常尴尬，无奈，那老板扬长而去。

经过不懈努力，当主人公再次出现时，这一次的设计得到那个洋老板的赞赏，当这个老板伸出手向他表示祝贺时，他却把手放到口袋里，转回身扬长而去。

广告语：都市是森林，我是森林中的一匹狼。

问题：

1. 不难看出，该广告的主人公很有个性。你能判断出该广告的目标消费者是哪一部分人群吗？这样的目标消费者的个性应该有着怎样的共性特征？

2. 分析该广告采用了何种广告策略？执行这种策略的要点是什么？

3. 运用该策略要注意哪些问题？

提示：根据该广告中主人公的表现，显而易见其目标消费者应是即将毕业或毕业不久面临就业难题的高校毕业生群体；该广告采取了针对自我概念中的理想因素的广告策略，其运作要点包括广告信息要满足消费者的精神自我要求；要吻合消费者理想自我的需求；要适应自我结构的差异等。运用该策略要注意消费者的自我概念在消费行为中的表现，包括自我形象与信息和商品的象征；自我概念与信息和商品的选择等。

讨论分析

结合第六章的理性诉求、感性诉求及第七章的需求、动机理论等理论讨论分析以下材料①：

1. 广告的情感诉求和理性诉求对消费者的影响与消费者的自我意识有何

---

① 资料来源：王怀明、陈毅文. 广告诉求形式与消费者心理加工机制. 心理科学 1999 年 05 期及相关网络资料。

联系？

　　2.所谓"自我一致性"和"功能一致性"有什么区别？它们与消费者的个性和自我有何联系？

　　3.广告的情感诉求和理性诉求、消费者的需求、动机以及自我形象，这些方面彼此之间有着怎样的关联？

　　4.总结以上研究及认识对于指导广告实践有何意义？

　　研究者认为针对大学生的产品广告诉求形式最好是情感诉求与理性诉求形式相结合，并适当地突出后者。所谓的情感诉求与理性诉求是广告诉求的两种形式。前者认为，在市场营销中如何用广告对产品进行包装和产品本身一样重要。这种广告通过塑造产品 或品牌形象及产品典型使用者的形象，使消费者产生情感上的共鸣，强调消费者通过使用这一产品可以表现或获得这种自我形象，而很少或根本不提及产品本身的质量、性能等方面的特点，这一广告策略被称为"软销售"；理性诉求所强调的是产品的质量、性能、价格等为消费者带来的实际利益，特别是产品特有的品质，这种广告策略被称为"硬销售"。

　　有效的广告诉求是告诉消费者如何才能满足他的一种或数种需要促使他去为满足需要而购买。

　　消费行为学家研究认为：消费者不仅仅消费实际的产品本身，而且还消费甚至主要消费产品的象征意义，即通过产品的使用表现出一定的自我形象或生活方式。在精细加工可能性模型基础上，Sirgy 等进一步研究了消费者加工情感广告和理性广告时的具体过程，指出情感广告和理性广告对消费者产生影响的具体机制是自我一致性和功能一致性。

　　自我一致性指产品的形象和消费者自我形象的一致性。产品使用者形象是消费者对产品典型使用者所具有一种刻板印象。自我形象有四种形式：实际自我形象，理想自我形象，实际社会自我形象，理想社会自我形象。情感广告通过自我一致性对消费者所进行的说服过程也是消费者把产品典型使用者形象和自我形象相匹配的过程。两者的一致性越高，广告说服力越好，越容易形成积极的品牌态度。

　　功能一致性过程是消费者把从广告中所获得的产品性能特点和其心目中理想的产品性能特点相匹配的过程。消费者对产品的性能特点往往有一定期望和要求。

　　情感诉求更容易激发消费者的求新好奇动机；求美动机；自尊心理（这是一种出于显示个人的社会地位成就或希望别人对自己尊重的心理而购

买)；重视商品的社会价值 特别是商品的象征意义；求名好胜动机；同步动机。理性诉求更容易激发消费者的求廉动机；追求实惠(价廉和经济得益为主的动机)；偏爱动机(偏爱往往与某种专业特长专门知识和生活情趣有关，因而具有稳定持久和理智的特点)。

第九章　社会文化与广告习得

学习要求：通过本章学习，重点掌握广告文化的基本功能、广告的文化功能与它所要实现的文化价值的关系；掌握广告文化的基本功能与企业文化的关系；了解广告文化的特征；了解东西方文化心理的差异及其在广告形态上的表现；掌握广告的文化心理对策；了解女性消费者的文化心态及广告诉求面对女性消费者心理的原则；了解儿童消费者的心理特点及广告诉求面对儿童消费心理的原则。

广告文化——即广告的信息传播对社会整体的价值观念和文化现象的体现，以及对社会群体的行为模式和心理倾向的引导。

广告习得——是指对于广告的构成、功能、特征及其审美规律所达到的个体性的接受广度与接受深度。

广告作为一种文化现象，产生于特定的社会环境和文化形态之中。同时，它又在极大的范围内和极大的程度上影响着特定生活环境中的人的生活方式、思维习惯和消费行为。文化与心理也是密不可分的，文化是人的文化，人对文化习得、延承与发展都必然受心理规律的制约与影响。因此，从心理学视角研究广告与文化关系是必要的。

第一节　广告文化与社会心理

一、广告文化

(一)什么是广告文化

所谓文化,即是人类生存所积累的一切成就的总和。它包括物质文化、社会文化和精神文化。所谓物质文化,即通过物质生活或各种有形的实物所体现出来的文化,如交通工具、学习工具、服装、用品等体现出来的文化。社会文化,又称行为文化,它是社会成员共同遵守的社会规范和行为规范,如制度、法律、道德、风俗、习惯等。精神文化则是通过精神活动和精神产品所表现出来的文化,包括文学、艺术、科学、哲学和大众传播等等。这三种层次的文化又紧密相连,互为一体。它们从不同层次上体现着一个民族、一个区域甚至是一个人的行为方式或思维方式的特点。

文化具有习得性。因为文化不是与生俱来的,而是在后天的社会环境中逐渐形成的。社会成员通过社会、学校、家庭各个方面的教育,以及潜移默化的影响,逐渐接受了社会上共有的价值标准、道德规范,以及行为方式和思维方式。

文化也具有发展性。由于社会的进步和科技的发展。人的价值取向、行为模式、思想方法都要相应地发展和变化,所以,文化也就自然要随着社会的发展进步,随着人类的发展进步而相应地发展和进步。

文化还具有历史的延续性。因为历史的发展就是在原有社会现实的基础之上,不断地革新创造,不断地发展和进步,谁也不可能割断历史,谁也不可能抛弃历史。文化作为社会历史发展中的一种因素,当然秉承着这样的延续性、继承性。每一历史时期的文化中的诸多因素也就都具有这样的连续性质和因袭的性质。

广告文化,当然也是一种文化现象。它同样也具有上述文化的种种特征。但是,共性之中也有个性,它作为一种特殊的文化现象,也有属于自己的独到之处。

广告本身就是一种文化,每一幅广告都是由形象、画面、语言、文字、声音等一部分或多个部分组成,其中的每个因素或每个部分都体现着特定国家、特定区域的物质文化、社会文化和精神文化。

广告文化即是广告的信息传播中对社会整体和价值观念和文化现象的体

现。以及对社会群体的行为模式和心理倾向的引导。而广告文化学，则是从文化的角度来观察、认识和指导广告现象。

（二）广告文化的特征

广告文化不是一种孤立的社会现象，它与社会上的物质文化、社会文化、精神文化的关系极为密切。每一种社会生产和生活方式的性质都决定着广告文化的性质。同时广告文化对社会的生产和生活的方式也具有能动的反作用，并且广告文化与社会的生产、生活方式又是相辅相成、水乳交融的。广告文化，作为一种在宽泛的文化内涵之下的一种特殊的文化现象，它的具体特征大致有如下几点：

1. 广告文化的大众性

在当今的社会上，广告可谓铺天盖地、无时不有，无处不有，无孔不入。在现代广告商的眼里，广告的对象没有什么贵贱之分，它不单独地趋奉富贵者，也不排斥贫穷的人。广告可以进入任何神圣的殿堂，也并不放弃一些不被人注意的角落。所以，就广告的接受对象来讲，它是极为普遍化的，是极为大众性的。就广告的制作目的来讲，也只有实现了大众性，才能达到广告的预期效果。也就是说，广告要将广告主的产品的有关商标、服务、价值观念等信息传达给受众，不论此则广告将消费者定位在什么样的消费层次上、都应该使看广告的人成为"众"，而且是受众越多越好，即广告的信息必须为更多的消费者所注意、所理解、所接受。例如宜家家居在 2003 年推出的系列广告，画面以城市平民百姓杂乱繁杂的阳台及居室环境为主要背景，在抢眼的位置突出一两件亮丽的宜家产品，表现了宜家家居针对普通城市百姓消费者所制定的营销新路线。其中亲民力量的渲染烘托着实得益于广告视觉意象呈现出的真实自然的平民生活镜像，整体画面语言如话家常，娓娓道来，素朴平淡中透发着逐渐步入百姓家庭的现代新潮气息。

当然，广告文化的大众性，还要求广告要担负起引导更多的消费者朝广告文化预定的目标，即促进消费者的物质文化、社会文化和精神文化的发展。也可以说，广告文化的大众性要求广告文化应该做到这样几点：

第一，广告文化的大众性，要使广告面向社会上各层次的广大消费者。

第二，广告文化的大众性，就是要使广告为最大范围的受众所理解，所接受。

第三，广告文化的大众性，也要求广告能够引导社会大众的消费文化的发展。

案例点拨

"爱立信"广告中的社会关怀①

世界电信业巨头爱立信公司 1996 年 11 月 18 日向中国市场正式推出其新的企业形象广告,该电视广告系列以重金聘请著名电影导演张艺谋执导,通过系列剧的形式表达了"爱立信"对电信业的理解和信念,像微型电影,又像公益广告,给人以一种非常清新、独特的感觉。

每个广告片被处理得十分富有人情味,表现了一些最基本的社会性主题,诸如工作、健康、爱情、价值观、代沟和家庭问题。希望以广告所涉及的这些生活范畴及特性,来表达出爱立信公司并不仅仅是一家生产手机的公司,而是致力于人与人之间信息与情感沟通的电信企业,对责任感、信誉以及人际交流这种最人性化的需求有着深刻的理解。

2. 广告文化的功利性

广告文化,与其他领域艺术作品的文化性的不同之处在于它的促销的、营销的功能。例如,电影、绘画、音乐等艺术领域的作品的文化性,其主要价值在于它对于观众的欣赏价值。当然,艺术作品也并不排除对于群众的价值倾向的引导作用,但是,我们都知道,衡量一幅画、一首音乐的价值,不能用其销售额作为主要的标准。而衡量一则商业广告是否成功,其重要依据是通过检验其是否增加了订货或增加了销售额,看其是否达到了预定指标。可以说,任何广告文化,都有其无法排除的功利性。即使不是一些企业或企业所做的商业广告,也都有功利性。例如,学校的广告,是为了扩大其知名度、提高其生源,音乐会、运动会的广告,也是为了扩大其影响。再如,一些公益广告,为保护野生资源而做的广告,为保护文物古迹而做的广告,为防止酗酒、防止交通事故、禁止吸烟、计划生育等做的广告,也都有其明显的目的性。无功利性、无目的性,也就不必做广告了。

3. 广告文化的民族性

广告文化也和其他类别的文化一样,带有鲜明的民族性特点。

广告文化的民族性特点主要体现在两个方面。

---

① 徐小娟. 100 个成功的广告策划. 机械工业出版社,2002 年版,第 98 页。

其一，广告文化本身反映着一个国家、一个民族的文化特点。因为，构成广告的形象、语言、声音等诸多的因素都受本国、本民族文化的影响，反映着这一国家、民族特有的知识结构、道德习惯、审美情趣、艺术风貌等。也可以说，中国文化的传统，造就了中国广告的独特风格和样式。反之，中国广告的风格、情韵和样式，反映着中国传统文化特有的风格和特点，如网易在北京、上海、广州三大城市电视台播出的广告中，以长城、火药、故宫、乒乓球、龙舟等具有浓厚民族特色的意象，突出互联网需要中国人共同参与、共同分享的主题。

其二，广告必须要适应、要反映本民族特有的文化特点。广告所蕴含的思想内容和艺术形式必须适应本民族文化传统的价值取向、道德规范、风俗习惯以及美感心理。否则，本国、本民族的消费者就会不欣赏、不接受此广告所传达的信息。例如，中国传统的文化尊崇"天人合一"，有讲究和谐、提倡中庸、崇拜权威、排斥个性等诸多的特征。

4. 广告文化的时代性

广告文化是某一特定的历史时代的政治、经济、文化的现实反映，必然要有鲜明的时代烙印。在这里，广告文化的时代性特征也有两个方面的特点：

其一，广告文化必须带有鲜明的时代色彩，反映现时代的物质文化、社会文化和精神文化的特点，只有如此，广告所传达的信息才能为社会现实的消费者所理解、所接受。

其二，广告文化还负有领导时代消费新潮流的使命。也就是说，广告文化不仅要反映和表现出时代的消费特点，还要能够发现、创造、引导大众的消费趋势和时尚。

二、广告文化的基本功能

(一)促进企业文化的发展

所谓企业文化，也就是有关一个企业物质方面、精神方面的一切文化因素的总和。广告文化有促进企业文化发展的功能，即是利用广告去树立良好的企业形象，提高企业的知名度，促进企业产品价值的积极有效的实现等。

1. 树立企业的良好形象

利用广告去树立良好的企业形象，是促进企业文化发展的一个重要方面。一个企业，只要有了良好的信誉和形象，就有了在激烈纷繁的市场竞争之中能够立于不败之地的巨大资本。现代广告文化在树立企业的良好形象的时候，不仅仅是要注重在广告本身的艺术形式上下工夫，还越来越趋向于去表现一个企业的全部经营计划的整体，即所谓的"CI"设计。"CI"即企业的整体形象识别，它的原文是 Corporate Identity，其定义为：运用整体传达系统，将企业的经营观念与文化精神传达给社会大众和企业内部职工，使之产生对企业的认同感和相应的价值观念，如图 9-1，9-2 所示。

图 9-1　世界首家实行 CI 的企业 IBM 公司的标识

图 9-2　我国首家实行 CI 的企业广州太阳神公司的标识

　　CI 通过对企业经营理念、价值观念、文化精神的塑造，藉此改造和形成企业内部的制度和结构，并通过企业的视觉设计，将企业形象有目的、有计划地传播给企业内外的广告公众，从而达到社会公众对企业的理解、支持与认同的目的。其主体部分主要分为三个子系统，即 MI(理念识别)、BI(行为识别)、VI(视觉识别)。三个子系统既相互联系、密不可分，又有所区别且各具角色，并结合于一体，它们各为 CI 战略实施的不同操作方面，并共同支撑着企业形象和产品形象。①

　　广告文化的功能之一，就是利用广告的种种手段和种种媒介去宣传和表现这一企业的整体形象，这一宣传可以以企业的标志设计为核心，去宣传这

---

　　①　参考：王纯菲、宋玉书主编.广告美学.中南大学出版社,2005 年版,第 173 页。

一企业的产品、经营管理，以及环境布置、服饰礼仪等，从而把这一企业的经营观念和文化精神形象地表现出来，并使之传播到一切与这一企业有关的地方，使大众对这一企业形象有良好的印象。

案例点拨

李宁品牌的企业形象标识由汉语拼音"LI"和"NING"的第一个大写字母"L"和"N"的变形构成，主色调为红色，造型生动、细腻、美观，富于动感和现代意味，象征意气飞扬的红旗、青春燃烧的火炬、热情律动的旋律，充分体现了体育品牌所蕴涵的活力和进取精神。"叱咤世界"

一 切 皆 有 可 能

图9-3　李宁品牌广告

系列广告以此标识统一贯穿，形象标识与画面意象相得益彰，展示了"一切皆有可能"的昂扬斗志和无畏气概，如图9-3。

2. 提高企业的竞争力

利用广告文化的功能，也可以提高企业的竞争力，使其在当今激烈的市场竞争中赢得主动的地位。利用广告的文化功能来增强企业的竞争力，也有种种方法，其中较为主要的一条，即是注重去树立其商品品牌的形象。一个企业的商品的商标和牌号是使这一企业的产品区别于其他企业的产品的根本标志，因为它代表着该产品的特质。名牌商标之所以成为消费者热衷追求的，就是因为它一方面象征着由良好的企业形象所带来的产品的质量和信誉，另一方面又代表着消费者的社会地位和经济实力。广告的文化功能也可以帮助产品增加其视觉形象的魅力，即在设计产品形体、包装装潢、色彩图案等方面下工夫，以便给人一种信息感、荣誉感，以及一种情感上的满足，一种审美的愉悦，使人们能从特定形体和色彩的设计中感受到企业的文化精神的影响力。

3. 增强企业的凝聚力

广告的文化功能可以帮助企业创造和宣传自己的企业文化，这种企业文化体现了本企业的共同的理想目标，共同的价值观念，共同的行为取向。而这些共同的理想目标、价值观念和行为取向本身就具有一种凝聚力量。它可以鼓舞职工的士气，增强他们对本企业的信任感，提高他们作为本企业职工的荣誉感和自豪感，从而也就相应地提高了工作效率。

广告文化功能的宣传作用,就使得企业的形象不仅仅局限在单纯地营销或赢利和经济行为的狭窄界限之内,也就使得企业的行为不再着眼于一次性经营的短期效应。广告的文化功能,在传播广告信息的时候,也不仅仅是介绍企业和产品的经济价值,而是同时把企业的经营思想和文化精神传向社会,或者说是把企业所获得的各种社会荣誉以及产品商标的金奖、银奖的荣耀也同时向社会的各种领域宣传渗透。这种宣传和渗透,就不仅仅是在宣传企业的形象产品和信誉,同时也是在宣传本企业职工的形象、劳动和创造。所以,这样一来,广告的文化功能就使得这一企业一方面在消费者心中赢得了信誉,另一方面,它也相应地激发了本企业职工的自豪感,从而起到了强有力的凝聚作用。

(二)促进消费文化的进步

很多人只要一提起广告的功能,首先想到的往往就是经济流通方面和市场销售方面的问题。事实上,广告的功能是面向整个社会的,在广阔的社会文化背景之下,市场只是一隅,经济只是一脉。

广告的功能可以触及整个社会文化的各种层次。它可以从文化的角度来提高消费者的思想修养,增强他们的文化价值的观念,甚至改变他们的生活观念和生活方式。也可从文化的角度来培养他们的审美情趣,还可以利用文化的形式来引导消费时尚的趋势。

1. 强化文化价值的观念

前面说过,功利性是广告和广告文化的重要特征之一,但功利性和商业性却不应该成为妨碍广告追求实现文化价值的借口,相反,广告表现的文化价值则可以更好地、在更高层次上达到它的功利性和商业性的目的。

广告的文化功能和它所要实现的文化价值的关系可以从三个方面去理解:

第一,广告的文化功能就使得广告宣传的目标不仅仅局限在它的产品的经济价值上,还应该同时宣传其经济价值以外的文化价值。广告所要宣传的很多商品,包括那些以营销为主要目的的商品,都是除了其自身的经济价值以外,还有其文化价值。例如,家具、服装等,都是除了其价值、性能、用途等实用的、物质的属性之外,还有其款式、色彩、风格等方面的特点,它们都体现着特定民族、特定区域的特定思想、道德、情感、生活等方面的文化价值。所以,广告的信息传播不仅着眼于其产品或劳务的经济价值,还要同时着眼于它的文化价值。

案例点拨

　　文案：Once again，life imitates life。再一次，生活复制生活
　　文案：Imitation is the sincerest form of flattery。复制是最真诚的赞赏
　　施乐复印机(见图9-4)的宣传海报结合商品的实用功能延伸演绎出包含人生哲理的文化价值，提升了品牌的文化内涵与整体形象。

(a)

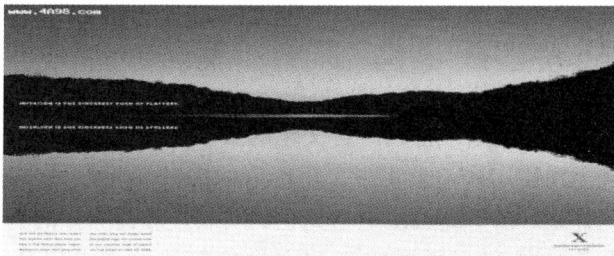

(b)

图9-4　复印机广告

　　从某种意义上说，只有更出色更有目的地宣传某一商品或劳务的文化价值，才能更好地帮助广告完成其功利性、商业性的目标。因为文化价值的精神属性更有利于感染和说服消费者。

　　第二，广告的内容和形式本身也体现着某种特定的文化价值。例如，广告形式本身所运用的色彩、画面、形象、诗文、音乐等，都体现着特定民族特定时代的文化价值。像黄色这一颜色，在我国的传统文化中，是皇权的象征，黎民百姓是不能采用的，时至今日，也没有多少人喜欢那种纯黄的颜色。

再如，广告在宣传它的产品的时候，自然也
要宣传它的经营思想和销售原则，这里也存
在着一个文化价值的问题。如日本冲绳岛的
旅游宣传平面广告，为了吸引各国观光游
客，突出冲绳旅游项目的日本文化特色，该
广告将冲浪游乐画面背景以日本古老的浮世
绘风格表现，湛蓝的天宇，凄美的樱花，苍
茫的大海，细碎的银浪，一切都显得斑斓迷
离、亦真亦幻，充满东方古老国度的异国情
调，而这所有的艺术韵味的主旨都是为了突
出冲绳岛旅游的别样风格，吸引众多的国外
游客为其艳美绮婉而心驰神往、乐为之游
（见图9-5）。

图9-5　日本旅行广告

　　第三，广告的文化功能又要求广告要从文化的角度来认识市场，从文化
的角度来传播信息。通俗地说，就是不能只用金钱作为惟一的标准去认识市
场，认知消费者行为，这就要求广告要研究当前的物质文化、社会文化和精
神文化发展的主导倾向，即从当今社会的政治，思想，科学，技术，道德，艺
术等诸多方面来把握社会文化的主题，并把这一主导文化的精神渗透到广告
之中，从而积极地去引导消费者的消费行为。

　　2. 提高审美欣赏的趣味

　　广告的文化功能，在引导消费文化的进步的时候，还应该注意培养消费
者的审美情趣，即告诉消费者"什么是美的"和"自己应该选择什么样的美的
东西"。当然，关于什么是美，在美学界，古往今来一直也是一个争论不休的
说不尽的课题。有人说"黄金分割律"是美，众说纷纭。但是，有一点可以认
定，能够使人得到审美愉悦的欣赏对象即具有美的品质。

　　而广告的文化功能的审美意义，则是从文化价值的角度来确认广告的审
美价值和审美导向。使消费者在接受广告商品信息的同时，也获得了一种审
美的愉悦。从审美心理的原则出发，广告宣传只有充分地调动了消费者的美
感与快感，才能更有效地唤起和吸引消费者的知觉，想象，情感和思维，使
其朝向广告诉求的目标。例如，一则照相机的广告诗文："时间是捉不住的
……Canon照相机凝固它，记忆是水，时间是河，捞起来的是回忆，流掉的是
岁月，有一天，你会感叹：岁月如梭。何不此刻？马上！拥有Canon照相机，
凝固你的人生，把悲把喜把笑把一切，统统交给世界级的Canon。您会说，

我的人生好精彩！虽然时间是捉不住的，Canon 照相机凝固它。"这则广告诉求的重点没有放在介绍商品的性能和优势、信誉等物质的属性上面，而是利用"逝者如斯夫"这样一个令人感叹而又带有永恒意义的命题，在哲理的思辩和象征的比喻之中，表达出照相机在人生的旅途上所起的任何其他物品所起不到的作用——凝固时间。这就使得这则广告既表现出了照相机的文化层面上的价值的意义，又同时给消费者一种审美的享受，从而能够有效地促使消费者在审美需求的同时朝向广告诉求的目标。

广告文化功能的审美意义，还应该担负起培养和提高消费者审美情趣的任务。当然，不同的人有着不同的审美和价值标准，而同一个人的审美情感也可以随时随地发生变化。但是又可以肯定，一个人的审美取向和审美情感与他的文化水平是紧密相连的。广告的文化价值的审美意义在于要努力强化消费者审美情趣中的文化价值观念，即使之在原来的水平上进一步地有所提高，或者变消极的文化价值观念为积极的文化价值观念。也可以说，是帮助消费者跃进更高的层次上去认识美，接受美。

案例点拨

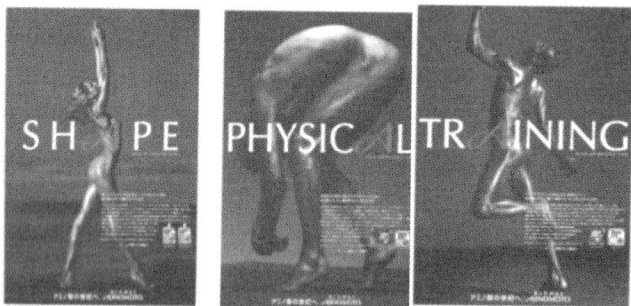

图 9-6　氨基酸功能食品广告

Aminovital 氨基酸功能食品系列平面广告中，模特以各种充满张力活性的姿态展示着人的形体美。富有光泽、结实饱满的深金色肌肉，匀称的身材，张扬着生命活力的边缘曲线，充满弹性和跳跃感的足弓、筋络，凸显蕴藉着势能的股肱，在运动姿态的节奏韵律中令人恍然有回到古希腊艺术神庙之感。广告中人体艺术美的展现不仅渲染诉求了氨基酸产品的保健美体功能，而且令受众陶冶身心，欣赏人类"宇宙的精华，万物的灵长"的尊贵高雅，如图9-6所示。

  3. 引导消费时尚的脚步

  广告是文化功能的一个重要作用，还在于帮助和引导消费者的消费思想和消费行为的进步。

  从时代发展的角度引导消费者的消费思想的进步。社会历史的发展科学技术的进步，必须要引导消费的消费思想和消费行为的发展和进步。广告就应该从时代发展和社会进步的角度去预测、研究和宣传商品和劳务的流行时尚，从而把时代的最新信息传播给大众。例如，对于很多中国人来说，是广告让他们认识东芝、松下、三洋，是广告让他们认识了人头马、马爹利，也是广告让他们认识了巴黎的时装和香水，还是广告让他们认识了美国的 IBM，惠普、康柏。因为，对于这些中国人来说，很少有机会去直接接触这些高档次的洋货，广告便给他们创造了这样的机会。而且，广告的这些信息的传播作用，就不仅仅是对一种信息的了解了。这些潜移默化的，日积月累的影响可以逐渐改变中国人的认知结构，可以某种程度上某种角度地改变中国人的消费心理和消费行为的模式。

  从文化知识的角度传授消费方式。当消费者了解、认识了当今社会发展的最新消费时尚的时候，还存在着一个自己怎样去接受这一最新信息的问题，这即是消费者自身的消费思想和消费行为的问题了。作为广告就应该帮助消费者从较高的文化层次上科学合理地接受或改变自己的消费习惯和消费模式。当然，影响消费者的消费思想和消费行为的因素是多方面的，有外界的社会产品结构的影响，有社会消费行为的影响，也有民族，地域和风俗习惯的影响，还有消费者自身内部的物质的需要，心理需要，以及其自身文化知识的水平，消费指导思想因素等。所以，广告的发布就不能只局限在商品或劳务的具体的物质属性及其功利价值上面，而是应该从思想，文化，知识等比较高的层次和比较开阔的视野上去传播有关的信息，使消费者的消费思想和消费方式逐渐走向科学化，合理化。

  例如，每年的一些大型的甚至是国际性的时装表演或时装展销和流行时尚预测的发布会，这些时装的款式虽然都是最新潮的，都最能代表时代的最新趋势，却不一定适合人们的日常生活的穿着。所以，广告在介绍这些最新信息的时候，还应该同时给消费者另外一种更为宽泛的视野和一些更为丰富的知识，使消费者能够科学合理地接受其有关的信息。即使消费者不是机械地照穿某一款式的衣服，而是积极地吸收这一流行时装创意中的某些先进的思想、观点来合理地为我所用。

三、广告作为文化的习得方式

所谓习得，在心理学领域，多是指有机体在外界的重复刺激下，反应逐渐减弱，最终成为一种习惯化现象，而文化的习惯既是一个人，又是一个群体逐渐形成自己的文化模式的过程。广告的文化习得方式，即是指广告为一种文化，它通过什么样的传播方式使大众获得文化的共识。

广告文化习得，有广义与狭义之分。广义的广告习得，是指对于社会广告活动，广告行为的社会构成，社会行为，社会意义的一种掌握。它包括对于广告的一般态度，对于广告与市场及产品，劳务信息关系的一般理解。对于广告现状的经济的，政治的，法律的，审美的等众多角度的期待与接受习惯。这种广义的广告文化习得，是历史的，潜移默化的社会作用过程。由于广告是市场经济发展的产物，因此，广义的广告文化的习得总是与市场经济的发展状况及市场经济在人们日常生活中的地位密切相关。我国 20 世纪中期，由于计划经济一统天下，市场经济在人们的日常生活中发挥的作用微乎其微，这决定了与市场经济密切相关的广告文化在人们的心目中基本上没有位置，即使是企业界人士对广告也感到陌生甚至排斥。而今，广告行为、广告活动已为我国人民普遍接受。

狭义的广告文化习得，是指对于广告的构成、功能、特征及其审美规律所达到的个体性的接受广度与接受深度。在这种狭义的习得中，个人的文化修养、生活经验、广告知识、广告实践水平等均发挥着重要作用。此外，狭义的广告文化习得，还与消费者的民族、地域与时代特征密切相关。目前，发达国家的一些大众定位的广告在这些发达国家已形成大众性理解，而这些广告中的相当一部分在我国，即使是在一些专门从事广告的人士中也无法形成较贴切的理解，其原因，就在于我国市场经济发展的现实水平所提供给人们的现实生活经验还不足以使人们的广告文化习得水平达到发达国家的一般水平。简单地说，狭义的广告文化习得方式有两种，其一是直接的、公开的、或者专业的习得方式；另一种则是间接的，或非专业的习得方式。

（一）直接的习得方式

广告文化的直接的习得方式，即是通过直接告白的方式来传播广告的信息。它需要该广告直接地提供其产品或劳务的性能、用途等有关的信息，广告诉求的要点目标明确、真实可信，广告诉求的方法直接明了、通俗易懂。它所起的作用即是"告诉"和"引导"的作用。

例如，牙膏厂所作的药物牙膏的广告，就可以用直接习得的方式让消费者获得某种有关的知识。它可以在广告中直接地诉诸于消费者：某种牙膏含有氟化物，具有防治龋齿的功能，适用于正处于成长期的儿童和青少年使用；而某种牙膏含有脱敏剂，对于牙齿过敏的人有明显的疗效；某种牙膏含有中草药配方，对于治疗和控制牙周炎和口腔炎等疾病有较好的作用。

这种直接诉求的方式，简单明了，通俗便捷，易见成效。这种途径可以用介绍的方法、说理的方法、劝导的方法等多种形式，使消费者直接通过广告接受有关文化的习得。

（二）暗示的感染效应

广告的暗示方法，是通过含蓄的间接方式来向公众传递思想、观念、意见和情感等商业的或文化的信息，使消费者在理解或无抵抗的状态下接受其影响。同时，暗示还可以通过感染和模仿得到加强。因为暗示所遵循的是人的感知的规律，所以它在某些地方与感染又有着相通之处。消费者可以通过广告的暗示获得某些文化的习得，并且把这些习得的文化习惯和方式通过感染和模仿，传向更大范围的受众，甚至导致"从众"的现象的诞生。很多流行时尚的问世，多是沿袭了这样一种暗示的感染的效应。

图9-7　乌龙茶广告

乌龙茶广告颇具茶道文化神韵，闲适恬淡的氛围感染影响着受众的习得方式。

学思致用

2008年戛纳广告节上我国选送的北京奥运篇系列广告荣获金狮奖，这是中国大陆在戛纳首次夺得金奖，该广告面对的是国内市场，在我国奥运会前后投放。广告主体为 adidas 和宏盟集团旗下成员腾迈传播 TBWA。[①]

　　思考：1. 广告文化的基本功能有哪些？该广告利用了什么文化功能？

　　2. 广告的文化功能与它所要实现的文化价值的关系有哪些？该广告怎样处理这些关系？

　　3. 就该广告谈谈广告文化功能与企业文化的关系。

第二节　广告活动和亚文化群

一、亚文化群和广告

（一）亚文化群的概念

　　具有亚文化特点的群体，就是亚文化群，即 subcultruegroup。具体地说，就是拥有共同的或相似的宗教信仰、风俗习惯、价值观念、审美情趣以及爱好等特性的群体，即可以称为亚文化群。性别、年龄、职业、籍贯可以成为划分亚文化群的不同的依据。一个民族、一个区域、一种宗教、一种职业也可以因其价值取向的不同、文化传统的不同、情感需求的不同而构成不同地区的亚文化群。

　　在一个亚文化群的内部，表现出相同或相似的文化特征。各个不同的亚文化群呈现出各不相同的文化特征。但是，各个亚文化群的各自的特征又并不都是迥然不同的或截然相反的。他们之间也可能存在着各种各样的交叉的、渗透的或错综复杂的关系。

　　图 9-8 中所显示的文化与亚文化群的关系。另外，我国的一些主要的亚文化群的种类构想也可从表 9-1 中看到。

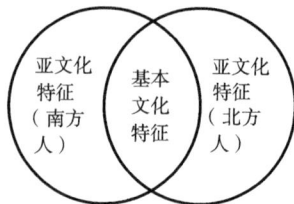

图 9-8　文化与亚文化群的关系

---

①　资料来源：21 世纪广告. 2008 年 7 期. 第 22 页。

表9-1　我国主要亚文化群种类构想

亚文化群种类	亚文化群示例
民　族	汉族、蒙古族、回族、藏族、维吾尔族、苗族、彝族、壮族、布依族、朝鲜族等
宗　教	伊斯兰教、佛教、喇嘛教、基督教、天主教等
籍　贯	陕西、四川、广东、上海等
地　区	华东、东北、西北、华北、中南
职　业	工人、农民、军人、商人、学生等
性　别	男人、女人
年　龄	少年儿童、青年、中年、老年

(二)亚文化群和广告文化

从消费心理学的角度来看，亚文化群是市场研究的细分单元，它们代表着某种特定的商品或劳务所要寻找的一定范围的目标市场。对于广告来说，它当然也必然要寻找和研究它要面对的目标市场。所以通过对亚文化群的分析和研究，广告宣传的目标也可以更好地面对属于自己的亚文化群。从而才能有的放矢，使广告更有效地发挥其作用。

广告的亚文化群的文化关系又是一种互相制约、相辅相成的关系。

1. 广告文化对亚文化群文化的依赖作用

广告文化对亚文化群的文化有很强烈的依赖作用。也就是说，广告文化的发生、发展离不开亚文化群文化的制约和影响，同时，广告文化又必然适应和反映特定的亚文化群的文化需要。显而易见，广告的制作和广告信息的传播都必须遵循受众的特定的民族习惯、价值取向和审美需求，才能收到较好的广告效果。例如，某届全国广告作品展中的招贴广告"金门金锁"，就比较充分地考虑到了我国民族的传统习惯。广告画面在"锁"与"门"的两边以装饰的手法对称地贴上了"门神"的剪纸，赋予其"门神守门"的特定创意，这对于中国老百姓的传统心理来说，是最"保险"的"守门"方式了。而如果把这一"门神"的形象拿到欧洲去，恐怕就要出现"对牛弹琴"的问题。换句话说，"门神守门"的广告创意产生在中国这种特定的历史传统的文化背景之下，而这种"门神守门"的广告形象又为中国老百姓的心理习惯和审美情趣所喜爱。

众所周知，文化的概念是十分宽泛的。而广告的表现又必须在其主题、形象、绘画、音乐、色彩、线条以及文字等诸多方面与亚文化群的文化特征相吻合。

案例点拨

图9-9　手机系列广告

手机的跨文化营销广告体现了对不同国家地区异彩纷呈的亚文化的应对和遵从。

2. 广告文化对亚文化群文化的促进作用

广告文化的作用是不可忽视的。它可以促进企业文化的发展，可以帮助企业树立良好的企业形象，提高企业的竞争力和凝聚力。它还可以促进消费文化的进步以帮助消费者提高消费思想和消费行为中的文化价值的观念，提高其审美欣赏的趣味，还可以引导消费时尚的进步。广告文化的这些积极作用当然都无一例外地适合于促进亚文化群的文化发展。

例如，有的广告设计受我国传统文化心理中轻商思想的影响，崇尚唯美主义而过分地强调广告画面的艺术性，从而忽略了其商业性的特征，忽略了特定的亚文化群受众的文化心理，使消费者面对广告而不知其所云，这样就没有达到广告的预期效果。也有的广告确实是见利忘义，他们利用了特定的亚文化群中的一些人急于发财致富的心理，追求高额意外之财的心理以及一些爱美求美的心理，企盼健康长寿心理等来创作一些虚假的广告，用以谋取不义之财。从这个意义上说，尽快地建立和健全我国广告文化的体系，对于尽快地丰富和发展我国的商业文化，进而促进亚文化群的文化发展，具有极其重要的意义。

案例点拨

力挽狂澜的文化广告公关①

20世纪70年代，美国"广告怪杰"乔治·路易斯为希腊国家观光组织策划了危机公关广告。当时的情况是中东地区劫机事件非常猖獗，美国国务院提出警告，劝美国人不要搭乘雅典国际航空公司的班机，不要到欧洲旅游，希腊因此成了牺牲品。作为希腊后裔的乔治·路易斯毅然挑起拯救希腊旅游的重任，开始他的广告公关活动。

在该计划中，希腊被定位为"民主的家园"，因为希腊是西方文明的发源地，对美国人有着精神上的神秘吸引力，现在的最大难题是如何避开政府的行政干扰，唤起公众对希腊的向往和热情，并使之付诸行动。乔治·路易斯接受委托，创作了广告史上的经典之作："我们要回家，向希腊。"

乔治游说了38位社会各界的名流，如艺术家、科学家、歌星等，免费出场充当代言人，其中许多是百万酬劳都请不到的大腕。广告中名人逐个登场，他们道出了共同的广告主题："I'm going home，to Greece."

等到38位名人以真诚的口气共同说出"我们要回家，回希腊，我们民主的家园"之后，政府的警告被迅速瓦解，一种游子思乡的情绪和对正义的支持以及对民主的热爱，使得美国公众义无反顾，到希腊旅游的人数成功地直线上升。

二、东西方的文化与广告

东方和西方作为对应的亚文化群，是从地域的视角来划分的。了解东、西方文化与心理差异，对于研究东方，尤其是中国文化特征、文化心态及广告的文化心理对策是有意义的。

（一）东西方文化心理差异与广告表现形态

由于东西方的文化存在着较大的差异，中国的广告的表现形态与西方世界的广告也必然存在着较大的不同。为了更好地制作广告，更积极地发挥广告的效益，也应充分地了解和认识中国的文化与西方的不同之处。

1. 价值取向的不同

应该说，中国人的价值取向的历史传统集中在人生的价值方面，而西方

---

① ［美］乔治·路易斯著.刘家驯译. 蔚蓝诡计. 海南出版社,1996年版等资料。

的价值取向则朝向事理。东方人的价值取向的实质是人文主义精神。中国传统的儒家哲学关注的对象是天理，力求以天理之学去达到一种人生之道。这是中国历代的哲学家与思想家共同追求的目标，即是一种生命之道，一种人生之理。他们企图通过人生的修行之道去进入一种生存之理或人性之道的殿堂。而西方的哲学传统使得西方人多是注重去探究事物的存在之理或求知的真理。这样一来，就使得中国人的价值取向与具体的人生相连接，与人的现实的生活相连接，与追求人的精神生活相连接，并把追求"天人合一"的精神境界当做最高的目标。

案例点拨

"中国平安，平安中国"①

广告创意概念：借用穿越时空、跨越中国大地东西南北的平安地名，显示中国老百姓对平安的渴求以及平安保险与中国这片土地的联系，同时传递出平安3A服务(Anytime、Anywhere、Anyway)的精髓，以建立中国平安保险无时无刻、无所不在的品牌形象。

广告创意手法：通过实景拍摄在中国具有"平安"地名的土地上，人们安居乐业、平安祥和、富含意味的场面，传达出衷心的祈求："中国平安，平安中国"。

评析：

平安保险公司的《地名篇》广告体现了中国文化特有的人生价值观念，让人感觉十分亲切，让受众感觉到该保险公司的经营理念以及真诚祝愿。广告表现充满真情，也很大气，显示了平安保险公司确实是一家十分了解中国文化、中国消费者的企业。通过看《地名篇》的广告，消费者进一步感受到平安保险公司是真正扎根中国土地，切实关心中国人民生活，与中国老百姓同呼吸、共发展的保险公司。

2.思维方式的不同

就思维方式的传统来讲，中国人的思维传统是偏重感悟的，西方人的思维传统是倾向逻辑推理的。中国历代的思想家所沿袭下来的思想方法，很少有西方哲学那样抽象真理的探究，即使是一些哲学家也多用文学的方法，多

---

① 徐小娟. 100个成功的广告策划.机械工业出版社,2002年版,第211页。

用形象的体验和综合的感悟，也多用比喻、隐语等寓意的象征来分析问题和表现思想。所以，即使在中国的哲学著作中也少有逻辑的推理、抽象的思辩和严密的论证。多是一个个寓言故事，一篇篇精美的散文，甚至一条条语录，自成体系，从中透视出智慧的光芒和人生的哲理。而西方的哲学或思维的方式则是严密、系统、博大、精深的研究，他们的研究方法和思维方法多注重科学的分析，系统的证明，注重认识论，也注重与人生并不相关的高高在上的玄理。

学思致用

分析：曾有评论称百年润发的电视广告是典型的"东方味道"的广告表现方法，结合以下评析谈谈你如何理解。这与东方文化偏重传神感悟的思维传统有无关系？

在京剧的音乐背景下，百年润发的广告给观众讲述了一个青梅竹马、白头偕老的爱情故事：男女主人公从相识、相恋、分别和结合都借助于周润发丰富的面部表情表现了出来：爱慕状、微笑状、焦灼状、欣喜状。而白头偕老的情愫是借助于男主人公周润发一往情深地给"发妻"洗头浇水的镜头表现出来的。白头偕老的结发夫妻，头发，这在中国历史上本身就有着深沉的文化内涵，此时配以画外音："青丝秀发，缘系百年"，然后推出产品："100年润发，重庆奥妮!"——把中国夫妻从青丝到白发、相好百年的山盟海誓都溶入了"100年润发"中。

重庆奥妮的创意是新颖独到的，它别具匠心地赋予了"百年润发"中华民族文化下的美好联想，广告中铿锵的锣鼓、委婉的京胡，使京剧、二胡等国粹大放异彩，借古抒情，古老的形式现代化，这是大胆创新，也是民族文化的继承和发扬。①

3. 情感需求的不同

中国人的情感需求是现实的、人文的、伦理的；西方人的情感世界是宗教的、超越的、人性的。严格地说，在中国人的情感世界中，没有宗教。欧洲人则以宗教为人生的规律和情感寄托，宗教信仰成为他们人生观的目标和法则，规范着他们的一切生活，包括日常生活和情感生活。而作为中国人的

---

① 徐小娟. 100个成功的广告策划. 机械工业出版社,2002年版,第119页。

精神生活的主宰多是相信天命，注重人伦，讲究孝道。在这个意义上说，中国人的精神世界是现实的，是世俗的，他们不像欧洲人那样去追求脱俗的理想，追求永恒和超越。由于他们较多受"天人合一"的思想影响，他们也不可能像西方人那样过分地去追求个性独立的自由的表现；注重的是人与自然的和谐，是人对群体、对权威的适应。例如，中国人重家重国，重情重义，以家国为本位，对家国有强烈的眷恋情结。所以，对家国的眷恋、对亲人的思念是中国人极敏锐的心理感受，由此形成了它对文化艺术等心理需求上的基本动因。

"归故"和"恋家"情结是中国人情感之河的滥觞，别恨乡愁的心情，落叶归根的夙愿是中国文化中一股强大的思潮，酒似乎是抒发这种感情最好的载体。古人吟："劝君更尽一杯酒，西出阳关无故人。"这份乡愁文化在中国人身上根深蒂固。所以，"孔府家酒，叫人想家"，牵动了海内外游子的心，他们以孔府家酒来体验归故的感觉。① 再如以"'闲'妻良母"作为洗衣机的广告语，求得了与贤妻良母的谐音，就适应了中国人的传统的价值观念，适应了中国传统的夫妻之间的人伦关系和位置，也适应了他们各自的情感需求。

学思致用

分析"南方黑芝麻糊"电视广告，其中蕴含着中国人怎样的情感需求？此广告为何能成为经典的电视作品？

"南方黑芝麻糊"电视广告脚本

镜头一：(遥远的年代)麻石小巷，天色近晚。一对挑担的母女向幽深的陋巷走去。(画外音，叫卖声)："黑芝麻糊哎——"(音乐起)。镜头二：深宅大院门前，一个小男孩使劲拨开粗重的樘栊，挤出门来，深吸着飘来的香气。(画外音，男声)："小时候，一听见黑芝麻糊的叫卖声，我就再也坐不住了……"。镜头三：担挑的一头，小姑娘头也不抬地在瓦钵里研芝麻。另一头，卖芝麻糊的大嫂热情地照料食客。镜头四：(叠画)大锅里，浓稠的芝麻糊不断地滚腾。镜头五：小男孩搓着小手，神情迫不及待。镜头六：大铜勺被提得老高，往碗里倒着芝麻糊。镜头七：(叠画)小男孩埋头猛吃，大碗几乎盖住了脸庞。镜头八：研芝麻的小姑娘投去新奇的目光。镜头九：几名过路食客

① 张金海主编.世界经典广告案例评析.武汉大学出版社,2000年版,第42页。

美美地吃着,大嫂周围蒸腾着浓浓的香气。镜头十:站在大人背后,小男孩大模大样地将碗舔得干干净净(特写)。镜头十一:小姑娘捂嘴讪笑起来。镜头十二:大嫂爱怜地给小男孩添上一勺芝麻糊,轻轻地抹去他脸上的残糊。镜头十三:小男孩默默地抬起头来,目光里似羞涩、似感激、似怀想、意味深长……镜头十四:(叠画)一阵烟雾掠过,字幕出(特写):"一股浓香,一缕温暖"。(画外音,男声):"一股浓香,一缕温暖。南方黑芝麻糊"。镜头十五:(叠画)产品标板。镜头十六:推出字幕(特写):南方黑芝麻糊广西南方儿童食品厂。

(二)广告的文化心理对策

面对中国民众的特殊的文化心理状态,特别是面对时代和社会日新月异的变革形式,中国人的文化心理也在不断地发展、不断变化,广告也必须与时俱进,参与建构和谐发展现代文明社会。广告要起到它应起的积极作用,就不仅是要适应特定的文化背景下消费者的心理态度,也要能够积极地配合社会的主导文化的发展,能动地去影响消费者的心理文化的发展。

1. 加强公众的现代广告意识

应该说,中国公众的现代广告意识,相对某些西方国家来说,是比较落后的,褊狭的。例如,法国人就比较爱看广告,在法国,广告文化作为一种特定的文化现象,欣赏广告也是在欣赏对生活的品评,因而广告文化既是一种唯美主义的创作,又是一个品位很高的导购者。在我们国家很多人的眼里,广告似乎只担负着推销的职能,并且还带有大量的虚假成分和唯利是图的因素。而很多广告商也只把取悦于受众当作主要目的,而忽视其应有的时代意义和文化意义。

这样说来,对于中国的公众,提高现代广告意识就是一个十分重要的任务。事实上,广告作为一种文化,一门科学,一种艺术,这已经包容了商品学、市场学、社会学、心理学、传播学、美学、语言学以及现代科学等多种门类的科学、文化和艺术。作为这样一种综合性的文化,它的存在和发展都必须要和社会显示的主导文化相辅相成。即它一方面要紧跟时代的步伐,要适应特定时代中的先进科学、文化、道德、教育、艺术等社会形态的发展趋势;另一方面,它也要以自身的活跃和发展来能动地影响社会的主导文化的进步的科学、文化、道德、艺术、等社会形态的发展趋势;另一方面,它也要以自身活跃和发展能动地影响社会的主导文化的进步,即帮助并一起和消费者建立积极的消费思想和消费行为。

2. 研究广告受众的文化心理轨迹

广告的制作和传播当然要面对广大的消费者，所以，广告主就必须要加强对广告受众的文化和心理轨迹的研究，从而做到有的放矢。在这里，这种研究既概括对中国文化和心理的研究，也包括对其他国家的文化、风俗和心理习惯的考察和研究。通过这些考察和研究，广告主对广告受众的文化心理状态的把握就会由原来的混乱无章变得井然有序，从茫然无措走向有章可循。也可以说，作为一名出色的广告专家，他就必须研究世界上发达国家和地区的文化风俗，研究他们广告业的状况。这对于建设和发展我国的广告业是必不可少的。

当前，"国际名牌，本土文化"已经成为广告业的共识。这种"国际名牌，本土文化"即是一个广告的定位策略的问题，更是一个深奥的、微妙的文化问题。前些年，某些拥有全球名牌的跨国大公司，往往不顾不同国家、不同地区市场的文化差异，而一律发布统一形式的广告。结果由于不同的文化背景的差异，不仅有些广告没有收到预想的效果，有些还引起了始料不及的纠纷。

例如，樟脑在澳大利亚有很大的市场，而中国的樟脑由于使用了"兔牌"商标，几乎就没有市场。因为澳大利亚人讨厌兔子。在该国大草原上，野兔繁殖极快，到处打洞，成为一大公害。人们为消灭这些兔子付出了很大的代价，所以他们不可能喜爱兔牌的商标。

学思致用

图 9-10　可口可乐系列广告

面对全球一体化市场，跨国公司在各个国家和地区市场纷纷利用广告展开激烈竞争,分析可口可乐在中国春节期间的电视广告,在国际化与本土化过程中各有哪些高明之处? 在促进中外文化的交融方面都做了哪些努力?

3. 扩大中、外广告文化的交流与融会

研究中华民族的亚文化群的文化现象,不意味着要使中国的文化囿于以往的民族传统,排斥外来民族的东西。任何一个民族的文化艺术,总是要不断地受到外来文化的影响。尤其在世界全球化、一体化的今天,在国际舞台角色日益重要的中国,要想和谐进步,持续发展,没有广袤的视野、开放的心胸,是不可想象的。就文化业来讲,也存在着扩大开放,加强交流的问题。开放和交流的结果,必然要使中国的公众与世界其他国家的公众在文化、艺术等多个方面呈现出一体化趋势。这样一来,就要求广告的文化一方面要使中国的受众开始逐渐地适应和接受国外其他国家的欣赏习惯和审美趋向,另一方面也要求中国的广告业要把国外其他国家的广告文化和广告艺术的先进之处引入到中国来,他山之石,为我所用。

案例点拨

贺岁广告 中西合璧

"可口可乐新春贺岁"广告,集北京、中国香港、澳大利亚三方之力,由澳大利亚著名导演执导,采用当今世界一流的电脑动画设计,激光烟花描绘出了一幕中国城市欢庆新春佳节热闹场景。这部独具匠心的广告片以现代化的电脑动画特技及高水平的摄影创作,向观众展示了一幕幕现代化的中国城市庆祝春节的欢乐场景。在一个繁华壮观、灯火绚丽的城市,一群年轻人正在向天空燃放烟花,由此拉开了节日庆典的序幕。气势磅礴的舞狮队伍浩荡前行。忽然,全场变得鸦雀无声,原来是一个年轻人手中的可口可乐吸引了"狮王"的注意。年轻人心领神会地将可口可乐高高地抛向空中,"狮王"随之跃起,瞬间,狮王消失了,舞狮人接住可口可乐一饮而尽。接着高潮出现了,舞狮人按动神秘开关,一条金色巨龙腾云劲舞……欢乐淹没了整个城市。

学思致用

1. 分析中国银行系列广告中传达着中华文化怎样的价值取向、思维方式和情感需要?

2. 中国银行系列广告对你加深理解体悟现代广告意识有何启发？

3. 结合此广告分析中国广告如何应对"国际品牌，本土文化"这一问题，在东西方的广告文化交流、融会中实现独立而又开放地持续发展。

中国银行的中华文化形象广告①

奥美广告公司为中国银行在新加坡所作的形象广告，整个系列由四段60秒的影片组成，分别命名为"高山"、"竹林"、"麦田"、"江河"。每条影片在一开始都印出包含中华文化内涵的广告主题："止，而后能观。"

"竹林篇"借用了著名的禅语故事———"风动，竹动，心动"，只是影片在最后多加了一行字幕"有节，情义不动"，令立意提升。竹林里风过叶落的瞬间，一素衣女子的背影凝然不动。一片寂静中，只有一声紧似一声，类似滴水穿石又或破空云板的电子拟音，营造出影片的气氛张力。

"麦田篇"应该叫"麦田的欢呼"，天边的火烧云，金红的麦浪，一个陕北汉子在麦田里仰天长啸："噢嗨……哎……"如痴如醉，汗水从他的鼻尖滴下。缓缓叠出的字幕是："丰饶"，"勤奋"，"富而不骄"。画面极具感染力，然而更值得一提的依然是声音，没有音乐，只有现场收音：麦浪隐隐的轰隆声，远处刺破空气的蝉鸣。

"高山篇"则是个在崇山峻岭间驻足的长者，他说："在追求智慧的旅程里，永远是山外有山。"

"河流篇"中一个扎小辫的小姑娘在河边蹦蹦跳跳地哼着儿歌——重新编曲填词的河北民歌《小白菜》："小河弯弯，江水蓝蓝，穿过原野，掠过山冈。

小河弯弯，江水蓝蓝，流啊流啊，千百里长

……"

随着音乐的推进，画面上依次长叠出美丽的江河湖泊。最后印出字幕："源远，流长"。

四段影片分别从中国传统哲学的角度阐述中银的财富理念，而这些理念又与中国的山川风物完美地结合在一起，浑然天成，蕴含着拥有5 000年古老文明的泱泱大国的深广智慧和恢弘气度。

---

① 参考学桥网络论坛 http://www.abcdvbbs.net/showthread.php？p=1578899

三、妇女的文化心态与广告对策

从性别的视角划分，可将男性与女性视为两个对应的亚文化群。女性消费者在消费市场中是一个特殊的群体，就人口的数字比例来说，女性的数量要少于男性。但是，妇女在市场购买中的作用往往要比男性大得多。就个体的角度来分析，女性消费者自己所使用的日常生活用品，一般都由自己选择、自行决策，并由自己亲自实施购买。就家庭的角度来分析，女性担负着妻子、母亲、女儿等角色，也经常是家庭中其他成员所需要的男性用品、儿童用品、老年人用品的购买者。所以市场上，广告业就不仅要使女性的商标商品和广告宣传符合女性的心理诉求，也要研究其他的销售市场与女性消费者的密切关系。

（一）妇女的文化心态

女性的文化心态，体现在消费行为中大致表现为这样几个特点：

1. 注重感情

女性的感情世界往往要比男性丰富。这丰富的感情，一方面是意味着其感情世界的内涵丰富。兴趣比较广泛；另一方面也意味着女性的感情比较敏感，极易受感染，也极容易变化。特别是少女们，她们的感情波澜的起伏往往都比较丰富，她们极容易被感动，也极容易被激怒。并且，女性的想象力也大多比较丰富，就某种意义来说，在女性的个性心理结构中，感情的感知和感悟的成分也往往要多于理性的抽象思辨和逻辑推理的成分。而且活跃性、浮泛性的因素也往往要大于稳定性、恒久性的因素。即使是一些中年的妇女也常常愿意用情感来支配自己的行动，也常常是凭一时的好恶来为人处世。

2. 倾心美感

一般说来、女性往往比男性更爱美。她们对美好事物的追求和向往更强烈，她们注重自身服装的美、形象的美，她们多喜欢把自己打扮得更漂亮一些，也多认为打扮自己身边的亲人是自己的义务。作为妻子的要为丈夫设计衣着和形象，做母亲的也要义不容辞地打扮自己的孩子。女性也比较注意自己生活的环境美，她们都比较注重自己房间的装饰的美，氛围和情趣的美，她们多讲究房间的布置、陈设。

3. 经济实惠

购买商品时，追求经济实惠，是绝大多数妇女共同的心理特点。对于很多中年妇女来讲她们往往位于一个家庭中的经济收支的核心地位，全家的全部的生活支出多由她们来统一掌管和安排。所以，从经济的角度出发，她们总是希望"少花钱多办事"，并能用自己所购买的商品最大限度地满足家庭的需要。就个人的性格来讲，女性一般都比较心细，她们在购买商品时，也往往要左挑右选，反复地权衡利害得失，总是力求价廉物美，很怕吃亏。从生活需要的角度来讲，很多女性都是职业妇女，她们要上班，还要操持家务，所以在购买商品时，她们也必须要考虑方便使用这一不可忽视的重要原则。另外，从传统文化的角度来看，我国的家庭主妇大都具有勤俭持家精打细算的美德。

4. 自尊显示

女性大都有较强的自我意识和自尊心。在消费行为中，她们往往把选择商品的眼光和购买商品的标准作为表现自己的一个途径。她们总是希望通过别人的评价来显示自己购买的东西最漂亮，最有价值。她们也总是喜欢对别人的购买行为加以评论，以便显示自己所具有的某种超人之处。很多女性在购买商品时，喜欢追求档次高的、价格贵的、质量好的、款式新颖的、造型奇特的，用以显示自己经济条件的优越或地位的高贵，以及情趣的超俗、洒脱。这种极强的自尊心理和炫耀心理，一方面源于女性爱美的心理，另一方面也源于她们敏感的心理素质。

当然，女性心理的这些特点，既有女性的个性机能方面的原因，又有政治的、社会的、文化的诸多方面的原因。上述的一些心理特征，只能说是一些具有某种意义的普遍性的存在。人所共知，人的心理特点是一个极为复杂的问题，即使是一些带有共性特征的东西，面对一些个别的个性也可能并不适宜。

（二）广告诉求的心理原则

面对妇女比较特殊的个性特征和情感需要，广告制作的主题设计、艺术表现的形式，以及信息传播的途径，应该注意表现以下几个方面的问题：

1. 表现较高的美学价值

当广告的诉求对象主要是妇女时，或者与妇女有着密切的关系时，广告的设计应该注意保持较高的美学价值。例如，可以创造一种美的氛围或美的情调，或者是一幅美丽温馨的画面，一曲和谐优美的音乐，一句温柔甜蜜的广告语，都可以给消费者心中留下一个美的形象，一种美的情感。另外，广告还可以在商品的外在包装、装潢工艺、形状设计以及色彩搭配等方面做较多的考虑，以满足消费者对美的需求。因为，女性消费者的购买心理和购买行为中都表现出较大的情感性和随意性，仅仅是由于"美"，就可能使她们产生极大的注意和兴趣，从而导致购买动机和购买行为的发生。

案例点拨

兰蔻香水的广告格调浪漫，朦胧优美。

图9-11　香水广告

2.表现较实惠的经济利益

为了满足女性消费者的需求，广告的策略还必须注意能够让女性看见一些真实可感的实际利益。针对女性消费者中间普遍存在的希望"少花钱多办事"的心理特点，广告的宣传也必须注意加强对产品的质量、价格、方便性等方面的特点介绍。例如，广告侧重去宣传一些生活用品或食品的实用性或方便性，就容易得到一些家庭主妇的青睐。像一些半成品的速冻饺子、馄饨和一些洗净切好的蔬菜、肉片等，广告可以大力地宣传它们的实用性和方便性，以及使用方法简单、节省劳动时间、减少劳务强度等方面的特点。这样，主妇买回家之后只要稍微一加工，就可以变成美味佳肴。这样，既体现了家庭主妇的自我劳动价值，满足了她们虚荣的自尊心，又相对地减轻了她们的家庭劳务负担。

3.表现较强的自我意识

广告的制作和宣传在面对女性消费者的时候，也必须考虑到女性消费者比较强的自尊、自爱的心理特点。例如，广告的宣传如果能把商品或劳务本身的特点与消费者的社会地位和自我价值联系起来，往往可望收到较好的效果。即，如果在宣传某种款式服装的同时，也注意宣传这一款式可能使消费者获得社会地位或是自我价值的象征，就在某种程度上满足了女性消费者极强的自尊和自爱的心理。

当然，如果对此宣传得适时、适当、适宜，就会唤起或引发女性消费者的购买动机和购买行为。相反，如果忽视了这一点，或者对此宣传不当，就会造成适得其反的结果。例如前一段美国市场上曾推行过一种减肥茶，原来用的广告标题是"抗胖茶"，销售情况并不好，因为这一标题就给人一种体态臃肿、行动不便的印象。后来改为"苗条茶"，这一广告语言就满足了消费者的自尊心，使得很多平时不爱喝茶的妙龄少女也慕名而来。又如耐克公司在女性市场上的广告更是匠心独运、魅力无穷。耐克公司比锐步公司较晚进入女性市场。广告作品采用对比强烈的黑白画面，广告文字富有情意，意味深长，语气柔和但充满一种令人感动的关怀与希望：在你一生中，有人总认为你不能干这不能干那。在你的一生中，有人总说你不够优秀不够强健不够天赋，他们还说你身高不行体重不行体质不行，不会有所作为。他们总说你不行。在你一生中，他们会成千上万次迅速、坚定地说你不行，除非你自己证明你行。广告是登载在妇女喜爱的生活时尚杂志上，体现出耐克广告的真实特征：沟通，而非刺激。如同其他耐克广告，这则广告获得巨大成功，广告刊发后，引起许多女性消费者心灵和情感上的共鸣。许多女性消费者打电话来倾诉说："耐克广告改变了我的一生……"、"我从今以后只买耐克，因你们理解我。"这些结果也反映在销售业绩上，耐克女性市场的同期销售增长率高于其男性市场。[①]

四、儿童的消费心态与广告对策

从年龄视角划分，儿童是与老人、中年人、青年人相对应的亚文化群。在我国今天的社会现实中，儿童也是一个极大的消费市场。

在城市中，一般的家庭都是独生子女家庭。父母的宠爱，爷爷、奶奶以及姥姥、姥爷的溺爱，使这些儿童得到了过多的关心和爱护。所以，儿童的消费便构成了一个潜力极大的市场。广告也就必须充分地研究儿童的消费心理特点，有针对性地去挖掘这一广阔的领域。

(一)儿童的消费心理特点

我国儿童的心理特点有这样几个方面：

1. 生理性和情绪性

对儿童的需要来说，第一位的消费便是生理的需要，吃、穿、玩似乎就可以构成基本的需要，饿了要吃，渴了要喝，冷了要穿。而且，他们在选择商品的时候，情绪性的因素也比较大，他们多由自身的喜、怒、哀、乐去要求购买某种商品，极少有理智的动机，并常常表现为一会儿特别喜爱，过一会儿又讨厌地把它扔到一边。

2. 好奇性和模仿性

在儿童的天性中，就有着极大的活泼性和好奇性，他们对世界上的很多事物都有着极强的求知欲望，对于很多自己没有见过或不曾有过的东西都有着极大的兴趣。在很多时候，这种丰富而又广泛的兴趣，又表现为消费心理

---

① 耐克——行销传播的启示. 中国广告教育与研究资源库 http://www.caerd.net/cn/home/detail.asp? Rsid=9928。

和消费行为中的比较明显的模仿性。例如，很多儿童的购买动机是看见别的小朋友有某种玩具而自己没有，这种好奇心就使得他们吵着要父母去买。一些稍微大一点的半成人儿童又喜欢去模仿成人的生活现象，以满足他们主观上的自以为已经长大了的心理。例如，儿童乐园中让儿童自己开模拟的火车和汽车就是适应了儿童的这种心理。

3. 模糊性和可塑性

儿童不仅在生理上没有发育成熟，而且由于儿童自身的心理和智力上都没有发育成熟，他们都没有比较独立的自我意志，也缺乏比较稳定的自我需求的标准。所以，儿童在购买心理和购买行为中又表现出较明显的模糊性和较强烈的可塑性。他们在购物时，常常表现得左顾右盼，犹豫不决，对什么东西都喜欢，又对什么东西都拿不定主意。我们也经常可以看到，在商场里，当某一个孩子大吵大闹地要买某种玩具的时候，家长的几句适当的劝说或引导，就可以使孩子的兴趣转移。

应该看到，儿童在购买心理和购买行为之中所表现出来的倾向和特点可以受到周围极为广阔的范围的影响。他们既可以受到父母的言行影响，还可以受到周围的社会的影响。例如某些新产品、新事物，像新式的文具、新式的牛仔服在班级里学校里已经十分流行了，对孩子也产生了极大的吸引力，而家长可能还一无所知。

（二）广告诉求的心理原则

针对儿童特定的生理和心理的特点，广告的制作和诉求应该适当地注意以下几个问题。

1. 娱乐性

面向儿童所作的广告必须注意娱乐性的原则。因为对于比较年幼的儿童来说，娱乐是他们生活的主要方式，也是他们心理活动的主要方式。他们适应娱乐的方式，也比较容易从娱乐的方式来接受一些新的东西。

事实证明，动画片就是许多不同年龄层次儿童愿意接受的娱乐方式，其中的幻想、夸张、滑稽、幽默都可以使儿童得到一种娱乐的享受。例如，变形金刚、机器猫和米老鼠之类的玩具或招贴画，都给了儿童一种新鲜、活泼、可爱、好玩的娱乐性。所以，利用动画片做儿童广告，大都能在儿童之中收到较好的效果。

案例点拨

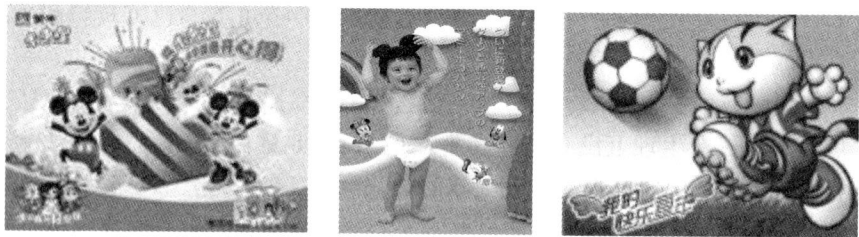

图 9-12　儿童卡通广告

充满娱乐趣味的卡通广告形象最受儿童受众的欢迎。

酷儿，好喝就说 Qoo! [1]

酷儿明确定位为儿童目标群领域。广告语是：酷儿，好喝就说 Qoo!

酷儿在铺货、促销和推广上，都更考虑少儿消费群和家长，在娱乐及购物场所的上市见面会，策划得就像小明星亮相。特别是在推广上，酷儿建立了卡通形象，电视广告投放集中在儿童节目时段，宣传上请来中央台著名的儿童节目主持人，各类新颖的活动与宣传方式充满童趣……现在酷儿已经快成为"儿童果汁饮料"的代名词了。

2. 新奇性

儿童多有较为强烈的好奇心。面对儿童的广告也应力求形式设计新颖，画面色彩鲜艳，形状多姿多彩，争取利用儿童的好奇心来吸引儿童的注意和兴趣。如果说，广告能够以其独特性、新颖性，甚至是奇怪性，把儿童的注意力吸引到广告中来，就可以说迈出了成功的关键性的一步，正是这种好奇的兴趣和情感就很可能激起儿童潜在的需要，也很可能构成儿童的直接购买动机。例如把冰淇淋、饼干做成各种动物的形状，就容易使儿童产生兴趣。

3. 形象性

儿童的思维方式具有形象性、感觉性、简单性、直观性等特点，过于复

---

① 柏生、张伟.多维广告战：108 个成功策略及经典案例.中国经济出版社,2004 年 1 月版,第 45 页。

杂的现象和过于抽象的思维都使他们难以理解，只有一些诉诸形象的东西，或诉诸感性的东西，才能使他们易于接受。例如，在广告媒体的选择上，就以电视为最佳，它可以通过声音、形象、色彩等真实可感的直观印象，给儿童一种鲜明活泼、生动的影响。

案例点拨

"喜之郎"健康、快乐的儿童形象①

　　"喜之郎"的直接消费者是儿童，电视广告就要力求做到能吸引小朋友的注意力。"喜之郎"的卡通形象加入到广告的表演中，和广告中的真人相互呼应，以儿童喜闻乐见的形式，吸引儿童的关注。在"芭蕾篇"和"柔道篇"中"喜之郎"的卡通形象和男孩、女孩一起练习着芭蕾和柔道，体现了"喜之郎"所代表的儿童健康、快乐的形象。

融贯精思

　　1.你如何理解文化与广告文化的内涵和外延？
　　2.与其他社会文化相比，广告文化的特殊属性有哪些，试举例说明其表现。
　　3.有没有给你留下深刻印象的企业文化？广告文化在促进企业文化发展方面有何功能？
　　4.商品的文化价值是什么含义？它与广告的文化功能有何联系？
　　5.东西方的文化心理有何差异？这在广告形态上是如何表现的？
　　6.广告的文化心理对策有哪些？
　　7.女性消费者的文化心态特点有哪些？广告诉求面对女性消费者应采取怎样的心理原则？
　　8.简要总结儿童消费者的心理特点，并结合实例说明广告诉求面对儿童消费心理的原则。

---

　　①　徐小娟. 100 个成功的广告策划.机械工业出版社,2002 年版,第 149 页。

一

耐克公司在中国大陆市场曾经播放的一则广告,其名称为《恐惧斗室》,演绎的是美国 NBA 巨星詹姆斯冲破层层阻碍,实现自身目标的故事。但是它这几重障碍设计得有问题,一个极像中国面孔的老者,一个又与中国传统的"飞天"形象很相似,另一个分明就是古老中国的图腾——龙,因此该广告在中国大陆的遭遇就可想而知,认为有民族歧视之嫌而不允许播放①。看了广告回答下列问题:

1. 广告文化的基本功能是什么?

2. 广告的文化功能与其要实现的文化价值的关系有哪些?该广告从文化功能的角度考虑忽略了哪些关系,产生了什么问题?

3. 假如耐克公司要重做一则广告,仍旧沿用此主体创意的话,应进行怎样的改动?

二

日本丰田公司在 2003 年推出新车,在中国上市时,分别做了两则平面广告推广,广告内容如下:一则画面表现的霸道"陆地巡洋舰"在恶劣的路况下行驶自如,车的后面还拉了一辆绿色的中国国产卡车(极像东风解放);另一则是一辆霸道车从中国传统权威的象征——石狮子面前驶过,石狮子对其俯首敬礼,广告语是:霸道,不得不尊敬。这两则广告播出后,引起极大反响,中国消费者非常愤慨,认为广告侮辱了中国人,消费者开始抵制该产品,并且自发做了两则广告在网上传播,流传甚广,于当年 12 月份,丰田公司和其广告代理商盛世长城公司不得不在网上公开向全国人民道歉。

分析该广告失败的原因,并思考企业在进行国际化扩张时,广告宣传要注意哪些问题?

假设丰田公司为挽回其广告在中国市场的负面影响,要实施若干广告及公关活动,请你为其重新设计一些平面广告,谈谈你的创意思路。

---

① 杜峻岭 耐克广告"中国形象"被击败侮辱国人? http://info. ad. hc360.com

讨论分析

阅读下面案例回答问题：

一①

一则西亚斯(香皂、沐浴露)的广告片曾经倾倒了无数观众,在网民热衷于评选恶俗广告的同时,这部广告片却一举被网民推选为当年最美的广告(图9-13)。

西亚斯广告是重庆奥妮公司为应对市场竞争,呼唤人们在日化用品消费观念上对自然的回归而展开的新一轮广告攻势,30秒的画面贩卖的是纯粹地道的印度民间风情:印度的民间音乐,市镇上的象戏表演,轻歌曼舞的印度姑娘,追逐姑娘的热情小伙……在广告的结尾,姑娘来了几个十分挑逗的扭腰动作,小伙子夸张的晕倒了。这则广告没有涉及任何"奥妮"的东西,似乎在故意淡化"奥妮"的品牌形象,除了片尾字幕的"印度式按健肤浴露、香皂"外,自始至终没有关于"西亚斯"功能诉求的只言片语,表现的是一种纯粹的异域风情,画面表现唯美浪漫,给人的感觉非常赏心悦目。

其实回过头来看,奥妮的广告一直都很独到。从刘德华的"首乌"到周润发的"润发",从"黑头发中国货"到"长城永不倒,国货当自强"再到"润发百年"等,奥妮沿袭"植物润发"的理念,运用明星策略和文化攻心的手段,打造出了很强的品牌影响力,成为洗化用品市场很少见的国有品牌亮点之一。日化用品的广告竞争一直很激烈和残酷,2000年仅洗发水行业的广告投放就达50亿元,在每晚广东卫视新闻联播之后的广告时段里,播放的90%以上是洗发水的广告,而且香皂、洗发水、沐浴露等这些产品的功能都大同小异。因此日化用品的广告诉求什么?怎么表现?一直是个老大难的问题,西亚斯广告同百年润发的广告如出一辙,表现的也是一种文化,但却是两种截然不同的文化,一种是传统文化、一种是印度文化。这样看来西亚斯的广告也是在坚持文化策略传统基础上的一种创新了。

1. 针对国内市场,一般来说女性消费者的文化心态是怎样的? 该广告是怎样利用女性消费者的文化心态加以广告表现的?

2. 在表现中该广告注意了哪些诉求原则? 为什么?

---

① 资料来源:奥妮"西亚斯"广告贩卖异域风情(www.chinaadren.com)

图 9-13　西亚斯系列广告

3. 分析该广告的文化心理策略，谈谈其在广告竞争过程中的优缺点。

提示：

女性消费者的文化心态包括注重感情、倾心美感、自尊显示、经济实惠等，该广告表现了较高的审美价值，并注意到利用女性较强的自我意识以及和女性自身的利益紧密相关等诉求；其文化心理对策是从研究女性消费者的文化心理轨迹入手，通过国内外文化交融的手段，进一步增强消费者现代广告意识，即"植物一派"，"回归自然"等。

二①

阅读下面文字并回答问题：

提到广告文化就不能不提绝对伏特加的广告，在它的广告中表现了世界各地的政治、经济、文化等堪称世界知识的百科全书的平面表达。

谈及伏特加，人们自然会想到俄罗斯，因为喝伏特加吃鱼子酱是俄罗斯民族最具代表的饮食文化，而绝对伏特加却是一个瑞典品牌。

---

① 张家平主编.十大品牌广告经典评析.学林出版社,2006 年版,第 83-101 页。

　　消费者对该品牌很难接受，因为第一，这个品牌名称太哗众取宠；第二，其酒瓶形状丑陋，整个瓶子过于透明、瓶颈太短，难以倒取；更为重要的是对这个瑞典品牌缺少信任，"要么就改变你的名称和酒瓶外观，要么就放弃这个产品。"当时的市场分析家给出了结论，似乎，这个产品已经失去了市场价值。

　　然而它第一幅广告就完全出乎人的意料。

　　这是1980年推出的广告"绝对完美"。作品以一个顶部有着光晕的酒瓶为中心，同时酒瓶很有独创性：瓶颈特别短，圆肩，而且黑色的背景中一亮亮的光晕特别刺眼，把整个酒瓶衬托得玲珑剔透般的透明，正是那个不被人看好的绝对伏特加，该广告对人的视觉产生了极强的视觉冲击力，这个被人们认为丑陋的外观，开始印入在受众的脑海中。

　　之后，其恰恰以短颈、圆肩形状的酒瓶为基本元素，在近千幅广告中以不同的背景反复演绎，反复地挑战着人们视觉的极限，构建其"绝对特色"的百科全书。

　　同时其销量也是显著上升，仅用两年时间，就成为美国市场上伏特加酒的第一品牌。

　　借助建筑艺术表达。无论是历史的积淀或是现代的标志，建筑艺术通过对空间细节的把握，显示了一个时代的建造者对于世界独特的把握和解释，并成为城市的标志。绝对伏特加抓住建筑艺术的精髓，以建筑的方式陈述思想和情感，渗透或延伸情趣，使其具备超越自身的能力而成为历史文化或现代文明的传播载体。

　　如绝对阿姆斯特丹，采用典型的荷兰民居为创意素材，整幢房屋也展现出了绝对伏特加的图形符号。房子的正面和窗户都是细长的，这是因为当时征收房产税是按门面的面积征收的，精明的荷兰人都尽量减少正面的面积，由于门面狭小，所以装饰的心思都放在了屋顶的女儿墙上，仔细观察会发现各家的女儿墙都各不相同。"绝对阿姆斯特丹"通过再现荷兰建筑的精髓所在，来展现其无所不在的魅力。

　　绝对雅典，采用古希腊多力克式建筑风格。古希腊人通过建造神庙来取悦神灵，求得风调雨顺，"绝对雅典"用酒瓶与帕特农神庙遗址建筑的契合，表现绝对伏特加深远的文化底蕴，引起消费者共鸣。

　　绝对魁北克，魁北克市由于其扼锁圣罗伦斯河咽喉，历来为兵家必争之地。在英国统治时期，在此地建成坚固堡垒——城墙，使此地成为北美唯一还保有城墙的城市。"绝对魁北克"将城墙、建筑与伏特加的图形符号巧妙结合，再现了这段争夺的历史，同时也体现了该地的传统文化。

还有绝对巴黎、绝对布鲁克林、绝对哥本哈根等朴实无华、与其他酒瓶截然不同的"绝对符号"，融入了世界各地标志性建筑之中，使建筑艺术成为推广其产品的"绝对平台"。

借助音乐推广。音乐伴随着人们成长，难忘的歌曲积淀在人的记忆中，记录下成长的痕迹。绝对伏特加把握生活中不同时期出现的音符，让音乐为其配上"绝对的生命乐章"。

绝对新奥尔良。为配合绝对伏特加在新奥尔良的销售，借助于新奥尔良的代表——爵士乐，对爵士乐小号的按键进行了改变，仔细看看你会发现，爵士乐小号似乎变成了伏特加的展示架，同样的符号，吸引了流行音乐消费者的目光。

绝对鲍伊。借助受人喜爱的摇滚乐明星鲍伊的音乐专辑上的封面，创造性地将鲍伊锁骨上原来那滴汗水，变成了伏特加酒瓶形状，从而鲍伊也成了其绝对符号的传播载体。

不仅如此，还有绝对孟菲斯、绝对大野洋子、绝对圣徒等，当一个音乐人物成为一个群体领袖的时候，当一种音乐形式成为一座城市标志的时候，绝对伏特加就毫不犹豫地选择其作为自己广告传播的载体，让音乐受众在接受音乐熏陶的同时也接受绝对伏特加的文化。

绝对伏特加还渗透进文化历史科技政治体育军事等众多领域，可以说，凡是受人瞩目的对象都有可能成为其符号的传播载体，在传播其绝对符号的同时也必然使绝对伏特加打上相应文化的深深印记。

绝对白杨。白杨树与滑雪道在白雪皑皑的山坡上组成了绝对伏特加的符号。

绝对新年。借助中国的"酒到福到"方式，以中国传统文化传播其产品符号，足见其对中国文化的融合功力，展示出其全球化思维、本土化沟通策略的成果。

绝对新加坡。新加坡的一尘不染，使得绝对伏特加的酒瓶上的文字也被擦得一个不剩，幽默地体现新加坡特色的同时更将其绝对符号深入人心……

作为一个瑞典品牌，绝对伏特加的平面广告是一种跨文化的展现，体现其跨越国界的文化精神，这种精神也正体现了一种产品、一个企业的全球化意识，因为任何品牌要成为世界品牌、强势品牌，必须走出国门，走向世界，那么，广告传播就必然要做好跨文化传播的准备，在此方面，绝对伏特加绝对是值得国内企业学习的一个好的楷模。

1. 绝对伏特加的广告传播策略是如何实现其自身的价值?

2. 这种广告传播策略取得何种效果?

提示:

1. 广告传播经济价值以外的文化价值; 广告的内容与形式是特定文化价值的体现; 广告文化功能是从各地消费者的文化角度来认知的。

2. 丰富企业与产品自身的文化内涵与促进品牌增值; 推动各地市场消费文化的进步。

参考文献

［1］王纯菲，赵凌河. 广告心理学. 辽宁师范大学出版社，2002 年版

［2］马谋超著. 广告心理——广告人对消费行为的心理把握. 中国物价出版社，2002
    年版

［3］王怀明，王咏. 广告心理学——广告活动中心理奥秘的透视. 中南大学出版社，2003
    年 12 月版

［4］余小梅. 广告心理导论. 北京广播学院出版社，1997 年 4 月版

［5］余小梅. 广告心理学. 中国传媒大学出版社，2003 年 4 月版

［6］丁家永，杨鑫辉. 广告心理学——理论与策划. 暨南大学出版社. 200 年 5 出版

［7］黄合水. 广告心理学. 厦门大学出版社，2003 年 9 月版

［8］舒咏平主编. 广告心理学教程. 北京大学出版社，2004 年版

［9］江波. 广告心理新论——现代广告运作中的攻心战略. 暨南大学出版社，2003 年版

［10］赛来西·阿不都拉，季靖主编. 广告心理学. 浙江大学出版社，2007 年版

［11］黄希庭总主编. 广告心理学华. 东师范大学出版社，2003 年版

［12］马建青主编. 现代广告心理学. 浙江大学出版社，1997 年版

［13］何佳讯. 现代广告案例：理论与评析. 复旦大学出版社，1998 年版

［14］张惠辛. 4A 杰出人性创意 96 例. 华夏出版社，2004 年 8 月版

［15］张金海主编. 世界经典广告案例评析. 武汉大学出版社，2000 年版

［16］徐小娟. 100 个成功的广告策划. 机械工业出版社，2002 年版

［17］刘博，杨旭庆编著. 中外经典广告成功策划. 贵州人民出版社，2004 年版

［18］于志坚. 广告案例教程. 南开大学出版社、天津电子出版社. 2008 年版

［19］高凯征，宋玉书主编. 广告通论. 中南大学出版社，2007 年版

［20］王纯菲，宋玉书主编. 广告美学. 中南大学出版社，2005 年版

［21］祁聿民 苏扬等. 广告美学. 中国人民大学出版社，2003 年版

［22］乔远生. 顶级品牌的视觉谎言. 广东经济出版社，2004 年版

［23］［美］乔治·路易斯著. 刘家驯译. 蔚蓝诡计. 海南出版社，1996 年版

［24］唐锐涛，劳双恩. 智威汤逊的智. 机械工业出版社，2005 年版

［25］余明阳，陈先红：广告策划创意学，复旦大学出版社，1999 年版

［26］丁邦清，程宇宁：广告创意——从抽象到具象的形象思维，中南大学出版社，2003
    年版

［27］［美］威廉·阿伦斯著. 丁俊杰，程坪，苑菲，张溪译. 当代广告学. 华夏出版社，
    2001 年版

[28] 奥美公司著, 庄淑芬等译. 奥美的观点. 内蒙古人民出版社, 1998 年版

[29] 张明新. 公益广告的奥秘. 广东经济出版社, 2004 年版

[30] 张家平. 说服的艺术——广告心理解析. 上海辞书出版社, 2003 年版

[31] 符国群主编, 消费者行为学, 高等教育出版社, 2001 年版

[32] [美] Paul Peter 等著. 韩德昌主译. 消费者行为与营销战略. 东北财经大学出版社, 2000 年版

[33] [美] 迈克尔·R·所罗门. 消费者行为. 经济科学出版社, 1999 年版

[34] [美] W·巴克主编. 社会心理学. 南开大学出版社, 1984 年版。

[35] 龚振等编著. 消费者行为学. 东北财经大学出版社, 2002 年版

[36] 叶茂中营销策划机构. 创意就是权利. 机械工业出版社, 2003 年 4 月版

[37] 穆虹, 李文龙主编. 实战广告案例·全案. 中国人民大学出版社, 2005 年版

[38] 李文龙, 穆虹主编. 实战广告案例·创意. 中国人民大学出版社, 2006 年版

[39] 张家平主编. 十大品牌广告经典评析. 学林出版社, 2006 年版

[40] 胡晓云主编. 世界广告经典案例——经典广告作品评析. 高等教育出版社, 2004 年版

[41] [美] 乔治·E·贝尔齐, 麦克尔·A·贝尔齐著. 张红霞, 李志宏主译:《广告与促销——整合营销传播展望》, 东北财经大学出版社, 2000 年 4 月第 1 版。

[42] 纪华强著. 广告战略与决策. 东北财经大学出版社, 2001 年 3 月第 1 版

[43] 张春兴. 现代心理学. 上海人民出版社, 1996 年版。

[44] 王怀明, 陈毅文. 广告诉求形式与消费者心理加工机制. 心理科学, 1999 年 05 期

[45] 王怀明. 理性广告和情感广告对消费者品牌态度的影响. 心理学动态, 1999 年 7 (1): 56-59 页

[46] 周象贤, 金志成. 情感广告的传播效果及作用机制. 心理科学进展, 2006 年 1 月 14 卷 1 期

图书在版编目（CIP）数据

广告心略 / 王纯菲，张晓龙，刘宝金著. —长沙：
中南大学出版社，2009.1（2022.9 重印）
ISBN 978-7-81105-805-5

Ⅰ. ①广… Ⅱ. ①王… ②张… ③刘… Ⅲ. ①广告
心理学 Ⅳ. ①F713.80

中国版本图书馆 CIP 数据核字（2009）第 005267 号

广告心略

王纯菲　张晓龙　刘宝金　著

□责任编辑	刘　辉
□责任印制	唐　曦
□出版发行	中南大学出版社
	社址：长沙市麓山南路　　邮编：410083
	发行科电话：0731-88876770　传真：0731-88710482
□印　　装	长沙印通印刷有限公司

□开　　本	730 mm×960 mm 1/16　□印张 20.5　□字数 363 千字
□版　　次	2009 年 1 月第 1 版　□印次 2022 年 9 月第 6 次印刷
□书　　号	ISBN 978-7-81105-805-5
□定　　价	54.00 元